*elefante*

**CONSELHO EDITORIAL**
Bianca Oliveira
João Peres
Tadeu Breda

**EDIÇÃO**
Tadeu Breda

**PREPARAÇÃO**
Luiza Brandino

**REVISÃO**
Laura Massunari

**CAPA**
Hannah Uesugi
Pedro Botton
[Estúdio Arquivo]

**DIAGRAMAÇÃO**
Denise Matsumoto

**DIREÇÃO DE ARTE**
Bianca Oliveira

JOÃO PERES                    VICTOR MATIOLI

# DONOS DO MERCADO

COMO OS GRANDES SUPERMERCADOS EXPLORAM
TRABALHADORES, FORNECEDORES E A SOCIEDADE

As estórias não são de ninguém.
São da floresta grande.
São do tempo.

**ONDJAKI**

| APRESENTAÇÃO | 9 |

**INTRODUÇÃO**
Um "não problema" — 13

| 1 | QUEM PLANTA NÃO COLHE | 29 |
| 2 | *THE AMERICAN WAY* | 45 |
| 3 | COMIDA VAI, PROBLEMA VEM | 63 |
| 4 | QUANDO O ESTADO FICA, O SUPERMERCADO PENA | 87 |
| 5 | QUANDO O ESTADO SAI, O SUPERMERCADO REINA | 105 |
| 6 | SE OS GIGANTES BRIGAM, QUEM SOFRE É A GRAMA | 125 |
| 7 | O CONSUMIDOR PASTEURIZADO | 161 |
| 8 | OS DONOS DA RUA | 183 |
| 9 | É LÁ QUE A GENTE VAI ENCONTRAR | 211 |
| 10 | QUEM COLHE NÃO PLANTA | 231 |
| 11 | LUGAR DE GENTE FELIZ | 253 |

**CONCLUSÃO**
Uma "não solução" — 283

**APÊNDICE I**
Perguntas e respostas das grandes redes — 301

**APÊNDICE II**
Lista de siglas — 307

**REFERÊNCIAS** — 311

**SOBRE OS AUTORES** — 325

# APRESENTAÇÃO

O Instituto Ibirapitanga é uma organização que desde 2017 apoia iniciativas de promoção da equidade racial e que contribuem para a construção de sistemas alimentares saudáveis, justos e sustentáveis.

O programa relacionado aos sistemas alimentares parte do princípio de que a maneira pela qual a sociedade produz, distribui e consome alimentos tem profundo impacto na saúde das pessoas, nas relações sociais e no meio ambiente. Essas dimensões interagem e se reforçam, e podem contribuir tanto para a construção de um ambiente saudável como para a deterioração das condições de vida no planeta.

Atuar nesse campo tem revelado ao Instituto Ibirapitanga algumas lições importantes. A primeira delas é a de evitar partir de linhas de raciocínio que simplifiquem e tentem isolar as diferentes dimensões implicadas na questão alimentar. O cruzamento desses elementos reforça a magnitude e a complexidade dos impactos das nossas escolhas alimentares — o que, como e onde comemos — e da estrutura de produção e distribuição de alimentos. Ao compreendermos os sistemas alimentares não apenas como meio para assegurar a realização do direito humano à alimentação, mas como um setor estratégico para a geração e a distribuição de riqueza, para a redução das emissões de carbono e como vetor central ao desenvolvimento do país, qualquer leitura maniqueísta se torna simplificadora e insuficiente para apontar caminhos para a transformação.

Este livro nos oferece, logo na prateleira de cima, uma leitura inédita e bastante reveladora desse quadro. Entre suas grandes contribuições está a de justamente apresentar uma reflexão sobre o papel dos supermercados e de sua lógica — o *supermercadismo* — a partir da lente que evidencia os elos pouco visíveis que conectam a forma como adquirimos alimentos à estrutura sociopolítica que molda e opera esse sistema alimentar profundamente insustentável.

A pesquisa atual e necessária — que inclui um olhar sobre o impacto da pandemia nesse contexto — traz à tona o quanto os supermercados são a expressão máxima da relação íntima entre o agronegócio e a indústria dos alimentos ultraprocessados. E também expressam que as suas prateleiras e corredores de "temperatura estática [...] com um leve cheiro de quase nada, suficiente para que exista um cheiro, insuficiente para criar incômodo" organizam não somente aquele espaço, mas as nossas próprias cidades, nossos sistemas de valores, formas de viver e de pensar.

A detalhada e cuidadosa descrição histórica, antropológica e jornalística, que vai muito além do ambiente brasileiro, aponta também uma importante agenda de pesquisa, não somente quanto à distribuição e à comercialização de alimentos, mas também sobre a própria infraestrutura do sistema alimentar e seus atores — produtores, atravessadores, comerciantes, cadeias — que sustentam e são sustentados por esse processo. Há pouca informação sobre esse elo da cadeia alimentar, particularmente a partir de fontes confiáveis e livres de conflito de interesse. Ao apresentar uma perspectiva sobre o seu funcionamento, temos a percepção do grau de desconhecimento sobre esses atores, centrais para compreendermos a organização dessa dimensão do sistema alimentar brasileiro.

Além de investigação e de denúncia, o livro tem o mérito de evidenciar uma frente de ação para incidir sobre esse campo, abrindo uma agenda de trabalho em que pesquisadores, consumidores, organizações, agentes públicos e o Estado podem ter um papel fundamental na sua transformação. Mostra os nós, mas também formas possíveis de desatá-los. Essa iniciativa é mais um produto do excelente trabalho de jornalismo investigativo no campo dos sistemas alimentares que vem sendo conduzido por *O Joio e O Trigo*, e mais recentemente pela rede *Bocado*, que temos o orgulho de apoiar.

INSTITUTO
IBIRAPITANGA

# INTRODUÇÃO
Um "não problema"

Nosso gesto de consumo mais banal. Mais automático. Mais repetido e repetitivo. Mais impensado. E, no entanto, um dos gestos que mais tem implicações para nós e nossos corpos. Para nossas cidades. Para nosso planeta. Prateleiras organizadíssimas. Temperatura estática, faça calor, faça frio. Um leve cheiro de quase nada, suficiente para que exista um cheiro, insuficiente para criar incômodo. As luzes frias, calmas, estudadas para uma experiência de consumo representativa de uma era da humanidade calcada na crença do progresso, da compra como passo imprescindível da existência, do ser. Corredores segmentados, gôndolas específicas para cada item, produtos posicionados estrategicamente a altura e distância certas para que entrem no carrinho sem serem notados. Operadoras de caixa anônimas e padronizadas que deslizam os produtos com eficiência, a um bipe de distância do fim de uma experiência também anônima, impessoal. Alta tecnologia cada vez mais presente. Os supermercados, em especial aqueles posicionados em áreas de classes média e alta, são a linha tênue entre o absolutamente chato e o perfeitamente eficiente. São a definição precisa de um ato que se deve praticar banalmente. Sem reflexão. Sem percalços. Sem paixões nem ódios. No tempo estritamente necessário para encher o carrinho e abrir espaço à chegada dos próximos clientes.

"Para nós, os supermercados eram um não problema", nos disse um ex-integrante do órgão público federal encarregado de evitar a concentração de mercado. Para a maior parte de nós, o supermercado é apenas um espaço de passagem. Um espaço onde não se está. Um lugar no qual entramos, nos servimos do que precisamos e seguimos a vida. Seguramente é assim que as corporações do setor querem ser vistas. Carrefour e Pão de Açúcar não pretendem rastejar pelo nosso afeto. Basta que não as odiemos.

A maneira como os supermercados se estruturam reflete o clima de otimismo da segunda metade do século passado. Uma era na qual havíamos superado as grandes guerras, na qual a tecnologia e a industrialização prometiam sanar absolutamente todos os problemas; as pessoas encontravam empregos, viam sua renda crescer, sonhavam com a ascensão de si e de nossas sociedades. Parecia haver um único caminho correto. E esse caminho passava também pelo supermercado. Não é preciso erigir estruturas que durarão séculos. Nem gastar com mármores, pedras, pilares, altares. O objeto de adoração é algo difuso em meio às prateleiras. O plástico que tudo envolve deixava para trás o arcaico papel. O produto industrializado que concentra vitaminas, minerais, uma série de conceitos que nem dominamos, mas que nos prometem saúde eterna. Uma imensa geladeira capaz de expor itens modernos, que reconfiguram tudo o que havíamos pensado durante séculos ou milênios sobre alimentação.

Uma era na qual deveríamos romper com a natureza. Deveríamos dominá-la e explorá-la. E, quando ela se esgotasse, a tecnologia daria um jeito. Até há pouco tempo, a alimentação era o princípio organizador da nossa sociedade. A grande maioria da população morava em áreas rurais ou em suas proximidades porque era fundamental ter por perto o elemento essencial de sobrevivência. O Brasil só passou a ser majoritariamente urbano nos anos 1970. E, ainda assim, era comum que em nossas cidades estivéssemos em contato com agricultores.

Algumas reflexões, especialmente no campo das ciências sociais, analisam como o afastamento em relação aos alimentos representa um dos elementos de ruptura do nó fundamental entre a humanidade e a natureza. A partir daí, fingimos não pertencer a ela e, portanto, não precisamos pensar em sua finitude e, consequentemente, em nossa própria morte. Mas não há um grande volume de reflexões sobre o papel dos supermercados nessa operação. É ali, entre gôndolas e códigos de barra, que a história se perde. A história do alimento. De quem o cultivou. De quem o comercializa. Essa é a razão central que nos levou a investigar o assunto.

O supermercado é o espaço de (des)educação para o consumo. Ou melhor, para o consumismo. Para isso a que demos o palco central de nossas vidas. Porque não há como refletir sobre algo que não tem história. Vivemos uma vida sem ponderações, sem parar para entender as estruturas e, portanto, para entender os próprios sentidos da existência.

É importante estabelecer logo de início um pressuposto de nosso trabalho de investigação. Partimos da ideia de que o sistema alimentar hegemônico é um problema. Ou um somatório de problemas. A produção de alimentos responde direta e indiretamente por boa parte das mudanças climáticas que ameaçam a humanidade. O encontro entre obesidade, desnutrição e alterações do clima nos coloca diante de um abismo.[1] Um sistema alimentar controlado por corporações nos expõe a assimetrias de poder, a impactos sociais e trabalhistas, agrava a desigualdade entre ricos e pobres.

Nosso convite a leitoras e leitores é de que abandonem a ideia do "não problema". O supermercado é a vitrine principal de um paradigma de desenvolvimento que fracassou profundamente. Sete décadas depois de lançada a ideia de progresso

---

[1] SWINBURN, Boyd *et al.* "The Global Syndemic of Obesity, Undernutrition and Climate Change: The Lancet Comission report" [A sindemia global de obesidade, desnutrição e mudanças climáticas: relatório da Comissão Lancet], *The Lancet*, v. 393, n. 10.173, p. 791–846, fev. 2019.

infinito e inevitável, estamos mais pobres e mais desiguais. O planeta está esgotado. O desalento dá o tom de nossa década. Há contestações ao agronegócio, às indústrias química, farmacêutica, alimentícia, automobilística, têxtil, de tecnologia, a praticamente qualquer corporação do planeta. E, no entanto, os supermercados seguem desfrutando de nossa boa vontade. Da banalidade absoluta do ato de consumo mais corriqueiro.

Antes de investigar e pensar sobre tudo isso, contudo, tínhamos uma dúvida central. Uma mísera pergunta: qual o grau de concentração setorial dos supermercados? Não foi fácil encontrar a resposta. Na verdade, não existe uma resposta única para essa questão. E não ter obtido um desfecho claro não é motivo de frustração para nós. Pelo contrário: o que se revelou está muito além do que imaginávamos. Grosso modo, Carrefour e Pão de Açúcar controlam, em 2020, 32% do faturamento do varejo alimentar brasileiro. Esse percentual é muito maior em São Paulo e no Rio de Janeiro. E é crescente em áreas periféricas e em capitais de outros estados.

Todos os dias, 28 milhões de pessoas entram ao menos uma vez em uma loja de varejo alimentar no Brasil, segundo a Associação Brasileira de Supermercados (Abras). Um dado que comprova a onipresença desse formato de consumo e reforça a ideia de banalidade com que o realizamos. O faturamento do setor em 2019 foi de 378 bilhões de reais. A Abras diz representar 5,2% do Produto Interno Bruto (PIB) do país, com a criação direta de 1,8 milhão de postos de trabalho.

Em outra frente, a associação afirma que por dentro dos supermercados passam 87% dos alimentos consumidos no Brasil.[2] Se essa estimativa leva em conta todas as variáveis, como aquilo que é vendido na informalidade, e se é confiável ou não, pouco importa. Pelo menos neste instante. O importante, do nosso ponto de vista, é relatar como conglomerados tão grandes

---

**2** *SuperHiper*, ano 43, n. 493, p. 19, agosto 2017.

se formaram e quais as consequências geradas para nós, não apenas como consumidores, mas como sociedade. O êxito desse setor é tão acachapante que nos esquecemos de que essa onipresença em nossas vidas é algo muito recente. Mais do que entender a cifra exata, o fundamental é reconhecer que hoje essas empresas são as maiores comercializadoras de alimentos e de imitações de alimentos. Apenas o Atacadão, do Grupo Carrefour, declara vender quatro bilhões de ovos ao ano, ou quase 10% de tudo que as galinhas brasileiras são capazes de botar. Bebidas e alimentos representam 70% do faturamento dos supermercados.

É crescente o corpo de evidências científicas que associam as transformações no ambiente alimentar com as mudanças de padrão alimentar que desembocaram na explosão dos índices de diabetes, hipertensão, câncer e doenças cardiovasculares. A partir das grandes cidades se irradiou um modo de organização do espaço urbano que privilegia a oferta de refrigerantes, salgadinhos, biscoitos, iogurtes repletos de açúcar — hoje, esse é o sonho de consumo e a maneira de organização do comércio em uma comunidade ribeirinha, em uma megalópole, em uma cidade média, em praticamente qualquer parte do mundo.

Entender essa transformação do ambiente alimentar e do espaço que os alimentos ultraprocessados ocupam em nossas vidas passa fundamentalmente pelos supermercados. Primeiro, com lojas grandes que nos venderam a ideia de que num único lugar está tudo o que é fundamental — o que não está é supérfluo, descartável, anacrônico. Depois, quando os hipermercados, ironicamente, tornaram-se anacrônicos, transformaram-se em unidades menores, espalhadas pelos bairros, disponíveis a todo instante, reforçando a mensagem de que não há hora nem lugar para se maravilhar com alguma porcaria.

Por fim, para além dos próprios domínios, as grandes redes acabam por moldar as relações de consumo em outros espaços. Com o termo "supermercadismo" descrevemos um modelo de consumo que tem o supermercado como espaço simbólico e prático, mas não só. Trata-se de um sistema ideológico de valores forjado a partir da segunda metade do século passado que acaba por influenciar outras modalidades de varejo alimentar, como feiras, açougues e mercadinhos. E que acaba por influenciar relações e condutas sociais, como o próprio papel do consumo em nossas vidas, a frequência e aquilo que comemos. É parte de um conjunto maior de crenças e estratégias políticas e econômicas. Tem como ponto fulcral o menor custo possível. A partir desse pressuposto, reestrutura um grande conjunto de relações, tendo como consequência a exclusão ou o enfraquecimento de pequenos agricultores e fabricantes; a assimetria de poder entre fornecedores e varejistas; a sonegação de direitos trabalhistas e de obrigações fiscais e tributárias; a desigualdade na qualidade do alimento de ricos e pobres; o incentivo ao uso de ingredientes baratos que resultam em produtos inerentemente nocivos à saúde.

Agronegócio e supermercados são causa e consequência. São ovo e galinha. São irmãos. Não importa quem nasceu primeiro: um não existiria sem o outro. Está claro, a partir do que ocorreu nos Estados Unidos, que os supermercados se tornaram a vitrine imprescindível para uma agricultura industrializada. No Brasil, ambos sobem o morro dos lucros e do poder político de mãos dadas desde os anos 1990 (embora essa ascensão tenha assentado suas bases antes disso). A partir daí, um ajuda o outro a chegar mais alto. Os supermercados demandam produtos e alimentos padronizados, fecham as portas aos pequenos agricultores, incentivam a concentração de terras e a perda da diversidade alimentar. Olhar para essa relação e tentar estimar as consequências é uma parte fundamental de nosso esforço de apuração.

Mas, é claro, esse ciclo jamais estaria completo sem o consumidor. De novo, entre supermercado e consumidor padronizado há uma relação de causa e consequência. Um formato de compras que concentra tudo em um só lugar é fundamental para uma sociedade sem tempo e assombrada pela inflação. E as grandes redes precisam de uma sociedade sem tempo, ansiosa por abraçar a modernidade, para que os produtos ali expostos façam sentido, para que se aceite abrir mão da diversidade sem sequer notar, para que se deseje uma relação cada vez mais impessoal com o alimento.

O sociólogo polonês Zygmunt Bauman (2007, p. 152) aponta que, na transição para uma sociedade de consumo, os cidadãos precisam se transformar em mercadorias. Também eles estão expostos nas prateleiras: para que possam ser, antes devem consumir.

> Podemos especular que o que mantinha os membros da família em torno da mesa de jantar, e que fez desta um instrumento de integração e reafirmação da família como grupo permanentemente vinculado, era em grande parte o elemento *produtivo* do consumo. Na mesa de jantar, e apenas nela, era possível encontrar comida pronta para comer: a reunião na mesa de jantar comum era o último estágio (distributivo) de um longo processo produtivo iniciado na cozinha ou até fora dela, no campo ou na oficina da família. O que unia os comensais, transformando-os num grupo, era a cooperação, concretizada ou esperada, no processo precedente de trabalho produtivo, e compartilhar o consumo do que foi produzido derivava disso.

Na visão de Bauman, a função latente de *fast-food* e comidas congeladas é tornar "redundantes" as reuniões em torno da mesa, dando fim ao consumo compartilhado e endossando simbolicamente a reafirmação da perda de vínculos em que consistia a comensalidade, tornada irrelevante, indesejável: "A '*fast-food*' está aí para proteger a solidão dos consumidores solitários" (2007, p. 152).

Se você pegou este livro nas mãos, provavelmente entende que saber mais sobre supermercados é algo relevante. Mas, se ainda tiver alguma dúvida sobre o quão importante é o assunto, basta dizer que o Walmart é a empresa de maior faturamento do planeta. Amazon? Shell? Volkswagen? Nada disso. Uma supermercadista é, de muito longe, a que mais movimenta dinheiro.[3] Não é uma empresa de alta tecnologia ou a responsável por alguma invenção que mudou o mundo: é algo bastante mais simples, prosaico, antigo, que arrecada bilhões de centavo em centavo, de porcaria em porcaria.

A rede fundada por Sam Walton não é só gigante: é definidora do estilo de capitalismo que se desenvolveu nos Estados Unidos ao longo do século XX. Não seria exagero colocar a corporação no mesmo pacote básico integrado por Coca-Cola, Starbucks, McDonald's, Nike, empresas que estabelecem o modelo máximo de sucesso de um setor.

A jornalista canadense Naomi Klein, responsável por estudar a consolidação de um capitalismo no qual o subjetivo (o logotipo e a marca) vale mais que o aspecto objetivo (o produto em si), fala em um "modelo Walmart" cujo segredo é bastante simples:

> Primeiro, construa lojas com duas a três vezes o tamanho de seus concorrentes mais próximos. Em seguida, encha suas prateleiras de produtos comprados em volumes tão grandes que os fornecedores são obrigados a lhe vender por um preço substancialmente mais baixo do que fariam se você comprasse pouco. Depois cobre preços tão baixos em sua loja que nenhum pequeno comerciante possa sequer pensar em concorrer com seus "preços baixos todo dia". (Klein, 2002, p. 156-60)

---

**3** De acordo com a lista das quinhentas maiores empresas do mundo em 2019, segundo a revista *Fortune*. Disponível em: https://fortune.com/fortune500/.

Falar brevemente sobre o Walmart ajuda a assentar algumas das bases necessárias para continuar a leitura. A corporação é tão, tão grande que os efeitos são mais fáceis de enxergar. Nos Estados Unidos, o Walmart fatura tanto quanto os seis concorrentes seguintes somados. Justamente por ser tão predominante, a empresa despertou a atenção de pesquisadores acadêmicos nas áreas de direito, economia, ciências sociais e, com isso, ajudou a fechar algumas lacunas que existem no universo acadêmico brasileiro. Esperamos que este livro comece a responder a algumas perguntas, mas, sobretudo, queremos encorajar mais pessoas a investigar os impactos das grandes redes de supermercados. O que você lerá não é um trabalho definitivo a respeito do setor: é o acúmulo de doze meses de pesquisa intensa; é um ponto de partida para mais e mais apurações jornalísticas e acadêmicas. Não significa que não tenhamos ido longe. Fomos. Bastante. Mas essas empresas são tão relevantes no nosso dia a dia que merecem muito mais atenção — merecem um olhar ainda mais crítico.

Essa relevância é justamente o motivo pelo qual os supermercados contaram — e seguem a contar — com boa vontade. Pela esperança de que possam exercer um papel benéfico sobre toda a cadeia de produção. Pessoas e organizações muito bem-intencionadas investem em tentativas de acordos com as grandes redes. Uma ligação do CEO [diretor executivo] do Carrefour a corporações da carne, da laranja, do molho de tomate poderia provocar reações em todos os elos, segundo essa teoria. É fato que os supermercados têm poder para catalisar mudanças positivas, obrigando fabricantes e agricultores a ter boas práticas de combate ao trabalho escravo, promoção da sustentabilidade, garantias sociais. Essa estratégia pode até ter funcionado em alguns casos, mas, no geral, podemos dizer com tranquilidade que as empresas do setor são mais parte do problema do que da solução. Esse é um dos motivos de termos decidido que essa história é digna de um livro.

Sabemos pouquíssimo sobre como Carrefour e Pão de Açúcar afetaram, para o bem e para o mal, o controle da inflação e as vidas de fornecedores, trabalhadores e consumidores. Nesse sentido, muito da pesquisa apresentada ao longo destas páginas teve de ser desenvolvida por nós mesmos. Para um repórter, é altamente instigante chegar a um espaço de apuração pouco explorado pelos colegas. Quando nem sequer a academia se ocupou em profundidade a respeito de um assunto, é sinal de que o jornalismo pode iluminar pontos obscuros e causar reflexões.

Ao longo do livro, algumas pessoas e empresas aparecem sob a condição de anonimato. Esse expediente, conhecido no jornalismo como *off*, é sempre usado com moderação, porque pode colocar em risco a credibilidade de um trabalho. Nesta situação, porém, é a demonstração inequívoca do poderio das grandes redes de hipermercados. Após certas conversas, não foi sequer necessário que o entrevistado solicitasse anonimato: era evidente que aparecer o deixaria submetido a uma retaliação. Pouco importa, em dado contexto, se estamos falando de um fornecedor de feijão ou de sabão, se o relato é sobre um trabalhador do Pão de Açúcar ou do Carrefour. Importa expor as estruturas de funcionamento das megarredes e o poderio que têm sobre qualquer outro elo dessa cadeia.

Alguns anos atrás, um infográfico da organização não governamental Oxfam chocou pesquisadores, militantes, jornalistas e se tornou uma espécie de marco. Trata-se da representação dos numerosos braços das dez maiores fabricantes de alimentos ultraprocessados, mostrando como se desdobravam em marcas globais e como controlavam uma fatia gigantesca de tudo o que se consome ao redor do mundo.

Se reproduzido no varejo, esse mesmo infográfico seria monótono. Em dezenas de países, duas ou três empresas controlam o setor. Mas esse era um ponto de partida importante para nosso trabalho. Não olhamos isoladamente para os supermercados. Desde 2017, no site *O Joio e O Trigo*, analisamos o sistema alimentar. A ponta final desse sistema era uma grande lacuna para nós. E começamos a analisá-la no âmbito da desigualdade alimentar. Queríamos entender se havia atores dominantes nessa cadeia, e que papel isso desempenha na evidente brecha de consumo entre ricos e pobres.

Esse projeto específico foi financiado pelo Instituto Ibirapitanga. O *Joio* teve como apoiadora inicial a ACT Promoção da Saúde, até hoje uma de nossas financiadoras, com fundos para investigações livres e irrestritas. Contamos também com o suporte de nossos leitores. E tivemos apoios pontuais da Fundação Heinrich Böll para nosso projeto de *podcast*, intitulado Prato Cheio, e para a rede de repórteres latino-americanos constituída pela iniciativa *Bocado — investigações comestíveis*. Além do nosso obrigado aos financiadores, somos gratos à paciência que toda a equipe do *Joio* teve com nossa vontade de levar essa investigação o mais fundo possível. Em julho de 2020, a equipe é constituída por Amanda Flora, Denise Matsumoto, Guilherme Zocchio, Juliana Geitens e Moriti Neto.

Embora tenhamos coeditado alguns livros com a editora Elefante, este é o primeiro desenvolvido diretamente pelo *Joio*. É, nesse sentido, um dos ápices de um projeto que se propôs a colocar a alimentação no devido lugar: no centro de nossas preocupações. O jornalismo brasileiro se ocupa pouco desse assunto imprescindível. Pudera. Se comida é entendida como uma questão individual, não há por que um ofício que tem o interesse público como base se ocupar disso. Para nós, contudo, comida é coisa séria. E coletiva.

Os primeiros capítulos deste livro narram o processo histórico que fez de Pão de Açúcar e Carrefour os grandes revendedores de alimentos do país. Falamos sobre a chegada desse modelo de comércio ao Brasil, nos anos 1950, e das transformações culturais e legais que estruturaram o caminho das décadas seguintes. Enquanto o capítulo 2 olha para o cenário brasileiro, o seguinte analisa as mudanças globais no sistema alimentar e na divisão internacional do trabalho que levaram a uma desestruturação de pequenos comerciantes e agricultores. Nos capítulos 4 e 5, damos um passo adiante para avaliar o papel que o Estado já teve na organização das cadeias de abastecimento e comercialização, e como a retirada do poder público abriu espaço para o reino do supermercadismo.

Em seguida, com os dois impérios consolidados, o livro analisa as estratégias corporativas utilizadas para majorar lucros e minar concorrentes. Nos capítulos 6 e 7, narramos a conturbada — para dizer o mínimo — relação entre fornecedores e varejistas. Entre os capítulos 8 e 11, relatamos como a leniência do Estado tem sido importante para variadas táticas que aumentam o caixa dos acionistas e prejudicam a arrecadação pública, o bem-estar dos trabalhadores e os direitos dos consumidores.

É fundamental dizer que este livro foi escrito enquanto se desenrolavam os piores dias da pandemia de covid-19 no Brasil. O primeiro caso oficial no país foi confirmado em 26 de fevereiro de 2020, dias antes de uma das visitas de campo mais importantes para nossa apuração. Por precaução, ficamos em casa. Durante os primeiros momentos de quarentena, acreditávamos que a imobilidade seria o único impacto real da pandemia sobre este trabalho. Mas nos meses seguintes o vírus se mostrou capaz de expor as entranhas do supermercadismo.

Enquanto o livro tomava forma, duas realidades distintas se apresentavam: de um lado, executivos das grandes redes não conseguiam conter a satisfação com o expressivo aumento das vendas durante a crise sanitária; do outro, funcionários contaminados nos relatavam simultaneamente a dor da doença e a dor da negligência por parte das empregadoras. A necessidade de isolamento nos impediu de aprofundar alguns pontos da apuração, mas nos permitiu observar, à distância, como as grandes redes estavam mais uma vez em melhores condições de surfar a onda e aumentar as assimetrias no setor. Enquanto o faturamento explodia, o medo dos trabalhadores aumentava. E as empresas se recusavam a fornecer informações sobre infectados. Juntas, Carrefour e Pão de Açúcar contrataram dez mil funcionários para substituir os atingidos e combalidos pelo vírus. Em plena pandemia, o recurso mais facilmente substituído pelos supermercados foi o humano.

A crise sanitária também nos serviu como demonstração definitiva de como a boa vontade de que desfrutam os supermercados é global. Mais sérios ou menos sérios, poucos governos impuseram limites à atividade dessas empresas, consideradas provedoras de serviços essenciais em qualquer parte do mundo. Ao mesmo tempo que ficava claro que frigoríficos haviam se tornado um importante foco de disseminação da doença, pouco se sabia sobre os trabalhadores do varejo. Enquanto alguns estados e municípios brasileiros impunham restrições à circulação de agricultores familiares e até à realização de feiras livres, nada se especulava sobre supermercados, embora fosse óbvio concluir que as aglomerações dentro das lojas eram um foco relevante de transmissão do novo coronavírus.

O varejo alimentar, setor econômico que engloba a atividade supermercadista, é extremamente diverso. Antes de tentar entendê-lo, é importante se familiarizar com alguns termos e conceitos comuns desse universo. Comecemos por uma distinção primordial. Chamaremos de "varejo tradicional" as lojas pequenas, não organizadas em redes, que comercializam produtos em volume reduzido. São mercearias, mercadinhos de bairro, pequenos varejões e estruturas semelhantes que possuem somente um caixa — ou *check-out*, termo mais usado. O outro grupo, que pode ser chamado de "varejo estruturado", é o dos supermercados, hipermercados, atacarejos e demais lojas com mais de dois *check-outs*. É sobre esse varejo de grande porte que falaremos no livro.

É importante entender também as diferenças entre os principais modelos de loja do varejo estruturado. Os supermercados são lojas com mais de dois *check-outs* e pelo menos quatro seções: perecíveis, mercearia, limpeza doméstica e bebidas.

Via de regra, oferecem aos clientes algo entre sete mil e dez mil itens. Os hipermercados são bem maiores e chegam a vender trinta, quarenta, até cinquenta mil itens diferentes. É comum encontrar produtos eletrônicos, móveis e até acessórios para carros. Já os atacarejos são lojas grandes e extremamente simples, focadas no custo mínimo e na venda em grandes quantidades para pessoas físicas e comércios. Nessas lojas, o cliente dispõe de preços mais baixos quando compra "no atacado" — geralmente acima de seis unidades do que quer que seja.

As grandes varejistas pulverizam seus negócios em diversas redes de supermercado, com nomes, formatos e públicos-alvo diferentes. Usualmente dizemos que são "bandeiras" distintas de uma mesma corporação. O Grupo Pão de Açúcar (GPA), por exemplo, é responsável pelas bandeiras Extra, Compre Bem, Pão de Açúcar e Assaí. Variações como Mercado Extra, Pão de Açúcar Minuto e Mini Extra também fazem parte da estrutura do grupo. Durante o livro, usaremos ainda outros nomes para fazer referência aos braços da empresa. A Companhia Brasileira de Distribuição (CBD), por exemplo, é quem de fato controla as operações varejistas do Pão de Açúcar, juntamente com a Sendas Distribuidora. O importante é manter em mente que todos esses CNPJs fazem parte do mesmo conglomerado. O Carrefour, por sua vez, controla apenas duas bandeiras principais: Carrefour (com as variantes Bairro, Market e Express) e Atacadão.

Essas duas redes serão as únicas citadas recorrentemente no livro. O motivo é simples: além de serem muito maiores e mais ricas do que as concorrentes, as duas gigantes ditam as regras do jogo supermercadista no Brasil. As outras se limitam a copiar suas práticas e almejar seus lucros. Não há grandes diferenças — mas tudo é superlativo nas duas grandes. Entender como operam nos ajuda a entender o ecossistema do varejo alimentar brasileiro.

**SÃO PAULO,
INVERNO DE 2020**

# 1
# QUEM PLANTA NÃO COLHE

"Quem nunca se ferrou com atravessador levanta a mão", provoca João Camilo Bianchi. Todo mundo ri, mas ninguém levanta a mão. Cerca de trinta bananicultores estão reunidos na sede da Cooperativa Central dos Produtores Rurais e da Agricultura Familiar do Vale do Ribeira (Coopercentral vr). A chuva e o frio que imperam em novembro de 2019 dão um ar ainda mais desolador a Miracatu, uma cidade montanhosa a cerca de cem quilômetros de São Paulo. E combinam com o humor dos agricultores. Uma certa apatia. O tom do encontro, realizado todas as segundas-feiras, não parece variar muito: queixas sobre os preços da banana, sobre dificuldades de logística, sobre os custos proibitivos de renovar os desgastados bananais.

Os filiados à Coopercentral contam uma história particular. Uma história de decadência de pequenos agricultores que perderam mercado à medida que a banana passou a ser produzida em outras regiões do país. De pessoas que não tiveram dinheiro para melhorar a produtividade e, agora, colhem uma banana menor, de pior qualidade, raramente aceita pelo espírito padronizador dos supermercados.

Entretanto, não: os filiados à Coopercentral não contam uma história particular. Banana, tomate, batata, verduras: para onde quer que se olhe, agricultores familiares foram mais e mais marginalizados diante do avanço do sistema alimentar hoje hegemônico, calcado em produtividade, especialização, enormes deslocamentos, uso intensivo de agrotóxicos, de maquinário e de tecnologia. E, fundamentalmente, pelo poder das grandes redes de supermercados em impor condições de qualidade, de logística, de preços.

A narrativa dos bananicultores de Miracatu se repetiu em muitas outras conversas com produtores de outros lugares: uma história de crescente afastamento entre quem planta e quem come. De crescente empobrecimento. De exclusão. De concentração de poder e de renda. Quando ouvimos pela primeira vez sobre as práticas adotadas pelas grandes redes de supermercados, pensamos que se tratava de um caso isolado. São cláusulas tão absurdas que soam inverossímeis. Mas não foi difícil confirmá-las com um, dois, três, uma dezena de entrevistados. Abusos que foram normalizados. Que não causam mais qualquer espanto em quem é do setor.

"Quando se vendia banana no caixa da Ceasa [Central Estadual de Abastecimento], ainda era um pouco melhor, porque você ia negociar direto", conta João Bianchi, que estava prestes a completar 73 anos quando conversamos. "Você pagava um frete, um caminhão. Se você tinha caminhão, vendia direto para o feirante. Quantas vezes eu vendi banana? Qualquer um vendeu." Para ele, como para muitos agricultores Brasil afora, aposentadoria virou palavra proibida. O campo é um lugar envelhecido. Os filhos foram embora, desanimados com uma vida marcada por pouco dinheiro, trabalho desgastante e absoluta invisibilidade, por vezes até um certo desprezo. Sabemos pouquíssimo sobre quem coloca comida no nosso prato. Entendemos quase nada sobre as engrenagens que movimentam um sistema alimentar cruzado por pessoas que sofrem, que penam. Os agricultores são só os primeiros.

"Os atravessadores vêm de todos os lados. Quando ele está enjoado de dar calote aqui, ele pula para outro lugar. Começa bem, começa pagando bonitinho e 'oh, ele tá pagando bonitinho'. Daqui a pouco 'pá', pronto. É que nem uma ratoeira. Quando o rato pensa que está comendo, ele toma na cabeça", continua João. Antes de virar uma nota fiscal, um alimento pode passar por muitas mãos na informalidade. Muitas coisas são feitas na base do fio do bigode. Preços apalavrados, agricultores analfabetos, valores que são pagos depois de várias semanas, compradores que desaparecem sem deixar notícia.

A reunião na Coopercentral termina como começou: sem conclusões, salvo pela evidente necessidade de buscar saídas coletivas. Depois do almoço, vamos à casa de Oséas dos Passos. A vida dele é a expressão concreta do que aconteceu com parte dos bananicultores do Vale do Ribeira. Próximo dos oitenta anos, ele tem na memória mais de meio século de bananicultura no Brasil. De como a banana era transportada pelo trem: a parte melhor para o porto, exportada à Argentina; a outra, o "descarte", até a Barra Funda, em São Paulo, onde era comercializada com os feirantes. De como as estradas foram abertas e, então, o trem deu lugar ao caminhão. De como o pai foi comprando propriedades, enriquecendo. De como ele, Oséas, acabou ladeira abaixo. "A Ceagesp foi inaugurada em 1969. Passamos a vender lá dentro. Isso até mais ou menos 1990", recorda. "Aí muitos feirantes foram crescendo. Montaram depósitos grandes para suprir supermercados. Porque logo começaram a surgir os grandes supermercados. Os feirantes se tornaram os latifundiários da banana. Criaram um monopólio e, com isso, nós perdemos o controle do preço. Eles passaram a ditar os preços e nós ficamos nas mãos dos atravessadores."

Depois de muitos meses de pesquisa, começamos a imaginar o mundo dos supermercados como uma espécie de formigueiro. Há movimentos acontecendo por todos os lados, aquela efervescência de pontinhos pretos que se movem freneticamente. Formigas que saem em busca de alimentos, outras que constroem e reconstroem a moradia. Algumas — poucas — com funções menos penosas. Mas, ao fim e ao cabo, todas orbitando a rainha.

Todas vivendo pela e para a rainha. O supermercado não é o único fator que levou à formação de um sistema alimentar incompreensível, pautado pelo sofrimento. Mas é o núcleo, o centro visível desse ecossistema, a ponto de ter desbancado antigas rainhas.

A Companhia de Entrepostos e Armazéns Gerais de São Paulo, a Ceagesp de que Oséas sente saudade, é o maior centro atacadista de alimentos da América Latina. O braço mais conhecido do público é o Entreposto São Paulo, na zona oeste da capital, normalmente chamado de Ceagesp, mesmo. Por ali passam, todos os anos, cerca de três milhões de toneladas de frutas, legumes, verduras, o que você puder imaginar. Esse número representa entre 15% e 20% de tudo o que se comercializa nas Ceasas, estruturas públicas criadas durante a ditadura para assegurar o abastecimento das cidades. Mas já faz um tempo que a Ceagesp anda de lado. O volume é muito parecido ao que se comercializava nos anos 1980. A diferença é que, naquela época, o estado de São Paulo tinha 25 milhões de bocas (ou dezenove milhões a menos) e o país contabilizava 119 milhões (noventa milhões a menos).

O sapato patina enquanto andamos entre os caminhões: a lama flerta com a bainha da calça. Um cheiro ácido, de vegetal podre, domina o ar por quase toda a parte. Instalações velhas, ferrugem, galpões abandonados. Lanchonetes sujas, banheiros sujíssimos. É preciso ficar atento para não ser atropelado por um carregador, que passa sem tempo a perder enquanto arrasta uma carga de dezenas de quilos de alguma coisa por muitos metros. São centenas deles: as formigas miudíssimas, tão relevantes quanto invisíveis. Deslizam entre um caminhão e um galpão. Entre um galpão e um caminhão. Guardam na cabeça caminhos que são incompreensíveis para a maioria das pessoas. Ao final da jornada, alimentos jogados, atirados, largados: aquilo que nos mantém vivos, banalizado ao extremo. O Entreposto São Paulo é tudo que você não gostaria de encontrar num lugar que tem a alimentação como motivo de existir.

É todo o contrário da experiência de compra oferecida por um Pão de Açúcar — pelo menos de sua parte visível. Você pode andar horas e horas em meio aos boxes da Ceagesp sem que lhe deem atenção. Pode andar horas e horas sem conseguir decifrar a lógica. Pode sair dali sem conseguir comer nada razoável. O envelhecimento das estruturas das Ceasas diz muito sobre o problema com o qual nos deparamos. Alguns fatores explicam que o Entreposto São Paulo tenha parado no tempo em termos de volume de comercialização. É justamente na capital paulista e no entorno que estão localizados os centros de distribuição dos grandes supermercados. É, também, a região que mais interessa às maiores redes: de acordo com o Ranking Abras 2019, quase 35% do faturamento do varejo alimentar brasileiro encontra-se no estado de São Paulo.[4] Seis estados (São Paulo, Rio Grande do Sul, Minas Gerais, Paraná, Santa Catarina e Rio de Janeiro) concentram 80% do faturamento. Na soma, Sudeste e Sul têm mais de 80% das receitas.

Um grupo de pesquisa sobre sistemas agroalimentares na Universidade Federal de São Carlos (UFSCar), no interior paulista, analisou em 2006 a transformação provocada pela criação de centros de distribuição próprios dos supermercados. Naquele momento, redes de médio e pequeno porte ainda tinham uma relação mais direta com o produtor rural, mas exerciam uma cobrança crescente por qualidade e uma preferência por trabalhar com poucos fornecedores. Entre as grandes redes, a criação de espaços próprios, à margem das Ceasas, fora acompanhada de um aumento nas exigências de produtos, de processos e de relações: "Estas exigências estão relacionadas principalmente com a busca pela eficiência na comercialização e vêm provocando a exclusão de pequenos

---

**4** "Ranking Abras 2019", *SuperHiper*, ano 45, n. 514, maio 2019.

produtores rurais no acesso aos canais de distribuição devido à incapacidade de atendê-las."[5]

Alguns anos se passaram. "Desses aqui que estão ao redor, nenhum tem mais de quinze anos. Os que têm mudaram de dono no meio do caminho", diz um vendedor que resiste na Ceagesp há três décadas. Estamos no setor de batatas e cebolas. É difícil escolher o que é pior por ali: a chuva de outro dia, que deixa tudo enlameado, ou o calor do verão, que faz aumentar a pestilência geral do lugar. É uma terça-feira à tarde em fevereiro de 2020, dia no qual predomina o marasmo. "Quem começa a vender pras grandes redes quebra em no máximo cinco anos. Já vi muitos quebrarem."

O vizinho fornece a grandes supermercados. No caso dele, não há marasmo, e a conversa é frequentemente interrompida por um caminhão que chega, um cliente que sai, uma carga que precisa ser despachada. "Quem tenta bancar esses descontos que eles dão, quebra", diz, numa naturalidade que dá a marca entre quem negocia com as redes do varejo. Ouvimos de alguns fornecedores como as "taxas administrativas" impostas pelos supermercados acabam sendo incorporadas aos custos: 20%, 25%, 30% embutidos, ocultos, numa operação disfarçada que só pode desaguar no preço final. Algo que coloca em xeque a teoria clássica, calcada na perfeição do livre mercado, de que as grandes redes garantem vantagens ao consumidor porque têm a capacidade de espremer os fornecedores. Elas, de fato, sabem espremer, mas em benefício próprio.

Uma das muitas obrigações para os fornecedores — não há pressa de falar sobre as obrigações, porque são realmente mui-

---

**5** YOKOYAMA, Marcos H.; SILVA, Andrea Lago da & LOURENZANI, Ana Elisa B. "Exigências dos canais de distribuição para aquisição de FLV: uma comparação entre a teoria e alguns casos estudados". *In*: Anais do Congresso da Sociedade Brasileira de Economia, Administração e Sociologia Rural, n. 44, 2006. Fortaleza: SOBER/BNB, 2006.

tas — é participar do aniversário das grandes empresas do varejo. As promoções que aparecem no folhetinho, na internet, na televisão: tudo bancado por industriais e agricultores. Pode ser o aniversário de uma rede, ou de uma simples loja: a corporação faz anos, o azar é só do fornecedor. A cada ano que passa, ele fica mais apertado. "Por exemplo, se a empresa faz um pedido de cinquenta sacos, você bonifica com dez, quinze sacos. Depende do acordo", conta um vendedor na Ceagesp. Esse custo da bonificação deve ser embutido ao longo de todo o ano no preço. "Pra na época do aniversário participar e não ter prejuízo."

E se não quiser participar da festa? "Aí você fica no cavalete. Pode ter certeza." E ele desata a rir. Para esse vendedor, o ponto de virada foi o estabelecimento dos centros de distribuição, que hoje já não são exclusividade de Carrefour, Pão de Açúcar e Walmart. "Hoje em dia, de terça e quinta você anda tranquilo por aqui. Dez anos atrás, era oito, nove da noite e ainda tinha gente fazendo carregamento. Agora até o produtor te aperta, começa a querer vender pra você no mesmo preço que vendeu pro hipermercado. Mas como é que vou pagar o mesmo preço? Essa atravessada que deram atrapalhou bem."

Atravessar: essa é a verdadeira alma do negócio. Os supermercados se tornaram senhores de nossos tempos ao se transformarem no atravessador preferencial de quase tudo o que pode ser comercializado sobre a face da Terra. De quase tudo o que uma pessoa precise ou imagine que precisa. Pneus bicicletas canetas sofás geladeiras roupas celulares pratos e talheres potes capachos materiais de limpeza livros. E tudo o que se possa comer ou beber.

"De uns três anos para cá houve um crescimento muito forte das dez maiores redes." O papo, agora, é em outra Ceasa. Nosso interlocutor dá uma risadinha a cada pergunta que apresentamos tentando confirmar as cláusulas impostas pelos supermercados, faz um segundo de charme e, em seguida, fala o que sabe. Ele é um experiente comercializador de frutas. "Eles se conversam. Trocam *e-mail* diariamente. Quanto tá pagando o tomate, quanto tá pagando a banana-maçã, quanto tá pagando a prata, quanto tá pagando a nanica. Com isso, vêm pressionando. Vêm pressionando."

Para as redes, não teria sido melhor continuar comprando dentro das Ceasas, fazer com que o poder público arcasse com a estrutura? O segredo nesse e em qualquer outro caso é o mesmo: as corporações não pagam os custos. *Pallets*, carregadores, motoristas, caminhões, combustível: tudo que acontece nos centros de distribuição privados acaba precificado, repassado aos fornecedores. Repassado, é claro, a você, querido consumidor. "Quanto maior o comprador, mais exigência, mais briga, mais tudo, né? O desconto financeiro é fortíssimo. É impossível eu vender para um Carrefour com 22% de desconto financeiro. Como que contabilmente eu vou comprovar isso? Ele não me dá recibo disso. Então, é um lucro que eu não tenho", continua.

Não se engane. Não queremos de você piedade por nosso interlocutor. Ele nos recebe em uma sala confortável, com ar-condicionado — um oásis no caos da Ceasa. Enquanto seguimos o chefe até a sala com porta de vidro no final do corredor, pelo menos duas dezenas de funcionários nos perseguem com os olhos. Mesmo com algumas centenas de hectares plantados e algumas dezenas de anos no mercado, o chefe tem pesadelos com redes de supermercado.

Começa a ser fácil entender por que a vida dos bananicultores do Vale do Ribeira ficou inviável. Peculiaridades regionais e sociais são desconsideradas pelos compradores de grandes redes: o custo da mão de obra, de energia, a qualidade da terra e do alimento, a distância ao centro de distribuição. O produtor que se vire. Algum vai vender, mesmo que com prejuízo. Os compradores fazem promessas de contratos de longo prazo, de compras volumosas para o próximo semestre. *Se você disser que vendeu pra mim, todo mundo vai querer comprar de você.* É a ratoeira.

Em Miracatu, pela Rodovia BR-116, pegamos uma entradinha à direita. Não demora muito para encontrarmos uma grande propriedade. O bananal se espalha pelos dois lados da estrada de terra: morro acima, de onde as pencas deslizam por cabos de aço, e morro abaixo. A propriedade é da Frutas Fava, uma empresa com uma história monotonamente igual à de muitas e muitas outras nessa área: a origem humilde em Jundiaí, o salto para a Ceasa, a expansão para outras áreas, o ganho de escala e o uso de tecnologia. Hoje, segundo a empresa, são 250 mil bananeiras plantadas, com colheita de cinquenta toneladas por hectare.

Alguns meses mais tarde, entramos num hipermercado Extra no Itaim Bibi, bairro de classe alta em São Paulo. É um dos nossos passatempos favoritos por várias e várias semanas: andar calmamente pelos corredores dos supermercados, tentando decifrar a lógica de cada metro quadrado. Aquilo que induz o consumidor a comprar mais, que oferece uma "experiência" incomparável. Que diferencia empresas superficialmente idênticas. No meio do setor de FLV — frutas, legumes e verduras, o famoso hortifrúti —, um lindo carrinho se apresenta. Com uma estética passadista, oferece o conforto afetivo dos tempos da quitanda: uma contradição absurda para uma empresa que jogou a pá de cal na quitanda. Mas contradição é a alma desse negócio. No *display* (incorporamos um sem-fim de jargões a nosso vocabulário), bananas perfeitas, impecavelmente alinhadas, exibem-se ao consumidor. Amarelo-ouro, sem manchas, com um tamanho ideal. São uma experiência quase pornográfica de consumo. A limpeza, a iluminação, o ar na temperatura certa, a paleta de cores em tom pastel: tudo convida a ficar mais tempo, a percorrer cada corredor em busca de algo que não se buscava, a gastar o que não se deseja. No alto do carrinho, um logotipo: Frutas Fava.

Em Miracatu, Oseas chegou a ter trezentos mil pés de banana — tanto quanto os Fava. Hoje, restam cerca de cinquenta mil. "Tinha uma bananeira [distribuidora de bananas] que ficava devendo. Trinta mil, quarenta mil reais. Eles diziam 'ah, não posso pagar, estou apurado' e acabava. Às vezes eles davam um carro em pagamento. O restante a gente acabava perdendo, porque o cheque também tem um tempo. Mesmo que a gente colocasse no protesto ou levasse para a Justiça, os caras sempre davam calote." Segundo ele, o prejuízo em calotes passou de trezentos mil reais. E, assim, as terras foram embora. "Comecei aos oito anos de idade trabalhando, capinando. Hoje eu só estou teimando com a banana por causa do projeto familiar e da merenda escolar." A maior parte dos bananicultores ligados à Coopercentral VR depende da venda para a merenda das escolas da região e da capital, ainda mais depois que o governo federal praticamente abandonou o Programa de Aquisição de Alimentos (PAA). Chegaremos a esse assunto mais adiante.

Para empresas do porte de Carrefour e Pão de Açúcar, e mesmo para redes menores, peixes pequenos não interessam. O gigantismo exige negociar com gente grande. E foi assim que surgiram grandes fornecedores de alimentos *in natura*, corporações que fazem o trabalho duro: espremer o agricultor para garantir preço e qualidade, oferecer uma diversidade de produtos concentrados em um único fornecedor, cuidar de toda a logística, encarregar-se de boa parte da burocracia. Mas, em algum momento, essas empresas também se tornam grandes demais para dialogar com os agricultores individualmente. E, então, vão surgindo atravessadores dos mais variados portes. Quatro, cinco, seis intermediários entre quem planta e quem come.

Janeiro nos reserva um calor pegajoso, fiel, incômodo, e uma chuva pontual, que insiste em despencar às duas da tarde. Nas horas seguintes a cada tempestade, tratores presenteiam os campos com veneno, numa rara ocasião em que se avistam humanos nas extensões de soja e milho. "É preventivo", explica um agricultor. Por um lado, a água que cai do céu fortalece a cultura a custo zero; por outro, facilita a multiplicação de pragas nas plantas. Talvez a chuva breve do início da tarde não seja suficiente para engatilhar a proliferação de lagartas ou a disseminação de um fungo destruidor, mas é raro encontrar um produtor disposto a pagar pra ver.

De muito longe, avistamos quatro silos gigantescos, da altura de um edifício, à margem da Rodovia Deputado Vicente Botta, em Casa Branca, a pouco mais de duzentos quilômetros de São Paulo. São um entre muitos símbolos de uma conquista que tem poucos conquistadores. São uma das estruturas da Cooperativa dos Bataticultores da Região de Vargem Grande do Sul, a Cooperbatata. Os silos não servem para batata, mas para grãos. Estão famintos à espera da cada vez mais próxima colheita da soja, que se espalha pelos grandes campos enquanto a batata não vem.

Todo mundo conhece todo mundo em um dos maiores polos de produção de batata do país: sobraram poucos nesse negócio. E os poucos que sobraram contam a mesma história. Do avô que cultivava na enxada, de punhadinho em punhadinho. Do pai que usava trator. Da agricultura crescentemente mecanizada das últimas décadas. A adesão a uma lógica de produtividade, imprescindível para se manter no mercado, opera uma transformação que se tornou corriqueira no cenário agrícola: a cada passo dado, a cada nova tecnologia, menos gente tem como aguentar o tranco. Hoje, cultivar um hectare de batata em Vargem Grande do Sul custa entre 29 mil e 36 mil reais.[6] Ou seja, um produtor relativamente pequeno, com cinquenta hectares, precisa de 1,5 milhão só para dar a largada.

Os dados da pesquisa Produção Agrícola Municipal, do Instituto Brasileiro de Geografia e Estatística (IBGE), contam essa história ano após ano. Em 1974, um hectare em Casa Branca rendia 11.200 quilos. Em 2010 já eram trinta mil. Naquele ano, eram apenas 7.134 toneladas desenterradas na cidade, e a vizinha Vargem Grande do Sul não produzia quase nada. Ao longo da década de 1980, a enxadinha foi sumindo, as terras foram se concentrando, a produção explodiu. Mas aquelas setenta mil toneladas produzidas pelas cidades-irmãs em 1989 eram só o ensaio do que viria a seguir: em 2010, já produziam o dobro disso.

"Sou casado e amo minha mulher que é a Suzie", jura de pés juntos a mensagem no perfil de WhatsApp de Tadeu Aparecido da Costa. Do outro lado da estrada avistamos um lindo campo na encosta. É ali que ele nos espera para uma conversa, pontuada pelo constante "piiiii" do alarme da fazenda, pela insistência de uns insetinhos que gostam de se enroscar no rosto e pelos latidos dos cães inconformados com o movimento das vacas. A bela propriedade do sogro, pai de Suzie, é administrada por Tadeu, que entrou pra valer no negócio nos anos 1990.

Naquela época, as sementes plantadas pela família ainda não eram importadas — hoje, os poucos baticultores que não recorrem às matrizes europeias apostam em variedades locais produzidas com ótima tecnologia. "Na época que eu comecei tinha muitos pequenos produtores. Eram áreas pequenas. Dez alqueires, cinco alqueires, dois alqueires", recorda. "Veio o endurecimento da cadeia, porque muitas vezes ela começou a não remunerar. E aí começou um período de quebradeira."

---

**6** "Especial batata 2019", *Hortifruti Brasil*, ano 18, n. 194, p. 13-9, outubro 2019.

As terras dos agricultores quebrados vão para as mãos dos não quebrados. Até que a nova quebradeira os separe.

Sob o sol implacável, enormes estruturas de metal são o único elemento que acompanha a soja e o milho na solidão dos campos esvaziados de gente. Os pivôs de irrigação podem ser vistos de muito longe, por todos os lados, sempre próximos de torres de energia sem as quais não sabem andar. Na região de Vargem Grande, os pivôs são uma medida de riqueza: quanto maiores, maiores as terras. Ali, ou em qualquer lugar do país, quanto maiores as terras, maior a riqueza, maior o poder.

Tadeu não está quebrado, mas já enxerga a hora em que talvez tenha de sair do mercado de batatas e viver da renda de outras culturas. Ele chegou a plantar mais de cem hectares, o que é bastante em se tratando do tubérculo. Desestimulado pelas péssimas safras de 2016 e 2017, semeou apenas doze hectares nos últimos anos. 2019 se mostrou generoso e, em 2020, ele já planejava um retorno arriscado aos 24 hectares. "Antes, quando era um ano muito ruim de preço, pelo menos você conseguia pagar as contas." Mas a situação piorou com o crescimento no número de intermediários, o aumento dos custos decorrente da demanda por alta produtividade e a redução da margem de lucro dos agricultores. "Hoje, não. Hoje ela te deixa prejuízo. E grande. A gente teve ano de perder vinte mil, trinta mil reais por alqueire."

Batata, quando sai da terra, precisa ser comercializada imediatamente. Pelo preço cotado no dia.

— Você vai vendendo durante o dia. Às vezes, você vende lá cinco cargas, dez cargas. Você vai sentindo o mercado — relata Tadeu.

— Uma carga é um caminhão?

— É um caminhão.

— Quantos quilos que dá, mais ou menos?

— São trezentos sacos de cinquenta quilos, dá quinze mil quilos. De média.

— Você gosta do trabalho assim, de ter que ficar ligando, vendendo?

— Da agricultura em si eu gosto. O que eu acho mais estressante realmente, o que mais me pesa na agricultura é a comercialização. Porque muitas vezes a gente recebe um preço por nossa mercadoria que não remunera a gente, que não paga os nossos custos, e a gente vê um ano de trabalho perdido, você perdendo dinheiro, com funcionário nas tuas costas, gente nas tuas costas trabalhando, é muito difícil. E eu acredito o seguinte: hoje já tem muito atravessador. Chega na época da safra é muito atravessador ligando pra um cara só, lá na ponta. A gente tinha que ter mais opção na ponta.

— E todos eles vão entregar pro mesmo cara...

— O mesmo cara. Às vezes, um compra mercadoria minha, o outro compra. Os dois brigam lá na frente com a minha mercadoria. Entendeu? Os dois caras compram a mesma mercadoria minha, mas fazem briga lá na frente [para revender].

Quando a briga é entre gigantes, quem sofre é a grama. As grandes fornecedoras de alimentos *in natura* adquirem poder para pressionar os pequenos. "A gente tentou vender e pelamor de deus. Só dá briga. Eles querem pagar muito pouco", diz um agricultor, a respeito de uma das maiores empresas do setor. "Vendemos um lote de quinhentas caixas. Eles inventam que duzentas caixas estão em qualidade inferior e pagam menos. São assim. Tentam de qualquer forma tirar uma fatia do produtor."

E adquirem poder para pressionar governos. A Benassi é uma empresa onipresente no setor. Com a mesma história: a barraquinha que vendia banana, café e uva na beira da Rodovia Anhanguera se transformou em uma gigante que fatura mais de um bilhão de reais por ano. Em 2019, pressionava pela privatização da Ceagesp, dando como certa a transferência para um terreno nas imediações de São Paulo que anunciava ter comprado por 1,5 bilhão. Os futuros quinhões do empreendimento já estavam sendo negociados com outras gigantes do setor. Quase todas desconhecidas do público. Você pode começar a procurar por elas nos caixotes de alimentos que normalmente ficam em alguns cantos do setor de hortifrúti dos supermercados. É comum que empresas como a Benassi assumam o controle de tudo nessa área, numa espécie de terceirização.

"Não é culpa diretamente deles me expulsar do mercado, mas, quando eu chego pro dono do supermercado, ele me diz que só pode aceitar aquilo que a Benassi entrega: 20% do valor das vendas, sem compromisso", nos disse Léo Bastos, um pequeno agricultor do Rio de Janeiro. Para o supermercadista, o contrato garante o conforto de não se preocupar com nada: a Benassi cuida da seleção de produtos, compra, logística, reposição e precificação. Tudo isso por 80% do valor que o cliente paga no caixa, em média.

No novíssimo galpão de catorze mil metros quadrados, usado para receber, selecionar e reembalar os alimentos na capital paulista, a Benassi movimenta até oitocentas toneladas de frutas, legumes e verduras por dia. Cento e vinte caminhões dão conta das cerca de 250 entregas para grandes e pequenas redes de varejo da região.[7] O portfólio é extenso: só o setor de frutas, que garante 50% do faturamento da empresa, oferece mais de 220 itens nacionais e importados aos clientes. É mais do que suficiente para qualquer varejista, mas de onde vem tudo isso? "A rede não conhece e não tem o menor interesse em conhecer a história por trás do produto", lamenta pelo telefone o agricultor fluminense.

Os dez centros de distribuição da Benassi estão divididos entre os estados de São Paulo, Minas Gerais, Rio de Janeiro e Paraná. Mas o fornecimento de FLVs não foi suficiente para saciar o apetite da família, que avança também sobre os setores de alimentos congelados, purificação de ar, construção civil e postos de combustível.

---

**7** "De olho na mudança da Ceagesp, Benassi realoca distribuição", *Valor Econômico*, 30 jan. 2020.

# 2
# THE
# AMERICAN
# WAY

Quando desembarcou no porto de Santos, em 1929, o jovem imigrante português Valentim dos Santos Diniz não fazia ideia de quão profundamente mudaria o varejo alimentar brasileiro. Como balconista do empório Real Barateiro, na cidade de São Paulo, pegou gosto pelo comércio de alimentos. Abriu uma mercearia, depois uma padaria e, em 1948, a doceria Pão de Açúcar, na avenida Brigadeiro Luís Antônio, no bairro Jardim Paulista. Três décadas depois, Valentim se veria presidindo a maior rede de supermercados do Brasil. Presidindo, mas não liderando. O líder do império que desaguaria no que hoje é o Grupo Pão de Açúcar sempre foi seu primogênito, Abilio.

A década de 1970 trouxe sorrisos largos e mesas fartas para os Diniz. Com mais de cem lojas funcionando, a família arriscava negócios em Portugal, Angola e Espanha. Um dos passatempos favoritos de Abilio era viajar pelo mundo conhecendo os maiores e melhores supermercados. Na França, se apaixonou por um hipermercado do Carrefour. Conheceu a loja acompanhado de Marcel Fournier, cofundador da rede francesa, e Luiz Carlos Bresser-Pereira, seu fiel escudeiro à época e futuro ministro da Fazenda na gestão José Sarney (Correa, 2015).

De volta ao Brasil — e com mais sede de sucesso do que nunca —, o filho mais velho convenceu Valentim a testar o modelo grandalhão no país. Com um simpático elefante vermelho na fachada, os hipermercados Jumbo apresentaram ao consumidor brasileiro um novo jeito de comprar, em uma loja imensa, com mais itens disponíveis do que se podia contar. A primeira foi inaugurada em 1971, em Santo André, no ABC Paulista, evento que contou com a ilustre presença do então ministro da Fazenda, Antônio Delfim Netto. Naquele momento, o Grupo Pão de Açúcar já era a maior rede de varejo do Brasil, seguida de perto pela também paulistana Eletroradiobraz, que tinha como carro-chefe magazines de utilidades domésticas, e não a venda de alimentos e produtos de limpeza. Não havia Carrefour ou Walmart. Os Diniz corriam livremente para conquistar os corações e os bolsos dos brasileiros.

Grogue, a Eletro tentava se manter de pé na disputa investindo pesado em hipermercados — abriu 26 lojas do tipo até 1976. A expansão rápida e cara só foi possível com grandes aportes financeiros do então Banco Nacional de Desenvolvimento Econômico (BNDE), que assinava cheques gordos para fortalecer as empresas nacionais. Mesmo com o empurrão do Estado, a enorme vendedora de eletrodomésticos oriunda do bairro do Brás não conseguiu correr ombro a ombro com os Diniz. A falência era tão certa quanto indesejada. Os militares precisavam que o povo brasileiro continuasse acreditando no "milagre econômico", no bônus financeiro que remediava o pesado ônus social da ditadura. Nesse contexto, a quebra da segunda maior varejista do país e a demissão de seus 8,7 mil empregados eram pedras no sapato que o general-presidente Ernesto Geisel preferia evitar.

Coube ao então presidente do BNDE, Marcos Vianna, encontrar uma saída para a pendurada Eletroradiobraz. Talvez Vianna tivesse usado a ordem alfabética para escolher o primeiro possível comprador a quem telefonaria, mas não fora necessário. Abilio Diniz era a única alma viva brasileira que toparia comprar um gigante de joelhos. Porém, o Pão de Açúcar não tinha tanto dinheiro assim. "Eu dependia de financiamento [...] porque naquela altura a aposta não era se eu ia quebrar comprando a Eletro, mas quando isso iria acontecer", relatou

Abilio à jornalista Cristiane Correa (2015). Para salvar a noite de sono do general, o BNDE mais uma vez colocou a mão no bolso e concedeu um bom crédito ao Grupo Pão de Açúcar, que somou a suas 111 lojas os 26 hipermercados, dezesseis magazines e oito supermercados da Eletro.

Num movimento rápido, negociado e financiado pelo Estado, os Diniz se isolaram como os principais varejistas do país. A rede holandesa Makro e a francesa Carrefour já haviam desembarcado no Brasil com seus hipermercados em 1972 e 1975, respectivamente. Mas não competiam nem de longe com a gigante brasileira e suas mais de 160 lojas.

Nenhuma das estrangeiras tinha um rosto público. O Pão de Açúcar, sim. A capacidade política de Abilio entrou em jogo para nunca mais sair. Prepotente, habilidoso, obcecado, um copiador assumido, vaidoso, competitivo ao extremo, atleta: tudo isso define o homem que atravessou décadas como a grande referência do supermercadismo brasileiro. Desde os anos 1970 ele circulava pela Esplanada dos Ministérios com desenvoltura. José Sarney, Fernando Collor, Fernando Henrique Cardoso, Lula, Dilma Rousseff, Michel Temer, Jair Bolsonaro. Não houve governo brasileiro com quem Abilio não tenha dialogado. Ou melhor, não houve governo brasileiro que não o tenha buscado para dialogar, apoiar, avalizar.

Hoje, mais de quarenta anos depois da compra da Eletro, nada mudou para o GPA — apelido carinhoso do Grupo Pão de Açúcar, usado pelos investidores. Ele ainda é gigante. Ainda tem o maior número de lojas. Ainda arremata redes sufocadas.

Mas tudo mudou. O Carrefour chegou à liderança do mercado. Outro grupo francês, o Casino, assumiu as rédeas da Companhia Brasileira de Distribuição, o nome oficial do conglomerado criado pelos Diniz, e desbancou Abilio, que virou acionista do maior concorrente. A mais simbólica das empresas familiares brasileiras não conseguiu escapar do próprio gigantismo: virou um braço financeirizado de um grupo multinacional.

As 160 lojas viraram 1.076 — além de 123 farmácias e 72 postos de combustível. É bem mais do que as 475 unidades do Grupo Carrefour. Ainda assim, o faturamento do GPA em 2019 foi 720 milhões de reais menor: 61,5 bilhões contra 62,2 bilhões.[8] De longe, uma legião de redes médias assiste à queda de braço entre os dois gigantes. O terceiro lugar do *ranking* é ocupado pela operação brasileira do Walmart, que se transformou em Grupo BIG em 2020, e desde 2017 não divulga dados financeiros sobre a movimentação das cerca de 450 lojas. A chilena Cencosud fica na quarta posição, com 202 unidades concentradas exclusivamente na região Nordeste e 8,5 bilhões de reais de faturamento. Quem fecha o "clube dos cinco" é também a única rede 100% brasileira: Irmãos Muffato, com singelas 61 lojas no interior de São Paulo e Paraná e faturamento de 7,5 bilhões de reais.

Para que se tenha uma ideia, as cinco maiores faturam o mesmo que a soma das 495 seguintes. E isso sem contar as dezenas de bilhões de reais do BIG, que deixou de fazer parte do *ranking* da Abras. O lugar vago entre os cinco primeiros foi ocupado pelo muito menor Grupo Pereira, que atua majoritariamente no Centro-Oeste e é responsável pelos supermercados Comper e pelos atacarejos Fort Atacadista. Outra maneira de enxergar a mesma fotografia é olhar para a concentração nas mãos de Carrefour e Pão de Açúcar. É preciso somar as 78 empresas seguintes para igualar o faturamento das duas.

Antes de escrever a primeira linha deste livro, conversamos com acadêmicos, agricultores e atravessadores, funcionários de supermercados e de órgãos reguladores, ex-ministros e advogados, fornecedores e compradores. A palavra "monopólio" surgiu mais vezes do que imaginávamos para descrever as duas maiores redes do Brasil. Por coincidência, é a palavra que

---

**8** "Ranking Abras 2019", *SuperHiper*, ano 45, n. 514, maio 2019.

eriça os pelos da nuca dos executivos de Carrefour e GPA. Eles discordam de todos os outros, discursam usando termos como *market share*, segmentação, penetração e expansão orgânica. Tudo bobagem para um vendedor de batatas que há quarenta anos negocia com os supermercados: "É um monopólio puro...", nos disse, com o sorriso de quem não tem medo de ser injusto.

É, de fato, um monopólio? Um duopólio, um oligopólio? Como essas empresas cresceram tanto? Como o Estado permitiu que isso acontecesse? Que impactos esse gigantismo traz para os consumidores? E para os fornecedores? Isso altera, de alguma forma, a maneira como compramos, comemos, vivemos? E os agricultores, como ficam? E os quase duzentos mil funcionários das duas redes? E os 120 bilhões de reais que eles movimentam por ano, ficam por aqui ou voam para paraísos fiscais europeus? Essas e outras perguntas ecoaram nas nossas cabeças no último ano. Talvez tenhamos conseguido responder a algumas delas, talvez a todas. As respostas estão espalhadas pelo livro. Mas, calma. Antes de construir um império, Valentim Diniz abriu uma mercearia.

*São Paulo, que não sabe adormecer*
*Porque durante a noite, paulista vai pensando*
*Nas coisas que de dia vai fazer*
*São Paulo, todo frio quando amanhece*
*Correndo no seu tanto o que fazer*
*Na reza do paulista, trabalho é Padre-Nosso*
*É a prece de quem luta e quer vencer*

Quando o paraense Billy Blanco escreveu "Sinfonia paulistana", em 1974, São Paulo crescia a uma velocidade vertiginosa. A cidade de província do começo do século, com 240 mil habitantes, era agora um polo industrial de seis milhões. Para uma nova metrópole, uma nova idiossincrasia. Era hora de construir um discurso de otimismo, de ufanismo, de progresso infinito.

O trabalho, convertido em religião, precisava erigir templos onde as pessoas pudessem adorar o deus dinheiro. "Conhecidas como as catedrais do consumo, estas lojas têm sua mecânica regulada por dois princípios: vender muito e continuamente", descrevia uma reportagem do jornal *Folha de S. Paulo* em dezembro de 1970, com o sugestivo título "Supermercados vencerão a guerra da comida?". À diferença dos rituais pré-existentes, marcados por gestos cuidadosos, simbólicos, lentos, a nova proposta era todo o oposto. "A denominação grandiosa vem de um padrão de comportamento imposto pela nova maneira de consumir, que fez desse ato banal uma cerimônia quase litúrgica. Assim, há produtos dentro do supermercado que são vendidos na base do impulso. Muitas vezes o consumidor nem precisa dele, e até se surpreende, no caixa, ao vê-lo dentro do carrinho, mas comprou."[9]

Os supermercados chegaram de fininho no Brasil. Há algumas divergências sobre qual teria sido de fato a primeira loja, mas não há dúvidas de que foi inaugurada no início da década de 1950. As redes se expandiram aos poucos. Porque, antes de forjar a prece pelo impulso, era preciso criar um hábito. O supermercadismo precisava "reeducar" os consumidores brasileiros, acostumados a feiras e empórios, até que colocassem produtos no carrinho sem sequer notar. O "jeito americano de comprar" comeu pelas beiradas por um bom tempo, mas, em 1970, vinte anos depois da estreia no Brasil, 1,7 mil supermercados já estavam de portas abertas. Ainda assim,

---

**9** "Supermercados vencerão a guerra da comida?". *Folha de S. Paulo*, 13 dez. 1970.

apenas nove empresas possuíam mais de vinte lojas:[10] as redes estavam em formação, mas eram pequenas.

Como qualquer religião emergente, o trabalho paulistano precisava de um objeto de ódio. Se a fé repousa no futuro de glórias, é o passado caipira que deve ser ridicularizado: aquele que não sabe consumir, que não vive para o consumo. São Paulo se esmera por enterrar a cidade de província. O porco, a cambuquira, a quirerinha vão desaparecendo do prato. Prédios antigos são destruídos. O casario dá lugar a edifícios. A feia fumaça que sobe apagando as estrelas. A feira livre, de antigos inimigos, ganha um arquirrival — a "antiquada feira", nos dizeres da *Folha de S. Paulo*, que dobra a aposta em se livrar dessa "ciganagem mercantil".[11] Uma nova religião surgia, os templos estavam construídos, mas faltavam os fiéis — ou melhor, as fiéis. As donas de casa são sempre o alvo quando se trata de consumo. O jornal, imbuído de febre missionária, listava quatro obstáculos: preço, diversidade, atendimento e facilidade de crédito (o bom e velho fiado).

Alguns desses problemas poderiam ser resolvidos mediante pressão. Na década de 1960, cobrava-se que o poder público instalasse mercados municipais por toda a cidade; como a operação era muito onerosa, a feira passava a ser tolerada como uma espécie de mal necessário. Em 1964, porém, foi editado um decreto que limitava a instalação de novas feiras.

A *Folha* não ficou satisfeita. E publicou um editorial com título autoexplicativo: "Fim às feiras-livres", no qual começa a ficar claro que esse espetáculo quase medieval deveria sair do alcance das vistas mais sensíveis. "A rigor, não se encontra

---

**10** "Panorama setorial Gazeta Mercantil: Supermercados", v. 1, p. 8-9, 1998 *apud* CAVALCANTE, Léia Baeta. *Poder de compra do varejo supermercadista: uma abordagem antitruste*. Brasília: Ministério da Fazenda, Secretaria de Acompanhamento Econômico, 2004 (Documento de Trabalho n. 30), p. 3.

**11** "Fim às feiras-livres", *Folha de S. Paulo*, 11 maio 1964.

justificativa para a permanência de feiras-livres em São Paulo nas condições atuais. Uma cidade de quase cinco milhões de habitantes ainda poderia admitir esses primitivos mercados errantes na periferia, em bairros afastados, em locais onde fosse possível reunir pequenos produtores das imediações para virem comerciar seus produtos diretamente com o público."

Mas os paulistanos não aceitaram os supermercados sem algumas sobrancelhas franzidas. Nos empórios, quitandas e mercadinhos tradicionais, os clientes não escolhiam os próprios produtos: pediam tudo para um funcionário que entregava as compras do outro lado de um balcão. Os supermercados inauguraram o chamado "autosserviço", modelo no qual o cliente deveria andar pela loja e, sozinho, pegar os itens que queria, como fazemos hoje. Parece bobo, mas muitos demoraram para entender essa lógica. Há uma série de relatos de pessoas que questionavam os funcionários dos supermercados sobre a necessidade de pagar um "ingresso" para visitar a loja e usar os carrinhos.[12] Alguns homens não gostavam da ideia de empurrar o carrinho desengonçado de um lado para o outro, e as famílias mais pobres se sentiam envergonhadas por não conseguirem enchê-lo de produtos. Isso tudo ajudou o varejo tradicional a ter uma certa sobrevida. Mas não por muito tempo.

A mudança cultural era inexorável. Cedo ou tarde os supermercados desbancariam os pequenos comércios. E, conforme ganhavam força e poder econômico, os supermercadistas conquistavam também um grande poder de barganha com o Estado. Já em 1965 eles tiveram uma das maiores vitórias: os militares substituíram o Imposto sobre Vendas e Consignações (IVC), que incidia sobre a operação varejista, pelo Imposto sobre

---

**12** *SuperHiper*, ano 44, n. 508, nov. 2018. Edição comemorativa de cinquenta anos da Abras.

Circulação de Mercadorias (ICM).[13] A diferença está explicada nos nomes de ambos: um tributa a venda; o outro, a circulação. O IVC incidia "em cascata" sobre cada etapa da cadeia de fornecimento, ou seja, acumulava os tributos de produtores, transportadores e fornecedores, o que castigava os varejistas. "Os supermercados pagavam muito imposto, porque eram a ponta da cadeia", explica Walter Belik, professor titular de Economia da Universidade Estadual de Campinas (Unicamp) e um dos maiores especialistas em distribuição e abastecimento alimentar do Brasil. "O pequeno varejo, por sua vez, tinha muita facilidade de sonegar. Padarias e quitandas não tiravam nota. Mas no supermercado havia uma certa fiscalização." A sonegação fiscal era uma vantagem competitiva para os pequenos comércios, mas o ICM estragou a festa. "Com a mudança na época dos militares, o imposto passou a ser sobre o valor agregado. Passou a valer a pena emitir nota fiscal porque, quando uma loja comprava de um fornecedor, tinha um crédito de ICM e, quando vendia, tinha um débito. Então só se pagava a diferença."

A economia tributária para a nova elite do varejo foi gigantesca. Vinte e três anos depois, a Constituição de 1988 substituiria o ICM pelo Imposto sobre Circulação de Mercadorias e Serviços (ICMS) — ou seja, incorporando os serviços. Mas, na visão de Belik, os impactos foram tímidos: "Pelo menos em relação aos itens unitários, os supermercados pagam pouco imposto. Ainda mais agora que muitos produtos alimentícios, principalmente os *in natura*, não pagam ICMS, estão zerados." O problema é que o ICMS é um tributo estadual, o que obriga os supermercados a usarem um sistema de "compensação" caso comprem produtos de outros estados; a burocracia gera con-

---

**13** BRASIL. Constituição (1946). Emenda Constitucional nº 18, de 1º de dezembro de 1965. *Reforma do Sistema Tributário nacional.* Disponível em: https://www.planalto.gov.br/ccivil_03/constituicao/emendas/emc_anterior1988/emc18-65.htm.

fusão e fraudes. Também é o imposto responsável pela maior parte das autuações das grandes redes. Só o Grupo Pão de Açúcar tinha, até o final de 2019, 7,35 bilhões de reais (sim, bi, com b) em multas relativas ao ICMS. O Carrefour, 3,7 bilhões.[14]

Fazemos a conta para você: se liquidado, o valor dessas autuações teria sido suficiente para cobrir todo o orçamento de 2019 das três maiores universidades públicas do estado de São Paulo — Universidade de São Paulo (USP), Universidade Estadual Paulista (Unesp) e Unicamp. E ainda sobrariam aproximadamente cinquenta milhões. Ou seja, financiaria o ano letivo dos cerca de 185 mil alunos e 10,6 mil professores das três instituições — além de todos os funcionários, laboratórios, bandejões etc.

Para conseguir os mesmos onze bilhões de reais fazendo o que sabem fazer — vendas —, as duas precisariam suar muito mais a camisa. Teriam de vender 5,5 milhões de refrigeradores Brastemp BRM44HB Frost Free, ou 9,2 milhões de *smartphones* Motorola One Macro Ultra Violet 64 GB, ou duzentos milhões de pacotes de fraldas Pampers Supersec G de oitenta unidades, segundo os preços vigentes ao final de abril de 2020. Isso se pudéssemos considerar que o dinheiro todinho da venda vai parar no caixa. Mas, no mundo dos supermercados, o faturamento é alto e a taxa de lucro é baixa — em torno de 2% sobre o faturamento é considerado um bom resultado. Mas, de novo, calma, que ainda demora para que as corporações se tornem fábricas de dinheiro.

---

14 BRASIL. Ministério da Economia. Comissão de Valores Mobiliários. *Formulários de Referência de Cias Abertas (2019)*. Disponível em: http://dados.cvm.gov.br/dataset/cia_aberta-doc--fre/resource/fd1a17ba-9f2d-4c48-a922-7ff949de206e

Pela primeira vez, o Brasil era mais urbano do que rural. As cidades inchavam nos anos 1970. A Empresa Brasileira de Pesquisa Agropecuária (Embrapa), criada em 1972, foi o passaporte da adesão do país à Revolução Verde. Foram-se enxadas e camponeses, vieram tratores e agrotóxicos. Começou nossa relação de dependência com a soja. A pecuária avançou sobre o Cerrado e a Amazônia.

Na outra ponta, a indústria de alimentos inventava o que fazer com todos esses grãos. Já não se tratava de matar a fome do mundo, mas de maximizar lucros utilizando *commodities* baratíssimas produzidas com patrocínio do Estado. Assim, soja, milho, trigo, açúcar tornaram-se os ingredientes-chave da era que se abriu. Bastava a mistura certa de óleos e farinhas, com muitos aditivos, para produzir imitações de alimentos. Para criar produtos que enlouqueciam os sentidos das pessoas ("É impossível comer um só"). Investimentos massivos em publicidade forjaram a noção de que cozinhar era antiquado, uma perda de tempo incompatível com uma era calcada na velocidade, na produtividade, na eficiência.

As donas de casa, agora incorporadas ao mercado de trabalho, precisavam de uma ajuda. Não do marido, é claro, que não deveria ser retirado da santa paz do sofá, mas dos fabricantes de comida-porcaria, sempre a postos para trazer a mais recente inovação capaz de poupar tempo — a perda de sabor era um efeito colateral com o qual todos estavam dispostos a conviver. As avós estavam desorientadas sobre como alimentar filhos e netos. Proteínas? Carboidratos? Onde entram as vitaminas? E onde encontro os minerais? A margarina é melhor que a manteiga, então? O ovo faz mal? Sob o patrocínio das grandes fabricantes, comer se tornou um assunto para cientistas. Especialistas da nutrição e da tecnologia de alimentos não pouparam esforços por praticar um reducionismo nutricional que fez da comida-porcaria a promessa de uma forma de comer moderna, que legava ao museu o conhecimento acumulado ao longo de dez mil anos.[15]

E os supermercados eram o lugar primordial de exposição desses formidáveis avanços tecnológicos, que agora podiam morar nas prateleiras durante meses sem perder suas características fundamentais. Embalagens metálicas com capacidade para proteger do calor ou prolongar o tempo de vida. Garrafas plásticas retornáveis. Pratos congelados que só precisavam de alguns minutos no forno ou no micro-ondas. Um iogurte que vale por um bifinho. Um pó que se transforma em um "suco" repleto de vitaminas. Um cereal que desperta o tigre em você. Sem a necessidade de se ater a alimentos de verdade, a indústria e o varejo podiam levar a imaginação às alturas.

"É o mais limpo que existe", dizia uma publicidade do pão Pullman em meados dos anos 1950.[16] Era um produto tão inovador que o uso compulsivo da exclamação chegou seis décadas antes das postagens de Facebook. "Feito sem contato manual... protegido por embalagem de celofane! Sai mais em conta! Não fica velho! Não sobra! Dura muito mais!" A Pullman é uma metonímia do estilo de vida vendido como moderno na segunda metade do século passado. Se os supermercados são as catedrais, o pão Pullman é a hóstia. Duas ou quatro fatias, maionese Hellmann's (a verdadeira), queijo prato e apresuntado: está pronto o jantar. Sem sujar panelas, sem perder tempo.

Foi uma era de invenções formidáveis. Um "macarrão" pronto em três minutos que substituía um macarrão de ver-

---

**15** Para um aprofundamento nessa questão, ver SCRINIS, Gyorgy. *Nutricionismo: a ciência e a política da orientação nutricional* (Elefante/O Joio e O Trigo, no prelo).

**16** Ver *Propagandas Históricas*. Disponível em: http://www.propagandashistoricas.com.br.

dade que ficava pronto em... três minutos. Não sei você, mas nós ficamos com a impressão de que fomos enganados. De levinho. "Ninho é leite sempre fresco porque, devido ao seu grande consumo, os estoques estão sendo constantemente renovados. É como se fosse diretamente da ordenha para sua casa."

Nossas avós, crentes de que haviam aprendido todo o necessário com os cientistas, misturavam leite em pó (açúcar com leite reconstituído) com achocolatado (açúcar com resquícios de cacau). Afinal, como dizia a publicidade, você só precisa de um minuto para preparar um copo. "Toddy contém — porque contém mesmo — tudo o que as crianças necessitam para aumentar de peso, purificar o sangue, fortalecer o cérebro, os nervos, os dentes e os ossos e aumentar a resistência física contra as doenças." Ufa! Deu supercerto.

O maior empresário do reino dos supermercados demonstrava otimismo com essa era de progresso infinito. Em entrevista ao *Roda Viva*, em 1987, Abilio Diniz declarou-se totalmente contrário à reforma agrária. "Nós somos um país essencialmente urbano. A nossa população mora nas capitais. Nós temos de tratar fundamentalmente de nosso problema mais sério de desenvolvimento urbano. É um problema habitacional, é um problema de saneamento básico", argumentava. "E nós estamos tratando de terra produtiva ou improdutiva. De minifúndio ou latifúndio. Cerca de 5% da população americana mora em zona rural; 95% moram nas capitais. Nós estamos caminhando pra isso. Hoje os países modernos caminham pra isso. Nós esquecemos desse negócio. Nós temos que ter aumento de produtividade na terra, e não continuar essa história de que temos que fixar o homem na terra."

Nas décadas em que liderou o Pão de Açúcar, Abilio se revelou mais do que um empresário ambicioso e agressivo: era um copiador muito eficiente. "Quem não tem competência para criar tem que ter a coragem para copiar", costumava dizer aos seus funcionários (Correa, 2015). Rodava o mundo com sua estratégia pessoal de *benchmarking* — o equivalente para "cópia" no dicionário empresarial — e se gabava de ser provavelmente a pessoa que mais conhecia lojas de supermercado no mundo. Carrefour, Lidl, ALDI, Costco, Tesco, Ahold, Walmart. O melhor de cada rede virou "inspiração" para as lojas do Pão de Açúcar. Mas nenhum líder despertou tanta admiração em Abilio quanto Sam Walton, fundador da maior corporação varejista do planeta, o Walmart.

É curioso, para não dizer contraditório, que Abilio tenha Walton como ídolo. Em vários sentidos, os dois são opostos. Abilio gosta do luxo. Walton tinha ojeriza. O brasileiro se sente à vontade entre jornalistas, como centro das atenções, dando conselhos. O gringo via na imprensa uma perda de tempo. Abilio é cosmopolita, gosta de ser um cidadão do mundo, e o Pão de Açúcar nasceu num bairro de classe alta da maior cidade do país. Walton era um conservador cristão e o Walmart brota do chão numa cidade provinciana do Arkansas, no meião dos Estados Unidos. E foi esse o seu segredo: comendo de dentro para fora do território, o empresário americano se tornou bilionário antes de ser notado por seus pares e pela mídia, ocupados demais em olhar para as grandes corporações sediadas nas maiores cidades. Quando ele morreu, em 1992, deixou uma megaempresa com faturamento de 44 bilhões de dólares e 370 mil funcionários. Mas, três décadas depois, o faturamento cresceu 1.000%, e o número de trabalhadores quintuplicou. O hipermercado passou a ser um ícone impossível de se ignorar no cenário de municípios minúsculos, numa lógica de expansão que a Havan tentou copiar no Brasil. Abilio, em compensação, jamais conquistou o "Brasil profundo": parou bem antes disso, no Paraná.

Os dois erigiram impérios à imagem e semelhança. Embora o Pão de Açúcar tenha braços populares, o eixo fundante são lojas limpas e organizadas, com itens caros e exclusivos, apostando numa clientela de alta renda. O Walmart é todo o contrário: lojas sujas e bagunçadas, cujo único desejo é atrair a todos pelo *slogan*: "Sempre preços baixos. *Sempre*". Isso é mais do que um *slogan*: é um apotegma. É a obsessão de Walton, a ponto de seguir vigente três décadas depois de sua morte. Cada centavo conta. Cada centavo é sagrado na concorrência com outras redes. O Walmart tem o poder de impor o preço que deseja e proibir que se venda mais barato em outros lugares. Nem mesmo diretamente do fornecedor é possível obter uma condição tão vantajosa.

Espremer é a palavra de ordem. Espremer os trabalhadores com jornadas exaustivas, sonegação de horas extras e salários rebaixados. Espremer os fornecedores. Todos os anos, os compradores devem conseguir que as indústrias reduzam os preços em 5%. E se elas quebrarem? Não importa. Outras surgirão pelo caminho. O tamanho do Walmart é tão brutal que ele de fato realiza algo muito próximo do mundo utópico do livre mercado: controlar a inflação. A corporação tem um peso que nenhuma autoridade regulatória consegue ter na administração de preços. Uma pesquisa constatou que um novo *supercenter* tem a capacidade de reduzir os preços médios na região em até 3% — no longo prazo, essa queda pode ultrapassar 10% (Fishman, 2007). Os efeitos colaterais são imensos: lojas fechadas, empregos de pior qualidade, indústrias e agricultores quebrados. Mas, para o Walmart, e para a média dos consumidores, pouco importa.

Esse era o sonho de Abilio: ter uma posição tão predominante que o permitisse ditar as condições gerais do varejo brasileiro. A operação com a Eletroradiobraz nos anos 1970 marca um "antes e depois" no ramo supermercadista brasileiro. É a primeira vez que uma grande fusão causa uma evidente concentração de mercado. É um protótipo daquilo que Abilio e os concorrentes fariam sem moderação nas décadas seguintes. Para as grandes redes, abrir novas lojas do zero é caro, demorado e algumas vezes arriscado. No caso de grandes cidades, encontrar um terreno bem localizado pode ser difícil e dispendioso. Comprar as operações de redes menores, já consolidadas e com clientela cativa sempre foi o gasto mais bem quisto pelos executivos. Essas aquisições também diminuem a competição e permitem exercer um controle mais rigoroso sobre uma região.

"Supermercado aberto a essa hora da noite? E num domingo?", dizia uma publicidade da Eletroradiobraz na *Folha* em 1970. Todas as unidades funcionavam das oito da manhã às dez da noite. Na Praça Roosevelt, dois anos antes, a prefeitura havia proibido a maior feira livre da cidade, sob aplausos do jornal: "A feira da Praça Roosevelt, reunindo mais de quinhentas barracas, chegou a ser considerada até mesmo atrativo turístico, embora seja muito discutível a apresentação de um espetáculo dessa ordem como ponto de interesse para visitantes numa capital que deseja ser conhecida como moderna e progressista". No mesmo lugar, agora, havia uma unidade da Eletroradiobraz operando 24 horas por dia. A São Paulo que não desperta, apenas acerta a sua posição, nascia com uma ajuda e tanto dos supermercados.

O livro *100 anos de feiras livres na cidade de São Paulo* é possivelmente o registro mais completo sobre a perseguição a esses espaços de comercialização. Os autores Antonio Hélio Junqueira e Marcia da Silva Peetz traçam a transformação cultural e institucional que fez dos supermercados o espaço preferencial de comercialização de alimentos. Nos anos 1970, a tecnoburocracia do poder público encampa a ideia de que as feiras estavam com os dias contados diante do avanço dos supermercados para a periferia. Na reportagem da *Folha* que se pergunta sobre quando se dará a vitória do varejo "moderno", a Abras fala em uma nova loja a cada dez dias, atraindo 1,5 milhão de consumidores no total. Havia, ainda, um bastião da resistência: as geladeiras eram um luxo. A feira, com alimentos frescos, era necessária.

# 3
# COMIDA VAI, PROBLEMA VEM

Nossos primeiros contatos com a comida mexicana foram... Nossa! Uma merda. Esperávamos há muito por aquela ocasião: um país com uma cultura e uma história incríveis, repleto de contradições, com muito por conhecer. Mas aquelas primeiras horas foram todas uma decepção.

Havíamos chegado a Guadalajara após uma longa viagem. Naquela sexta-feira à noite, em novembro de 2018, só queríamos comer algo por perto do hotel e capotar na cama, sucumbindo a uma diferença de fuso horário de quatro horas. O pessoal da recepção sugeriu ir à Plaza del Sol, onde seguramente encontraríamos boa comida. O nome sugeria algo vibrante. Parecia realmente interessante. A uma breve caminhada de distância. No trajeto, de não mais que um quilômetro, passamos por um KFC, um McDonald's e um sem-fim de lanchonetes de comida-porcaria.

Logo em frente, a Plaza del Sol não era uma praça, mas um shopping a céu aberto. Um shopping onde se podia encontrar ainda mais porcarias — como se as da rua não fossem o suficiente. Acabamos conformados em comer numa taqueria chamada Pastor del Sol, um desses restaurantes baratos, com cadeiras de plástico cor-de-qualquer-coisa e uma leve camada de gordura que parece ter aderido em definitivo ao mobiliário.

Pedimos três ou quatro tacos. Aquilo se parecia com qualquer *fast-food* mexicano de qualquer parte do mundo. Era triste, muito triste, e começava a nos desalentar a ideia de que os sonhos sobre comida mexicana fossem um devaneio.

Para nossa sorte, estávamos muito enganados. A comida mexicana é melhor do que todos os sonhos juntos. É uma mistura orgásmica de ingredientes frescos, combinados com a sabedoria de milênios de experimentação. Mas essa culinária pode demorar a se apresentar, engolida por um pântano de porcaria. Uma concorrência por espaço, por preço, por *status*. O México adotou de forma tão completa o pacote de desmonte do sistema alimentar, e sofreu de forma tão clara as consequências, que se tornou um espelho através do qual enxergamos nosso futuro. E é por isso que esse caso merece ser contado.

Os anos 1990 são o momento da mudança mais drástica na alimentação como a conhecemos. As transformações já vinham de antes, mas é nessa década que se cria um aparato legal, disfarçado de desregulação, para facilitar a onipresença de corporações como Coca-Cola, Walmart, Pepsico, Kraft, Nestlé e Danone em cada cantinho do planeta.

Os supermercados se tornam globais. O Brasil entra logo na primeira onda, no início da década. O México vem depois, mas vem com tudo. Os Estados nacionais deixam rolar livremente fusões e aquisições. Tanto a produção de alimentos como a comercialização vão se concentrando, se concentrando, e o poder público se retira de praticamente qualquer caráter regulatório que pudesse operar em prol da sociedade.

Espalha-se a ideia de que temos um sistema alimentar global. Tanto faz se o abacate foi produzido no Brasil ou no Chile, o que importa é que chegue a nós com o menor preço possível. "Há uma visão da necessidade de modernizar a economia, não importa a que preço. Não importam a saúde, o trabalho, os aspectos sociais. É um pacto com o diabo. Em troca dessa promessa de prosperidade, que não se cumpre, muda-se tudo. A cultura, a estabilidade do campo, a estrutura familiar. A migração, a perda da família, o aumento da violência, a precariedade, a pobreza e as doenças crônicas são vistas como um preço se a pagar", afirma Alyshia Gálvez, professora de Estudos Latino-Americanos no Lehman College, da Universidade da Cidade de Nova York. No livro *Eating Nafta. Trade, Food Policies and the Destruction of Mexico* [Comendo o Nafta: comércio, políticas alimentares e a destruição do México], ela aborda os efeitos terríveis do acordo de livre comércio entre México, Estados Unidos e Canadá — o Nafta. Sim, o México tem uma peculiaridade: ser vizinho dos Estados Unidos não é para qualquer um.

*Mas*
*o enfraquecimento da agricultura familiar*
*a desvalorização do conhecimento tradicional*
*a impossibilidade de adotar políticas de proteção de empresas*
*nacionais e regionais*
*a precarização da força laboral*
*e a perda de renda*
*são aspectos comuns a vários países.*
*Esse conjunto soa familiar?*

Ficou claro que havia alguma coisa muito errada com nosso sistema alimentar quando um amigo pediu um suco de uva em um bar, em São Paulo. A lata estava cheia de letrinhas que não entendíamos. Vasculhamos pela origem: Coreia do Sul. "Esse suco vem com pedaços de uva de verdade", ele se justificou. Qual era o sentido de um suco que precisava viajar dezenas de milhares de quilômetros? Não é uma questão de ufanismo. É uma questão de que um suco com pedaços de uva pode ser feito em qualquer lugar que tenha uva. No caso, o Brasil.

Aqueles 238 ml condensam simbolicamente muitas discussões. A justificativa central para a abertura de fronteiras era resolver a fome no mundo. No papel, Organização Mundial de Comércio (OMC), Fundo Monetário Internacional (FMI), Banco Mundial e coligados diziam que, sem barreiras comerciais, a comida circularia e resolveria a questão. Ou seja, se um país tem excedente de uma coisa e falta de outra, basta exportar e importar. Não parece que a livre circulação de sucos-de-uva-com-pedacinhos-de-uva seja imprescindível para realizar essa nobre causa.

Se os defensores da ideia falavam com sinceridade ou com interesses ocultos, não sabemos. Fato é que o problema da fome não se resolveu para quase novecentos milhões de pessoas, segundo a Agência das Nações Unidas para a Alimentação e a Agricultura (FAO). Um em cada sete humanos.

O suíço Jean Ziegler, primeiro relator da Organização das Nações Unidas para o Direito à Alimentação (2000-2008), recorda que OMC, FMI e Banco Mundial são a tríade que rege a alimentação global. Com o detalhe de que nenhuma delas é uma organização voltada à alimentação, e sim ao comércio e às finanças. "Sobre um mesmo ringue de boxe reúnem-se Mike Tyson, campeão mundial dos pesos-pesados, e um desempregado bengali subalimentado. O que argumentam os aiatolás do dogma neoliberal? A justiça está garantida, uma vez que as luvas de ambos são iguais, que o tempo de combate é o mesmo para ambos, que o espaço para o confronto é único, que as regras do jogo são as mesmas. Então, que ganhe o melhor! O árbitro, imparcial, é o mercado" (Ziegler, 2013, p. 171).

Ziegler lista vários e vários casos nos quais a imposição de um mercado global de alimentos teve efeitos devastadores em pequenos países. O Haiti, por exemplo, passou por dois planos de ajuste do FMI que o obrigaram a praticamente zerar as tarifas de importação. "Entre 1985 e 2004, as importações haitianas de arroz — essencialmente norte-americano, cuja produção é largamente subsidiada pelo governo — saltaram de quinze mil para 350 mil toneladas por ano. Simultaneamente, a produção local de arroz desabou: caiu de 124 mil para 73 mil toneladas. Desde inícios dos anos 2000, o governo haitiano teve de gastar um pouco mais de 80% de seus escassos recursos para pagar suas importações de alimentos. E a destruição da rizicultura provocou um êxodo rural em massa" (Ziegler, 2013, p. 175).

Em nome de trocar um cano furado, o encanador destruiu os alicerces da casa. Temos 1,3 bilhão de pessoas obesas ou com sobrepeso. E a explosão nos índices nacionais de diabetes, hipertensão e câncer, que se transformaram, no caso dos países emergentes, na principal causa de mortes. A globalização a que assistimos foi do sistema financeiro e da "dieta ocidental", um nome impreciso geográfica e sanitariamente que tenta descrever uma alimentação guiada pelo consumo de ultraprocessados e de *fast-food*.

Philip McMichael, professor na Faculdade de Agricultura e Ciências da Vida da Universidade Cornell, nos Estados Unidos, e Harriet Friedmann, professora emérita de Sociologia na Universidade de Toronto, no Canadá, entendem que há duas mudanças-chave na era neoliberal em relação à alimentação. Além de o Estado deixar rolar fusões e aquisições, perde a soberania na definição das políticas de segurança alimentar e nutricional, que passam a ser regidas globalmente. "Nenhum governo nacional pode implementar suas próprias regras na regulação de fontes transnacionais de alimentos e ingredientes, incluindo aqueles que são colocados em 'refeições prontas' tão importantes para o triunfo dos supermercados sobre as fabricantes de marcas outrora dominantes. Ao mesmo tempo, os supermercados vão muito mais longe no redesenho das estruturas do regime alimentar do que qualquer governo jamais pôde" (McMichael & Friedmann, 2007, p. 154-72).

O Acordo Agrícola da OMC começou a ser negociado nos anos 1980 e foi finalmente assinado na metade dos anos 1990. A partir daí, os Estados não podem adotar medidas que sejam vistas como entrave ao comércio global. No papel, subsídios a produtores rurais entram nessa conta. Mas, na prática, as restrições parecem não valer para as nações mais ricas, que despejam rios de dinheiro na produção agrícola, criando uma situação desleal em relação aos produtores de nações pobres.

Talvez a fala mais transparente sobre o acordo possa ser atribuída a John Block, secretário de Agricultura dos Estados Unidos que, em setembro de 1986, durante uma rodada de negociação, expressou: "A ideia de que os países em desenvolvimento devem alimentar a si mesmos é um anacronismo de uma era ultrapassada. Eles poderiam garantir melhor a segurança alimentar confiando nos produtos agrícolas dos Estados Unidos, que estão disponíveis, na maior parte dos casos, a custos mais baixos".

Era a reta final da Guerra Fria. Os Estados Unidos e o capitalismo se preparavam para triunfar sobre a União Soviética e o comunismo. Nas décadas anteriores, os alimentos haviam se transformado numa das principais armas de combate da Casa Branca e do Departamento de Estado. "Comida para a paz" e "Comida para a liberdade" são *slogans* que refletem a orientação da política externa em direção à exportação do sistema agrícola calcado no agronegócio.

Em oposição à escassez do comunismo, os Estados Unidos exibiam a abundância de um mundo de livre escolha como uma promessa que podia ser estendida a qualquer rincão do planeta — bastava aceitar algumas regrinhas. Nessa guerra, o supermercado era, obviamente, a grande vitrine. Era uma invenção que só poderia ter surgido naquele país, com produção agrícola abundante e fé na industrialização como o passo fundamental para superar uma agricultura "primitiva". As imensas lojas eram a melhor maneira de furar a "cortina de ferro", alusão ao bloco dos países socialistas. E, ainda, a melhor vacina contra o comunismo. Nesse sentido, a América Latina em geral, e o Brasil em particular, eram espaços fundamentais de atuação da política diplomática. "Ainda que os supermercados não sejam armas no mesmo sentido de mísseis balísticos nucleares, o fato de uma tão estranha e incômoda analogia ser tão aceita durante a Guerra Fria demanda uma investigação do tamanho de um livro", registra o pesquisador Shane Hamilton em *Supermarket USA: Food and Power in the Cold War Farms Race* [Supermercado EUA: alimentos e poder na corrida alimentar da Guerra Fria].

Como aponta o autor, os supermercados não são, como eles mesmos se dizem, uma realização da livre iniciativa, mas do exato oposto. São o resultado de um sistema agrícola altamente subsidiado pelo Estado. "O que fez o supermercado americano reconhecido na metade do século foi sua habilidade de trazer a abundância da agricultura industrial às cestas e aos carrinhos de compras dos consumidores nacionais a preços consistentemente baixos" (Hamilton, 2018). É interessante olhar um pouco mais para os Estados Unidos dos anos 1950 e 1960, porque o que se deu por lá naquele momento pôde ser visto em praticamente todos os cantos do mundo desde os anos 1980 e 1990.

Quando começam a surgir contestações à concentração de mercado, na metade do século, as redes criam uma campanha de comunicação que faz confundir as linhas entre democracia, liberdade de consumo e livre iniciativa. Assim, a ação do Estado na proteção da concorrência passa a ser vista como uma ameaça ao direito de consumir e, portanto, deve ser freada, como é até hoje. Em simultâneo, os Estados Unidos passam a promover o agronegócio como modelo predominante de agricultura por meio da política externa. Não é por acaso que o Brasil se tornou um dos grandes exportadores de grãos do planeta em tão poucas décadas.

O jornalista e escritor britânico George Monbiot talvez tenha sido um dos primeiros a alertar que o que estava em jogo era muito mais do que uma decisão trivial sobre compras. Olhando para o Reino Unido dos anos 1990, ele relatava que os hipermercados estavam impondo mudanças radicais em nosso sistema alimentar.

Monbiot situa o começo dessa alteração drástica na era Margaret Thatcher (1979-1990), justamente uma das grandes formuladoras da agenda neoliberal ao lado de seu par Ronald Reagan, dos Estados Unidos, com a imposição de uma desregulação que produziu efeitos negativos por várias décadas. Ele parecia particularmente incomodado com a homogeneização da alimentação. Apontava que a estrutura agrária do Reino Unido estava colapsando, e que o modelo de compras estimulado pelos hipermercados resultaria em um aumento do consumo de comida-porcaria, com um grave impacto sobre os índices de obesidade e doenças crônicas. Hoje, o Reino Unido é um dos países com os maiores índices de consumo de ultraprocessados (mais de 50% da ingestão calórica diária).[17] De acordo com as Obesity Statistics [Estatísticas de obesidade] do Parlamento britânico, quase 30% da população está obesa, o dobro em relação a 1993, e outros 35,6% apresentam sobrepeso.

O jornalista não acreditava no discurso das grandes redes de hipermercados, que se diziam geradoras de muitos empregos: para ele, a perda de postos de trabalho devido à falência de pequenos e médios estabelecimentos superava a abertura de novas vagas — em outro texto, ele menciona o fechamento de

---

17 MONTEIRO, Carlos A. *et al.* "Household availability of ultra-processed foods and obesity in nineteen European countries" [Disponibilidade familiar de comida ultraprocessada e obesidade em dezenove países europeus], *Public Health Nutrition*, v. 21, n. 1, p. 18-26, jan. 2018.

44 mil pontos comerciais de alimentação entre 1976 e 1989.[18] Pior ainda, como se sabe hoje, os empregos em supermercados têm baixa remuneração porque demandam grau zero de especialização, o que também resulta numa alta rotatividade, como veremos no capítulo 11.

Um texto publicado por Monbiot em 1996 é particularmente interessante.[19] Ele começa falando sobre a última padaria independente do lugar onde morava, East Oxford. Dezenas haviam fechado conforme os hipermercados avançavam. As redes podiam induzir prejuízos na confeitaria para conseguir atrair os clientes à compra de outros produtos.

A padaria de East Oxford exibia cartões feitos pelas crianças da vizinhança e comercializava frutas e legumes que as pessoas cultivavam nos quintais. Era um ponto de encontro da comunidade — como diz Monbiot, um lugar único no planeta, o exato oposto dos hipermercados, que são iguais em qualquer ponto. "Essa ergonomia de pesadelo erode nosso senso de espaço e tempo. Os morangos que faziam junho ser um mês especial agora chegam — ainda que deformados e sem gosto — no Natal. As conexões entre uma cidade e a terra que a circunda foram quebradas. Estamos nos tornando cidadãos do nada."

Os vizinhos chegaram a fazer uma campanha para tentar salvar a padaria. Mas, passados alguns anos e quatro gerações da família, a Gibbons' Bakery não resistiu e fechou. "O preço baixo, a escolha e a conveniência que os supermercados oferecem só são possíveis porque todos nós os subsidiamos, com nossa saúde, nossos trabalhos, nosso ambiente e nossas comunidades."

---

**18** "Stealing from the Poor" [Roubando dos pobres], *The Guardian*, 18 mar. 1997.

**19** "The Mailed Fist of the Free Market" [O punho blindado do livre mercado], *Evening Standard*, 2 mai. 1996.

Da costura do Acordo Agrícola da OMC em diante, os alimentos são regidos por preços globais. Isso significa que o preço do milho em um pequeno país da África pode subir da noite para o dia porque está atrelado ao mercado financeiro transnacional. Significa, portanto, que a fome pode se alastrar como pólvora. A promessa de prosperidade global faz água.

Retomando essa perspectiva do ponto de vista global ao particular, essa lógica guiou o México ao Nafta.

O *Popol Vuh* é um registro completo da vida dos maias. Um relato da cosmogonia dos povos que dominaram durante séculos a Península de Yucatán. Segundo essa visão, os primeiros humanos eram feitos de milho, a essência dessa civilização. Uma dessas histórias tão repetidas que se tornaram um aborrecedor lugar-comum. Mas há lugares-comuns que vêm para o bem. Não fosse o milho, aquilo que hoje conhecemos como México e América Central seria bem diferente. É o milho a grande fonte de energia dos mexicanos, a base do alimento que une todos os elementos da mesa: a *tortilla*. O par perfeito do feijão. Um indicador de bem-estar.

"Os camponeses vivem quase uma maldição: se por um lado são tão importantes, por outro, precisam ser mal remunerados, porque o milho é um alimento básico que tem de chegar a toda a população", resume Malin Johnson, da organização Semillas de Vida [Sementes de vida]. "Por isso, todos os mecanismos do Estado, as políticas que fazem baixar todos os preços pagos aos produtores — e às *tortillerías* — são voltadas para que se possa consumir milho. Mas, por essa mesma razão, os produtores deveriam ser bem pagos, porque são muito importantes."

Nos últimos cinquenta anos, o binômio milho-*tortilla* atravessou duas fases aparentemente antagônicas. Na primeira, o Estado era um moderador absoluto da produção, da distribuição, da comercialização e do consumo. Milho e *tortilla* chegaram a responder por 40% dos subsídios à alimentação no México (Appendini, 2018, p. 21). Na segunda, o poder público operou como um facilitador de atividades privadas que foram se concentrando. E aqui é importante ser bem claro: não é que o governo tenha se ausentado; ele direcionou incentivos dos pequenos agricultores, fabricantes e comerciantes para os grandes.

Essa é uma das ponderações centrais do trabalho do sociólogo mexicano Gerardo Otero, coordenador do Programa de Estudos Latino-Americanos na Universidade Simon Fraser, no Canadá. Ele é autor de *The Neoliberal Diet. Healthy Profits, Unhealthy People* [A dieta neoliberal: lucros saudáveis, pessoas não saudáveis]. Um título autoexplicativo: para o pesquisador, o neoliberalismo é o motivo central da tragédia que se abateu sobre o México e sobre boa parte dos países — e sobre a população pobre das nações ricas. O trabalho postula que a dieta neoliberal se estrutura sobre quatro eixos: as multinacionais do agronegócio, a biotecnologia, o Estado e os supermercados. Por sorte, ele desenvolveu pouco o último aspecto, deixando para nós bastante campo de pesquisa, mas o fato é que os três anteriores são relevantes para entendermos por que o varejo é um item central na desestruturação dos sistemas alimentares tradicionais.

Otero combate a ideia de que exista uma desregulação: o que existe é uma neorregulação, ou seja, o Estado forja um novo arcabouço regulatório que favorece poucas corporações, enquanto se retira da proteção social garantida nas décadas anteriores. Para a América Latina, esse pacote teve algumas consequências: abertura unilateral de fronteiras e dos mercados agrícolas; privatização ou desmonte das estruturas de crédito, infraestrutura e assistência técnica; fim (ou enfraquecimento brutal) da reforma agrária; orientação da agricultura para a exportação, em lugar de privilegiar o mercado interno.

Não é coincidência que ao longo dessas décadas o agronegócio tenha cunhado sua face contemporânea e se tornado mais e mais forte, a ponto de destituir uma presidente da República, no Brasil, e de ser o fiador de governos continente afora. De maneira geral, é isso que Otero constata: não se trata apenas do fato de o setor agrícola ter ganhado mais força. As corporações se tornaram donas do sistema alimentar. No plano interno, os Estados deixaram rolar fusões, aquisições, fechamentos. Olhemos para os Estados Unidos: no setor de supermercados, uma única empresa, o Walmart, controla um terço do mercado. Na produção de cerveja, a Anheuser-Busch InBev fica com quase 50%. Pesticidas, sementes, soja, *fast-food*: pouquíssimos controlam tudo.

O que perpassa o trabalho de Otero é a obstinação com o levantamento de informações. Ele cruza vários bancos de dados públicos para defender a ideia de que é o neoliberalismo que nos trouxe até aqui. Entre as conclusões da pesquisa: o Brasil é o líder na inflação de alimentos no século XXI. Algo que também afeta o México. Mas não afeta os vizinhos: Estados Unidos e Canadá têm os menores índices de alta de preços. Para o autor, um sinal de como o modelo calcado em exportação acima de tudo é um tiro no pé. Os dois países do Norte seguem concentrando a produção de boa parte do que consomem.

"A solução mais importante tem que vir do Estado, com uma regulação forte. O Estado é um ator social, tem um impacto na sociedade em seu conjunto", disse Otero em uma conversa que tivemos por telefone. "O discurso dominante agora é o contrário: de que a solução deve vir pelo consumo, supondo que basta que as pessoas tenham capacidade para decidir. Eu entendo que a maior parte das pessoas não tem capacidade econômica para decidir."

Essa é a questão central para ele: sem uma mudança profunda e sistêmica, a maior parte das pessoas não tem e não terá possibilidade de escolha. É a contramão do argumento central da indústria de ultraprocessados no Brasil e no mundo para frear a ação do Estado. Diz-se que precisamos dar informações para que cada um possa escolher. O trabalho de Otero é mais um a derrubar essa tese.

Para demonstrar a perda de soberania dos países, Otero desenvolveu o indicador Risco Dietético Neoliberal, no qual cruza os determinantes socioculturais da desigualdade alimentar. Todos os oito países avaliados tiveram um aumento do índice entre 1985 e 2007, o que significa que todos, de alguma maneira, se tornaram mais dependentes e estão em uma situação mais insegura.

Mas há duas nuances importantes. Primeiro, os países pobres se tornaram mais vulneráveis. Segundo, a população pobre dos países ricos é mais afetada do que os segmentos de média e alta renda. Justamente latinos que migraram aos Estados Unidos tentando fugir dos efeitos da globalização, e também negros, historicamente excluídos.

O ponto que Otero quis explorar com o índice é que o problema do sistema alimentar não tem relação com estilos de vida ou escolhas individuais. Não é que as pessoas de repente tenham perdido o controle coletivamente, aos bilhões, e passado a comer demais. Ou que os agricultores tenham ficado com preguiça de cultivar a terra. A questão é estrutural, defende o autor, e, portanto, só pode ser resolvida estruturalmente. Em 1985, quatro das 25 culturas alimentares mais importantes do México tinham um patamar de importação superior a 20%. Essas quatro culturas respondiam por 8,49% da ingestão diária de calorias. Em 2007, eram onze, chegando a 56,29% da dieta.

Nos anos 1980 o México e o mundo viviam uma grave crise — à semelhança de 2020. A ineficiência do Estado e a corrupção foram os pretextos para lançar uma agenda de desmonte — haja semelhança. Há um trabalho primoroso que expõe essa lógica: o livro *De la milpa a los tortibonos: la restructuración de la política alimentaria en México* [Da *milpa* aos *tortibonos*: a reestruturação da política alimentar no México], de Kirsten Appendini, professora do Colégio de México. Cabe uma explicação sobre o nome: *milpa* é a roça tradicional dos camponeses mexicanos desde muito antes que mexicanos fossem; são pequenos espaços de cultivo marcados por uma grande diversidade. *Tortibonos*, em compensação, são cupons que foram distribuídos à população mais pobre nos anos 1990 para a compra de *tortillas*. Em vez de cumprirem a promessa de combate à corrupção, o que fizeram foi criar um novo sistema de desvios.

Bem antes disso, com a Revolução Mexicana de 1910, boa parte das terras foram transformadas em *ejidos*, ou seja, propriedades comunitárias pertencentes ao Estado. Ao longo do governo de Lázaro Cardenas, nos anos 1930, foram dezoito milhões de hectares distribuídos, uma área praticamente igual à do estado do Paraná.

O regime alimentar vigente em escala global do período da Segunda Guerra Mundial (1939-1945) até os anos 1970 era marcado pela forte atuação dos governos. Nos anos 1970 foi criado um sistema de subsídios. No México, um elemento central dessa estrutura era a Compañía Nacional de Subsistencias Populares (Conasupo), uma estatal com muitos braços. Em 1981, ela comercializava diretamente 32% do milho consumido no país e fornecia para praticamente toda a indústria de *tortilla* nixtamalizada, ou seja, produzida a partir do próprio milho, sem farinha, bem como para a indústria de farinha de milho, que dependia totalmente dos subsídios públicos para vender a preços claramente defasados. Um banco público financiava 40% da superfície cultivada com milho ao final dos anos 1980, e chegava a 50% nos casos do feijão, do trigo e do sorgo.

Um supermercado público ligado à Conasupo tinha quinze mil unidades em 1988, cobrindo dezoito milhões de habitantes rurais. Essa organização respondia por 4% da demanda nacional de alimentos e por 17% do mercado de alimentos básicos — nas zonas rurais, 25%. No começo da década de 1970 eram necessários 4,9% do salário mínimo para bancar um quilo de *tortillas*, ao passo que no final da década se precisava de apenas 3,3%.

O milho respondia por boa parte da superfície agrícola cultivada, com uma grande heterogeneidade entre os produtores. Havia os que produziam para subsistência, havia outros que, mesmo pequenos, conseguiam algum acesso a crédito e estrutura. Acima deles, médios e grandes. Em alguns momentos, os pequenos eram os fornecedores majoritários de milho. Appendini assinala que os teóricos do neoliberalismo tinham dificuldade em entender essa diversidade de condições e nutriam como ideia fixa o conceito de um livre mercado perfeito. O problema é que a vida real não cabe em caixas.

A autora já previa uma reação em cadeia que ficou muito clara nas décadas seguintes: a retirada dos subsídios levaria à perda de terras, ocasionaria migração em massa e agravaria as condições laborais. Algo que se vê com clareza no Brasil desde o desmonte iniciado após as manifestações de junho de 2013 e intensificado nos governos Michel Temer e Jair Bolsonaro. Dilma Rousseff falava em criar uma classe média rural, na qual os camponeses copiariam os padrões de consumo da classe média urbana.

Tereza Cristina, ministra da Agricultura de Bolsonaro, deu uns passos além, remetendo ao México dos anos 1990 na tentativa de equiparar situações absolutamente desiguais. "Somos convictos de que a agricultura empresarial e a pequena agricultura são o mesmo negócio. A agricultura familiar tem papel fundamental no processo de segurança alimentar e de geração de excedentes da agricultura no Brasil. Teremos um só ministério, que olhará com igual destaque para todos os produtores rurais brasileiros, independente dos seus portes", declarou, logo no discurso de posse.

Retrato de nosso futuro, o livro de Appendini mostra como o Estado mexicano se retirou abruptamente da regulação da agricultura. O crédito agropecuário caiu 78% entre 1981 e 1988. O subsídio à agropecuária foi de 0,51% do PIB em 1981 para 0,09% em 1989. Os alimentos básicos retrocederam 1,2 milhão de hectares e a produção de milho, feijão, arroz e trigo perdeu quatro milhões de toneladas ao longo da década.

O livro foi escrito em 1991, quando a agenda de desmonte estava a pleno vapor, e já alertava que um dos efeitos seria a elitização do que antes era convencional. Quinze anos mais tarde, Alyshia Gálvez, a autora de *Eating Nafta*, pôde descrever os resultados. "Eu me dei conta de que é um processo paralelo. Um viabiliza o outro. Um *chef* de cozinha não pode cobrar um preço altíssimo por um prato se esse prato está em cada esquina da cidade. Esse valor econômico deriva em grande parte do fato de que esses produtos vão se tornando escassos. *Chefs* podem vestir um *sombrero* de salvadores, de quem reivindica essa tradição, essa culinária, e assim podem cobrar muito."

Estávamos realmente felizes de poder visitar uma *tortillería* de primeira. Comida mexicana autêntica e felicidade sempre caminham de mãos dadas. Essa explosão de sabores surgidos da mistura de alimentos frescos encanta como poucas coisas na vida. A propósito, na viagem de 2018, em Guadalajara, a segunda noite compensou a primeira. Pedimos vários e vários pratos de um restaurante muito simpático e compartilhamos entre as pessoas na mesa: porque isso é o belo da comida mexicana — comer juntos e usando as mãos.

Um ano mais tarde, na Cidade do México, conhecemos a Cal y Maíz. É um lindo estabelecimento, onde nos deparamos com milhos de todas as cores, produzidos de forma orgânica. "Milhos nativos", dizem eles. Foi ali que comemos algumas *tortillas* maravilhosas. Pretas, alaranjadas, vermelhas, amarelas. Uma delas estava recheada de flor de abóbora, um encontro entre duas coisas que jamais pode dar errado. Mas é um lanchinho com um preço salgado. Um pacote com dez *tortillas* custou o equivalente a oito reais, enquanto um quilo de *tortillas* industrializadas, o que é mais ou menos o dobro disso, custa em torno de três reais.

Mais cedo, havíamos nos reunido com várias integrantes da Alianza por Nuestra Tortilla, uma coalizão de movimentos e pessoas. O que chamou a atenção nesse grupo foi a existência de um decálogo que inclui a preocupação de valorizar a *tortilla*, mas sem "gourmetizar". A nixtamalização é um processo pelo qual o milho se converte numa espécie de massa bem elástica que resultará na *tortilla*. Não há nada demais nesse processo, a não ser conhecimento: o grão é fervido em água e cal de cozinha e repousa durante 24 horas até que possa passar pelo moinho de pedra.

Mas, hoje, a *tortilla* de massa nixtamalizada é um luxo. Embora a indústria de *tortillas* mexicana ainda seja altamente pulverizada, boa parte é produzida com farinha, ou com um misto entre farinha e grão. E, de quebra, agora essa indústria concorre com as *tortillas* de supermercado e com o pão, antes pouco presente na mesa do mexicano.

Para as integrantes da Alianza por Nuestra Tortilla, não há segredo: o Estado mínimo não será capaz de resolver o problema. "É preciso instalar mecanismos de diferenciação. Se você quer pagar o que custe pela *tortilla gourmet* e tem possibilidade de fazê-lo, faça, e tenha consciência de que está pagando tudo o que isso representa, porque trouxeram milho da zona mais remota", opina Mariana Ortega Ramírez, consultora ambiental e membro da coalizão. "Tem um sabor especial que poucas pessoas são capazes de identificar. Entende? Hoje, os jovens não sabem diferenciar. É preciso que todas as opções estejam de fato disponíveis. O que hoje se conhece por *tortilla* é o que vende a Maseca."

A Maseca é um império que se consolidou com o Nafta, com subsídios públicos em meio ao Estado supostamente mínimo.

A transformação da Maseca em sinônimo de *tortilla*, mais ou menos como pão de forma e Pullmann, se deu com força a partir dos anos 1980. É quando os programas de transferência de renda determinados pelo Banco Mundial passaram a estimular um modelo de consumo supermercadista. Como diz o livro *Eating Nafta*,

> nós podemos ver que o balanço do Nafta não é apenas um sistema alimentar modificado, mas uma mudança da relação entre o Estado e seu povo. O Nafta não é um simples contrato entre nações para regular o comércio, mas um acordo entre signatários com ideias calcadas no mercado como solução dos problemas da sociedade [...] Os mesmos grupos sociais vistos na época colonial e no período pós-independência como incapazes de assumir responsabilidades como cidadãos acontecem de ser os culpados por sua própria suscetibilidade a doenças relacionadas à alimentação. (Gálvez, 2018)

O resultado é um desastre. Três em cada quatro mexicanos apresentam sobrepeso ou obesidade. Em torno de cem mil mexicanos morrem anualmente de diabetes tipo dois, que agora é a principal enfermidade causadora de mortes no país, seguida por problemas cardíacos e renais, igualmente associados à alimentação.

A globalização do *american way of buying* [jeito estadunidense de comprar] teve efeitos catastróficos no mundo todo. Um estudo de 2017 calcula que cada ponto percentual a mais de consumo calórico de ultraprocessados resulte em 0,25% a mais no índice de obesidade.[20] Em poucos anos, as evidências científicas contra esses produtos se avolumaram sobremanei-

---

20 MONTEIRO, Carlos A. *et al.* "Household availability of ultra-processed foods and obesity in nineteen European countries", *Public Health Nutrition*, v. 21, n. 1, p. 18-26, jan. 2018.

ra. Há sinais de que um maior consumo esteja associado a doenças cardiovasculares, câncer, diabetes e, por fim, morte (Monteiro *et al.*, 2019).

A promessa de prosperidade jamais se cumpriu. A precariedade está evidente em cada canto do México. As pessoas se viram como podem, vendem o que têm, acumulam bicos. Quase 60% da população em idade economicamente ativa trabalha na informalidade. O milho trazido pela Conasupo se foi. E vieram multinacionais. Os subsídios diretos ao milho e à *tortilla* foram continuamente cortados. Vieram os *tortibonos*. A fome seguiu igual.

Uma das melhores refeições que fizemos no México foi na beira da estrada. Numa cabana precaríssima em algum povoado na Península de Yucatán — a antiga morada dos maias é, hoje, o lar de Cancún, um complexo hoteleiro para gringos repleto de comida-porcaria, comida mexicana *fake*, lojas, prédios, carros de luxo. Ali, um pouco distante das áreas turísticas, porém, impera a tranquilidade. Comemos carne de porco, abacate e *tortillas*, com uns molhos maravilhosos (os molhos são uma expressão da comida yucateca) ao lado de um bêbado profissional e rodeados por cachorros e moscas num meio-dia de calor infernal. A melhor culinária mexicana é a que se apresenta com simplicidade. É aquela que não foi alterada — suavizada — para corresponder ao paladar dos milhões de turistas. Não custou mais de quinze reais por pessoa para comermos realmente bem.

Uma autenticidade que se perde na prateleira dos supermercados. Trigo, soja, açúcar, gorduras, sal e aditivos são o que se esconde dentro de embalagens tão coloridas: tão artificialmente diversas.

Na outra ponta — a agricultura —, a promessa de prosperidade não para em pé. Apenas vinte mil entre as sete milhões de propriedades agrícolas do México estão envolvidas com exportação. A força de trabalho ligada à agricultura passou de 19% da população economicamente ativa em 1994 para 13,4% em 2011. Ironicamente, boa parte dessas pessoas cruzou a fronteira para trabalhar em condições precárias no setor rural, produzindo alimentos que acabarão nas mesas dos mexicanos. Outras encontraram empregos igualmente precários em frigoríficos, onde foram abatidas pela covid-19.

Quem conversa com Alejandro Calvillo pela primeira vez não imagina do que ele é capaz. É um homem que fala baixo, quase tímido, olhando discretamente para o interlocutor, sem alterar o tom de voz. Tem cabelos grisalhos, olhos claros, em torno de um metro e setenta. Usa roupas discretas: uma calça social, uma camisa, muitas vezes um *blazer*. Parece um mexicano-padrão.

Mas não é. Alejandro é um especialista em oferecer à indústria de ultraprocessados — e não só — aquilo que ela gosta de oferecer à sociedade: espetáculo. Quando criou a ONG El Poder del Consumidor, em 2006, trazia a bagagem das campanhas de comunicação do Greenpeace, justamente nos anos em que a organização da área ambiental se notabilizou por ações nada convencionais. "Talvez o alarme tenha soado em 2006, com a Pesquisa Nacional de Saúde e Nutrição", conta Alejandro. "A anterior havia sido feita em 1999. Então, em sete anos, esse relatório informou que havia crescido muito o sobrepeso entre crianças e que a obesidade em crianças de cinco a onze anos avançou 40%."

No Brasil, o alarme soou na mesma época. A Pesquisa de Orçamentos Familiares do IBGE mostrou um aumento rápido no consumo de refrigerantes, salgadinhos, biscoitos e companhia. Até então, a comunidade científica se perguntava por que diabos a obesidade vinha avançando de maneira assustadora. Começava a surgir uma resposta.

A Coca-Cola é um bizarro sinônimo de eficiência no México. Ela está em todos os lados. Há uma loja exclusiva num calçadão a poucos metros do palácio presidencial. O refrigerante se entranhou nos hábitos familiares, nas zonas rurais, em rituais religiosos. A ponto de o presidente Andrés Manuel López Obrador haver declarado que, se a corporação chega a todos os lugares, também a medicina terá de chegar. Há 1,5 milhão de pontos de venda no país, de acordo com o que a ONG encontrou nos relatórios da empresa.

Alejandro sabe usar a persona do homem calmo de voz serena quando se senta para negociar com deputados, senadores, secretários (o equivalente brasileiro ao cargo de ministro). Com o Instituto Nacional de Saúde Pública, a ONG foi fundamental para que o México se tornasse pioneiro na adoção de um imposto especial sobre bebidas açucaradas. Depois de alguns anos, para a adoção de alertas na parte frontal das embalagens de produtos industrializados com a finalidade de avisar sobre o excesso de sal, açúcar e gorduras.

"Cooptaram a Secretaria de Saúde. A Secretaria de Economia sempre esteve cooptada. O órgão regulador, equivalente à Anvisa [Agência Nacional de Vigilância Sanitária], que se chama Cofepris [Comissão Federal para Proteção contra Riscos Sanitários], também cooptaram", conta. "Publicamente o discurso é de que não há alimentos bons ou ruins, de que as bebidas açucaradas não se relacionam com a obesidade, que o fundamental é fazer atividade física, que é preciso educar as pessoas."

As organizações da sociedade sabem que se enfiaram numa peleja que jamais pode ser vencida. Até o momento, não há países que tenham feito retroceder os índices de obesidade. Uma estatística que as fabricantes de comida-porcaria conhecem bem, e utilizam para dizer que apenas ações de educação nutricional, e não políticas públicas, podem resolver o problema.

Não é difícil entender o desafio. A avenida Paseo de la Reforma é uma das principais da área central da Cidade do México. De onde quer que se olhe, o cenário é enlouquecedor. Carros e mais carros jorram de e para avenidas tão grandes quanto. Há uma profusão absurda de luzes, sons, pessoas. Há cruzamentos incompreensíveis para alguém que vem de fora.

Em poucos quilômetros, passamos na frente de meia dúzia de lojas de conveniência. "Ano após ano nos convertemos em parte do estilo de vida de muitas pessoas, já que na Oxxo nos preocupamos em brindar uma ampla oferta de produtos e serviços que sejam úteis e práticos para sua vida diária."[21] A página da Oxxo na internet soa como uma peça de sarcasmo. A Oxxo não é filhote de nenhuma das grandes redes de varejo: é uma criação da Femsa, a maior engarrafadora de Coca-Cola do mundo. Femsa, ou Fomento Económico Mexicano S.A.B., é uma demonstração da força e da onipresença da marca de refrigerantes no México. E na América Latina. Assim como a empresa-mãe, a Oxxo está em todos os lados — dezoito mil unidades no continente, anuncia um material de divulgação de 2019.[22] Uma nova loja a cada oito horas, diz outro[23] — não tão rápido quanto o diabetes, que mata doze por hora no país.[24] Tão relevante quanto as redes de hipermercados, a Oxxo brota em

---

**21** Oxxo, página institucional. Disponível em: https://www.oxxo.com/quienes-somos.

**22** "Maior rede de lojas de conveniência da América Latina chega ao Brasil", *Gazeta do Povo*, 7 ago. 2019.

**23** "Oxxo owner Femsa to invest 61 billion pesos in next 3 years" [Femsa, dona da Oxxo, investirá 61 bilhões de pesos nos próximos três anos], *Mexico News Daily*, 6 set. 2019.

**24** "En el Día Mundial de la Diabetes demandamos reforma profunda de estrategia de prevención y control de diabetes y obesidad, y convertirla en ley" [No Dia Mundial da Diabetes, exigimos reforma profunda da estratégia de prevenção e controle de diabetes e obesidade, convertendo-a em lei], *El Poder del Consumidor*, 14 nov. 2017. Disponível em: https://elpoderdelconsumidor.org/2017/11/dia-mundial-la-diabetes-demandamos-reforma-profunda-estrategia-prevencion-control-diabetes-obesidad-convertirla-ley/.

qualquer canto. Qualquer metro quadrado onde seja lucrativo vender porcaria — vender um "estilo de vida", corrige a marca.

Em 2019, como se toda semelhança fosse pouca, a Oxxo anunciou uma parceria com a Raízen, dona da Shell, para se instalar no Brasil. O propósito declarado era competir com Carrefour e Pão de Açúcar pelas lojas de vizinhança. "Esse é um mercado que comporta vinte mil unidades em todo o País. Queremos abocanhar uma parte disso", disse o representante da empresa ao jornal *Gazeta do Povo*.

# 4
# QUANDO O ESTADO FICA, O SUPERMERCADO PENA

O fim de São Paulo se aproxima. Não com rapidez. Aos trancos e barrancos. Mais trancos do que barrancos. É bonito o fim. Muito bonito. Tudo começa com uma estrada lindíssima. O carro sobe sobe sobe sobe e, ao final, até parece que o Paraná chegou. Araucárias. Crianças agasalhadas em pleno novembro. Casinhas de madeira. Esses caprichos da natureza que parecem zombar das divisas impostas pela imaginação humana.

Quando se engata a segunda, Apiaí já desapareceu. E começa a ladeira. Surge um gigantesco teleférico transportando minérios — "calcário", alguém diz, e ficamos com preguiça de checar. O carro segue ladeira abaixo... e se estatela contra o que deveria ser asfalto. A cada tanto, um degrau gigantesco brota do chão. A altitude se vai, o calor volta, Itaoca aparece. Miúda.

São só mais alguns quilômetros, mais alguns trancos, mais alguns barrancos para que o fim do fim, enfim, se apresente. Somos recebidos com um café da manhã maravilhoso. Banana colhida ali do lado, batata-doce, frutas, sucos. No fogão a lenha, Osvaldo dos Santos acomoda o tacho e começa a ajeitar o beiju enrolado na folha de bananeira. A fumaça se apossa da cozinha. A parede pretejada. O *tlec* que só madeira queimando sabe fazer. A massa de mandioca vai bem quando está sozinha, ou acompanhada de amendoim ou torresmo. É uma tradição maravilhosa que ele faz questão de preservar.

De barriga cheia, nos sentamos para conversar sobre a cultura quilombola. Irmãs, irmãos, companheiras e companheiros, mãe e pai, netos, sobrinhos: custa entender quem é quem, mas não é difícil entender que todos vivem meio juntos, pegados, unidos pela labuta na agricultura. Falamos sobre a história da terra Porto Velho, que fica em algum lugar entre Iporanga e Itaoca que o Google ainda não se interessou por rastrear, longe e abandonada de tudo. A braquiária que abunda, contrastando com o cenário de outras terras quilombolas, dá testemunho de quando o espaço foi tomado por um pecuarista. O homem se foi sem deixar saudades. Mas o capim acabou gostando de morar ali e não quer largar de jeito nenhum. No meio dele, mais teimosa ainda, brota a mandioca. No alto da montanha, o feijão-rosinha, esperto, ajeita-se para apreciar a linda vista de montanhas verdinhas, rio, casinhas que se encaixam caprichosas no relevo.

Lá embaixo a conversa envereda pela política. É final de 2019 e ainda não se viu a cor do dinheiro do Programa de Aquisição de Alimentos da Agricultura Familiar (PAA), operado pelo governo federal. "O PAA comprava tudo. Mandioca, cará, batata, inhame. Tudo o que você conseguisse produzir. Qualquer coisa você podia entregar pra eles, desde que fosse bom. O PAA é o projeto que abriga toda a nossa diversidade. Eu costumava dizer que o PAA foi feito diretamente pros quilombos, que produzem variedade. Sempre pensei dessa forma. É o projeto que resgata a nossa cultura, mas hoje, infelizmente, a gente está ameaçado", recorda Osvaldo. "Os anos mais importantes foram de 2008 até 2016. Aí a gente conseguiu acessar direto. Hoje a gente não acessa mais. Acessar o PAA hoje é difícil porque a concorrência é muito desleal. É pouco dinheiro."

Se o Estado não quer, quilombola não brinca. Ao agronegócio, cinco séculos de estabilidade e louvação. O país foi criado e é mantido para eles. Aos camponeses, a dúvida. A relação estatal com a agricultura familiar é uma história de idas e vindas. De cobertores curtos que deixam a maioria ao relento. A alimentação dos mais pobres também é marcada por oscilações: da invisibilidade ao estímulo à autonomia, passando (e ficando) pelo assistencialismo.

A necessidade de garantir preços minimamente justos para os agricultores entrou na pauta no começo do século passado. Em 1906, os governos de Rio de Janeiro, Minas Gerais e São Paulo decidiram, pela primeira vez, criar um estoque público de café para influenciar a regulação de preços. A proposta foi inovadora, de fato, mas muito limitada. A primeira iniciativa federal surgiu mais de uma década depois, em 1918, e foi batizada de Comissariado de Alimentação Pública (CAP). O nome acabou alterado para Superintendência de Abastecimento em 1919, mas as atribuições foram mantidas: gerenciar estoques públicos de alimentos e inaugurar uma política de preços mínimos no país.

Surgiram outras iniciativas pelo caminho. Getúlio Vargas criou a Comissão do Abastecimento em 1939 e a Comissão Federal de Abastecimento e Preços (Cofap) em 1950, sempre com a mesma finalidade. Em 1943, fundou a Companhia de Financiamento da Produção (CFP), responsável pela criação de crédito para a agricultura nacional. As estruturas se consolidaram de fato ao longo dos anos 1960 e 1970. Sim, durante a ditadura. Jair Bolsonaro foi ótimo aprendiz das lições dos porões. Mas faltou às aulas sobre o papel do Estado. Acontece. À CFP se somaram, antes do regime, durante o governo João Goulart, duas estatais com nomes autoexplicativos: Companhia Brasileira de Armazenamento (Cibrazem) e Companhia Brasileira de Alimentos (Cobal).

Na década seguinte, o poder público passou a de fato atuar em todas as etapas daquilo que as pessoas comiam. Surge, então, o Sistema Nacional de Centrais de Abastecimento e, com ele, a expansão das Ceasas. Porto Alegre, Belo Horizonte, Salvador, Recife, Belém, São Gonçalo, Maceió, Aracaju: os militares anunciavam com pompa os planos de ampliação. O Estado era agora o grande atacadista dos alimentos: centralizava a demanda, a qualidade, a maneira como se faria a distribuição.

Anna Maria Medeiros Peliano, coordenadora de Estudos de Responsabilidade Social do Instituto de Pesquisa Econômica Aplicada (Ipea), enxerga na estrutura erigida pelos militares uma maneira de conter a assimetria provocada pela nova realidade:

> Em meados dos anos 1970 observou-se, paralelamente aos programas de distribuição de alimentos, a criação de programas de abastecimento "popular" para fazer frente ao surgimento e fortalecimento de cadeias de supermercados que abasteciam a preços mais reduzidos exatamente os grupos de renda mais elevada.
>
> A nova organização do sistema de abastecimento acarretou, então, uma situação perversa, na qual as populações mais pobres chegavam a pagar de 10% a 30% mais caro pelos alimentos adquiridos na estrutura de varejo tradicional das periferias urbanas.[25]

Mas esse Estado absoluto era, como todo Estado absoluto, falho. O congelamento de preços forçava, em tese, a fiscalização de estabelecimento por estabelecimento. Recursos se perdiam pelo caminho. Atravessadores e especuladores brotavam. O feijão tardava a chegar. A carne sumia. "Fechado por estar roubando o povo" era a faixa que o regime afixava na porta dos açougues lacrados por vender acima dos preços de tabela.

---

**25** PELIANO, Anna Maria. "A assistência alimentar nas políticas governamentais", *Revista de Política Agrícola*, v. 10, n. 1, p. 22, jan.-mar. 2001. Disponível em: https://www.gov.br/agricultura/pt-br/assuntos/politica-agricola/todas-publicacoes-de-politica-agricola/revista-de-politica-agricola/revista-de-politica-agricola-n01-2001.pdf/view.

E, claro, os supermercados pressionavam. Queriam o fim ou o enfraquecimento das feiras livres. Cobravam que o poder público não pudesse atuar na comercialização. Naquele momento, o formigueiro dos supermercados vinha crescendo, mas ainda não era da altura do formigueiro do poder público. A reportagem da *Folha de S. Paulo* que citamos no capítulo 2, de dezembro de 1970, noticiava que 28% dos paulistanos iam aos supermercados — para além dos bairros centrais da metrópole, essa forma de varejo estava longe de se consolidar.[26]

Mas ganhava uns empurrõezinhos. O Primeiro Plano Nacional de Desenvolvimento (1972-1974) coloca a criação do Programa de Modernização e Reorganização da Comercialização como um dos pontos fundamentais para engendrar um "modelo econômico de mercado" promotor de "vitalidade" do setor privado, com tendência a fusões e aquisições e a "modernas estruturas" de varejo. De maneira sintética, "objetiva o gradual acesso do comércio brasileiro à nova tecnologia, criando modernas estruturas de comercialização e distribuição".[27] Para isso era preciso estimular a industrialização da agricultura e reconhecer diferenças regionais: as áreas mais "desenvolvidas" estavam prontas para abrigar supermercados.

Nesse balanço entre público e privado, em 1965 a Cobal passou a agir como uma espécie de atacadista que, por vezes, dava um passo à frente para ser varejista. Um armazém da empresa operava em pleno Vale do Anhangabaú, no centro de São Paulo. No começo da década seguinte se projetava chegar a três mil localidades, o que multiplicaria por dez a rede então

---

**26** "Supermercados vencerão a guerra da comida?", *Folha de S. Paulo*, 11 mar. 1970.

**27** BRASIL. Presidência da República. *I Plano Nacional de Desenvolvimento (PND) 1972/74*. Brasília, 1971, p. 22. Disponível em: http://www.biblioteca.presidencia.gov.br/publicacoes-oficiais/catalogo/medici/i-pnd-72_74.

existente. Mercados volantes instalados em trens percorriam o litoral e o interior paulistas.

Em 1977, o *ranking* Melhores e Maiores, da revista *Exame*, colocava a Cobal como terceira maior empresa de alimentos do país, com 3,36% do mercado, atrás apenas de Copersucar e Nestlé. Naquele momento foi criada a Rede Somar de Abastecimento, vinculada à Cobal, que deveria entregar alimentos subsidiados aos pequenos varejistas para que pudessem competir com os grandes e garantir preços mais baixos à população de baixa renda. O Estado era agora um atravessador sem fins lucrativos.

Um documento da FAO, publicado em 1994, conta que a Somar chegou a 5.090 varejistas em 1982, quando distribuía oitocentos produtos — quarenta deles sendo alimentos básicos. "Precisava levar a preço de supermercado para os pequenos poderem atender a população", conta João Cláudio Dalla Costa, ex-superintendente de Abastecimento da Companhia Nacional de Abastecimento (Conab). "Formávamos estoques, comprávamos direto da indústria, formávamos uma rede de comercialização em nível regional, descentralizado. A gente comprava a capacidade ociosa das indústrias para fazer marca própria. Era muito barato para nós. E era bom para a indústria, que ficava sempre operando na capacidade total."

Para onde quer que se olhe, uma conclusão é inevitável: alimentação não era uma questão individual. Era assunto de interesse público, política de Estado. Talvez os militares soubessem que gente de barriga vazia reclama mais — e, de fato, continuava a haver bastante gente de barriga vazia, mesmo com vários programas públicos. Boa parte da produção agrícola estava voltada àquilo que parece fazer sentido no mundo real: que as pessoas comam.

A Política de Garantia de Preços Mínimos (PGPM), criado nos anos 1940, é propriamente o que seu nome diz: uma iniciativa que protege os produtores rurais dos tapas que só a mão invisível do agronegócio sabe dar. A PGPM tem a prerrogativa de influenciar os preços do mercado de produtos agrícolas e atuar — por meio da venda dos estoques — em momentos de queda potencial ou efetiva de preços. Assim, por essa perspectiva de proteção dos pequenos e médios produtores, é um programa social fundamental para garantir não só a concorrência no campo, mas a própria sobrevivência da agricultura de base. Na década de 1970, como todo o resto, a PGPM ganhou força, em especial na compra de arroz, soja e milho. Não era um mundo perfeito: preços abaixo da média de mercado, compras nas horas erradas, recursos insuficientes (Almeida, 2014).

Vêm os anos 1980, vem o Consenso de Washington, com a ideia inabalável de que o mercado deve se regular. De que as pessoas devem se virar. O pensador filipino Walden Bello foi um dos primeiros críticos da globalização neoliberal. Ele enxerga o desarranjo dos sistemas alimentares locais como uma das características centrais da agenda imposta pelos países do Norte: "Por volta do final dos anos 1980, com mais de setenta países do Terceiro Mundo submetendo-se aos programas do FMI e do Banco Mundial, a estabilização, o ajuste estrutural e a terapia de choque ditados pela distante Washington tornaram-se a condição usual do Sul" (Bello, 2003, p. 61).

Em 1984 o crédito rural no Brasil foi um terço do que havia sido apenas cinco anos antes. A PGPM ficou entre altos e baixos por um tempinho. Na década de 1980, a média anual de compras foi de 15,5 milhões de toneladas, contra 4,9 milhões no período anterior, mas, em 1989, já havia recuado para nove milhões. Em 1987 as despesas com agricultura correspondiam a 12% dos gastos da União, contra 2% apenas dois anos mais tarde (Almeida, 2014).

No governo José Sarney (1985-1990), o controle das Ceasas foi repassado a estados e municípios. "Eu já fui gestor de Ceasa e não acho um problema ela ser gerida pelos estados. Até acho que faz sentido", analisa Silvio Porto. Um dos grandes estudiosos e gestores de estruturas públicas do país, ele foi o diretor que mais tempo permaneceu na Conab, entre 2003 e 2014. Hoje, é professor da Universidade Federal do Recôncavo da Bahia (UFRB). "Mas o grande problema foi desarticular o Sistema de Centrais de Abastecimento. Pensar que existia um acompanhamento de todas as informações num período em que nem havia internet — tudo era feito por Telex — e que simplesmente deixou de existir pelo fato de a gestão ter sido descentralizada. Esse foi o principal crime cometido à época. Desarticulou um banco de dados de alta relevância. E depois a grande maioria das Ceasas virou uma imobiliária mal administrada."

As fronteiras nacionais foram abertas, sob a perspectiva de que não faz diferença onde os alimentos foram produzidos. O governo Fernando Henrique Cardoso (1995-2002) reduziu drasticamente as tarifas de importação de alimentos básicos, deixando os agricultores repentinamente desprotegidos. A tarifa agrícola média de importação caiu de 22,2% em 1990 para 12% em 1995 (Almeida, 2014). Entre 1988 e 1998, as compras de arroz e milho trazidos de fora cresceram 791% e 10.566%, respectivamente.

Em 1986-1987, a PGPM havia coberto metade da safra de arroz, segundo a *Revista de Política Agrícola*, editada pelo Ministério da Agricultura. Na colheita seguinte, 25,6%. E, depois, 5,1%. A safra do feijão, no mesmo intervalo, de 23,2% para 2%. Do milho, de 22,1% para 4,2%.[28] Como ressalta uma tese de doutorado defendida na Escola Superior de Agricultura Luiz de Queiroz (Esalq), da USP, os preços agora eram regulados pelo mercado externo e, então, manter a PGPM no formato antigo não fazia sentido. O preço do milho brasileiro rapidamente se alinhou às cotações de Estados Unidos e

---

[28] BRASIL. Ministério da Agricultura, do Abastecimento e da Reforma Agrária. *Revista de Política Agrícola: edição comemorativa: PGPM 50 anos*, Brasília, ano 2, n. 3, 1993.

Argentina. A produção de grãos para exportação cresceu de forma vertiginosa. Demos adeus ao Cerrado. Estamos dando adeus à Amazônia. As grandes redes de supermercados se formaram. Nossa vida foi inundada de comida-porcaria.

A historiadora Maria Yedda Linhares, uma das principais estudiosas dos movimentos do Estado brasileiro em relação à alimentação, enxergava nas pressões empresariais um vetor fundamental do desmonte das estruturas públicas e da fusão que resultou na Conab. Ela recorda que já na primeira fase da ditadura havia vozes claras que pregavam por um papel empresarial do poder público, acusado de um gigantismo que inibia o desenvolvimento da indústria e do varejo privados. Mas, claro, tudo ganhou escala nas décadas seguintes, com a agricultura crescentemente voltada à exportação. "Desloca-se, pois, a produção de alimentos para uma posição subalterna, localizada no pequeno espaço das formas familiares de produção, quase sempre não capitalista e sem condições autônomas para romper com a estrutura na qual foram geradas." (Linhares, 1979, p. 181-2).

Os documentos da biblioteca da Conab dão a medida do desmonte. CFP, Cobal e Cibrazem somavam 11.484 funcionários. Metade foi demitida quando o presidente Fernando Collor (1990-1992) juntou as três na Conab. Outros foram continuamente desligados até chegar a três mil servidores. As empresas tinham 968 unidades entre supermercados, mercados volantes, centrais de distribuição, indústria, armazéns. "A Cobal chegou a manter uma rede enorme no Brasil. De supermercados, distribuição ambulante por meio de 'jamantas', através de barcas na Amazônia. A Cobal chegou a ter catorze mil funcionários. A Cibrazem chegou a ter 650 armazéns. É claro que muitos desses armazéns eram pequenos, mas alguns eram muito grandes. E estavam espalhados pelo Brasil todo", recordou Luis Carlos Guedes Pinto, ex-secretário de Agricultura de São Paulo, presidente da Conab no início do governo Lula (2003-2010) e ministro da Agricultura entre 2006 e 2007, em entrevista que nos concedeu.

Entre tantos passos do desmonte, a barca da Cobal adquire um caráter altamente simbólico. Duas décadas depois, era o barco da Nestlé que cruzava os rios amazônicos para estender os domínios do império de sal, açúcar e gordura a confins nunca antes alcançados.

Em meio ao desmonte, quem tem olho é rei. "Eu não estou interessado em fazer demagogia. Mas uma coisa que sempre me chocou é que justamente as pessoas menos abastadas, de renda mais baixa, que moram nas periferias das cidades, justamente essas pessoas sempre pagaram mais caro do que as pessoas mais ricas", comentou Abilio Diniz no programa *Roda Viva* de que falamos anteriormente. Ele colocou em prática aquilo de que mais gosta: copiar. "Por quê? Porque os grandes aparelhos, as grandes lojas, que vendiam mais barato, se encontravam onde o poder aquisitivo era mais alto [...] isso foi uma coisa que a mim sempre me incomodou. Sempre me incomodou." Foi assim que ele trouxe da Alemanha a cópia de uma rede que operava com poucos itens, instalações econômicas, custos baixíssimos de serviço. Em 1987, quando o empresário ficou no centro da roda na TV Cultura, já eram trezentas unidades da Minibox pelas periferias.

Da parte do Estado, vão-se embora os programas de apoio à produção e à comercialização, vem o assistencialismo. A explosão de sucessivas secas no Nordeste evidenciou a emergência da fome, e o Estado se voltou à distribuição de cestas básicas, sempre em número insuficiente. "A Rede Somar, no Nordeste, até tinha alguma função. Mas em outros lugares estava perdendo a necessidade. Os sistemas privados supriam isso com muito mais eficiência", opina Brazilio de Araujo Neto, presidente da Conab de 1993 a 1995. "Na época a Conab tinha até um navio que entrava pelo rio distribuindo para as populações ribeirinhas. Tinha um papel social importante. Mas, no fim, tirava um pouco do empreendedorismo regional. Criava uma concorrência meio forçada, meio desleal. Ou era objeto de manipulação porque atravessavam o produto e vendiam mais caro do que por outras vias. A interferência governamental pode ter boas intenções, mas não funciona."

A Somar encontrou um coveiro disposto a terminar o serviço em 1997. No ano seguinte, a Fundação Getúlio Vargas (FGV) apresentou uma proposta de rearquitetura da Conab. A companhia deveria passar a uma "desintervenção atuante", ou seja, intervir no presente com o propósito de intervir cada vez menos no futuro. Retirar-se até que o Estado não tenha mais qualquer contribuição ao abastecimento. Deveria operar *hands-free*: seria cada vez mais uma provedora de informações estratégicas ao agronegócio. Cada vez menos uma estatal. Em meio a isso, era importante trocar a Rede Somar e a distribuição de cestas básicas por tíquetes de alimentação que deveriam ser usados para compras no varejo privado — como no México. Ao final do governo de Fernando Henrique Cardoso, a Conab tinha 2,5 mil funcionários, uma fração do que havia sido.

A Ceagesp já era a Ceagesp como conhecemos. Até hoje, parece parada no tempo em que de fato parou: no tempo em que o Estado passou a dar apenas o estritamente necessário para as portas ficarem abertas — e algumas portas já caíram. As cores, a estética, a capenguice, tudo remete ao período no qual os supermercados começaram a formar as próprias centrais de distribuição. Ao momento em que o governo federal se desobrigou de ser o articulador do abastecimento.

Walter Belik, professor do Instituto de Economia da Unicamp, e Altivo Roberto Andrade de Almeida Cunha, doutor em economia pela mesma instituição, fizeram um levantamento de dados que expressa bem essa questão:

Para o tomate, o montante comercializado na Ceagesp em 2005 foi 8% inferior ao negociado em 1985, sendo que a produção nacional cresceu 71% no período. O estudo apontou também diminuição absoluta ou relativa (considerando-se o crescimento da produção nacional) na comercialização de laranja (decréscimo de 1,3% contra um crescimento da produção de 81% no período), cebola (crescimento da negociação de 18% para alta de 66% na produção) e batata (elevação da comercialização de 44% para um crescimento de 52% da oferta).[29]

Em outro artigo, Belik traz dados da Nielsen, uma importante consultoria de mercado. Como não conseguimos as informações originais, reproduzimos o que foi citado por ele. Em 1981-1982, 90% das frutas eram adquiridas pelos consumidores brasileiros em feiras livres, contra apenas 5% adquiridos nos supermercados. No final do século, em 1998-1999, os supermercados já ficavam com 33%. Em 2007, segundo outro levantamento, da Latin Panel, apenas 31% não compravam alimentos *in natura* nos supermercados.[30]

Belik analisa, em nova publicação, a transformação no cenário de comercialização de frutas, legumes e verduras. E situa o estabelecimento de centros de distribuição próprios das grandes redes como um fator claro de mudança do jogo:

> Não seria por demais afirmar que essa mudança no ambiente competitivo teve reflexo nas duas pontas da cadeia de comercialização de alimentos frescos. A modernização e a revisão das funções agiram não só na produção agrícola, mas também retiraram do mercado rapidamente os pequenos

---

**29** CUNHA, Altivo & BELIK, Walter. "Entre o declínio e a reinvenção: atualidade das funções do sistema público atacadista de alimentos no Brasil", *Revista de Economia e Sociologia Rural*, v. 50, n. 3, p. 439, jul.-set. 2012.

**30** *Idem*. "A produção agrícola e a atuaçãc das Centrais de Abastecimento no Brasil", *Segurança Alimentar e Nutricional*, v. 19, n. 1, p. 46-59, 2012.

varejistas tradicionais do ramo de alimentos, tornando difícil a manutenção dos supermercados não integrados em redes. Evidentemente novos competidores mais capitalizados e possuidores de tecnologias modernas surgiram no mercado, e a oferta se concentrou.[31]

Diante da pujança econômica dos bataticultores de grande porte do nordeste paulista, o Estado submerge. Desaparece. Aparentemente, agricultores endinheirados compram maquinário de primeira, escolhem os cultivos que os farão ainda mais endinheirados, semeiam e colhem, escoam a produção, começam tudo de novo. Quase ninguém menciona a existência do poder público: quase ninguém nota. A mão invisível do Estado está, porém, naquilo que é imprescindível, naquilo que tudo move, naquilo que move tudo o que vemos. No Brasil, é difícil imaginar uma cultura agrícola de grande porte que não conte com o poder público. É assim desde que inventaram o país. Ali, no entanto, o mercado dá a impressão de operar com tanta eficiência, a versão de manual do agronegócio, que até mesmo os protagonistas se esquecem da existência do diretor.

No polo oposto, é impossível esquecê-lo. Mesmo quando ele está ausente — e ele se esmera por estar ausente quase o tempo todo. Os quilombolas do Vale do Ribeira conheceram brevemente o sabor da garantia de renda. O quilombo Porto Velho é pequeno e inacessível demais para que um hipermercado vá até lá. Para um mercadinho. Para um feirante. Para a merenda escolar. A articulação com o Instituto Socioambiental para

---

**31** BELIK, Walter. "Agricultura, concentração no setor da comercialização e novos espaços para a distribuição de produtos frescos", *Economia Ensaios*, v. 22, n. 1, 2007.

entregar a consumidores de classes média e alta em São Paulo é um paliativo. Na hora de ir embora levamos mel, farinha de mandioca, rapadura e taiada, que é uma curiosa mistura de rapadura com farinha de mandioca.

— Mas o mel tá sem o papel no vidro. Tem problema? — desculpa-se Osvaldo, fazendo referência ao rótulo que garante a procedência de alimento quilombola.

— O que importa é o que tá dentro do vidro, né, Osvaldo? Se nós estamos comprando direto de você, pra que o rótulo?

É interessante pensar em como o supermercado soube ocupar o papel de fiador à medida que ficamos mais e mais distantes do alimento. É um protetor. Alguém em quem confiar. O fio do bigode do Abilio. As prateleiras são um desfile de selos: bom para o coração, recomendado para diabéticos, produzido sem sofrimento animal, boas práticas trabalhistas, orgânico. Selos do supermercadismo que os outros espaços de comercialização e os agricultores acabam por querer mimetizar.

Osvaldo está longe demais para que possamos olhar no olho toda vez que precisamos de mel. Mas o Estado não precisaria estar tão distante. "Quando assumi, a Conab tinha cerca de noventa armazéns, mas só uns quarenta funcionando. Então nós começamos um processo para recuperar os armazéns da Conab. Com isso a gente conseguiu chegar até os noventa em operação", recorda Luis Carlos Guedes Pinto. "Para o produtor, isso é fundamental, porque se ele não tem onde armazenar, ele é obrigado a vender logo depois da colheita. E como a colheita é feita em safras, os preços caem e ele é obrigado a vender em condições desfavoráveis."

A Conab recuperou uma parte do tamanho que um dia tiveram as três empresas dos anos 1970-1980. Em 2016 chegou a 5,1 mil funcionários, o dobro do que tinha no final do governo Fernando Henrique Cardoso. A companhia se tornou a articuladora de boa parte dos programas que levaram o Brasil a deixar o Mapa da Fome da FAO, em 2014. Um deles era o PAA de que

Osvaldo sente saudade, que no ápice, em 2012, comprou 213 mil toneladas de alimentos de 95 mil agricultores brasileiros.

Na metade da década de 2000 a Conab apresentou sua contribuição ao novo Plano Nacional de Abastecimento: "A concentração do mercado de produtos alimentícios, que vem ocorrendo através de inúmeras fusões e aquisições envolvendo empresas do setor, tem, como um de seus mais importantes resultados, o surgimento de macroempreendimentos comerciais, com inegável poder de comando e imposição nas relações mercantis com produtores rurais, indústrias e consumidores."

Para fazer frente a isso, a estatal propunha várias medidas: criar um programa de incentivo à biodiversidade; fazer com que as normas sanitárias respeitassem a realidade dos pequenos produtores; instalar sacolões e mercados para serem geridos pelos agricultores e por pequenos varejistas; e estimular a comercialização direta.

Na visão da empresa, os arranjos tradicionais não deveriam ser pensados como o único — nem como o principal — instrumento de superação dos problemas. "Muitas vezes, é a mutação das atividades tradicionais e a valorização dos recursos e da cultura regionais que podem possibilitar, de fato, a inserção produtiva desses grupos sociais, em condições menos desfavoráveis, nos diferentes mercados." Era algo bem à frente do tempo. E se dava em um momento no qual a ação do Estado poderia ter evitado que Carrefour e Pão de Açúcar dessem um passo gigante para concentrar mercado.

Houve até um ensaio de recriar algo nos moldes da Rede Somar. A Rede Solidária de Fortalecimento do Comércio Familiar de Produtos Básicos (Refap) partia do antigo paradoxo que tanto tirava o sono de Abilio Diniz, tentando fazer com que os pobres acessassem alimentos e produtos ao preço cobrado dos ricos. A previsão era fornecer a pequenos varejistas 23 itens de alimento, higiene e limpeza. Previa-se 65 centrais de negócios para 1,3 mil empresas, com foco no Norte e no Nordeste.

"Mesmo as grandes redes de supermercado já identificaram tal potencial, e passaram a focar seus investimentos em lojas de pequeno porte, para atender a população de baixa renda, nas periferias dos grandes centros urbanos", diz um documento interno a que tivemos acesso. "O grande problema desse avanço é que ele tende a sufocar o pequeno varejo, grande provedor de renda familiar e gerador de empregos. Além disso, a gestão personalizada praticada pelo pequeno comércio constitui-se em uma vantagem competitiva e um diferencial de mercado que pode e deve ser explorado."

Dalla Costa, ex-superintendente de Abastecimento, conta que a lógica era levar o conhecimento da Conab com o PAA para as periferias. "O agricultor familiar num mercado que ele não tem. Chegamos a formar estoques. Leite no Sul, arroz, pequenas indústrias. Levamos para a periferia a preços módicos e fizemos quase que um tabelamento. A gente passava uma margem muito boa." A intenção era estimular os varejistas a formar redes de compra. "A gente até cedia o espaço da Conab para negociar direto com a indústria e para usar como estoque. Porque muitas vezes a indústria não leva até o mercadinho por ser pouca quantidade. O que acontece é que o varejista pequeno se abastece no supermercado. Tem um sobrepreço desgraçado. Não faz sentido."

Mas a lógica lulista de "inclusão pelo consumo" prevaleceu. A Refap nunca chegou a ser grande. Entre 2002-2003 e 2017-2018, o consumo de ultraprocessados pela população brasileira passou de 12,6% da disponibilidade calórica para 18,4%.[32] Na fatia mais pobre da população, esses produtos avançaram de 7,7% para 12,5%. O consumo de feijão caiu pela

---

[32] INSTITUTO Brasileiro de Geografia e Estatística (IBGE). *Pesquisa de orçamentos familiares 2017-2018: avaliação nutricional da disponibilidade domiciliar de alimentos no Brasil*. Rio de Janeiro: IBGE, 2020.

metade; o de arroz, em 37%. A farinha de mandioca recuou 70%. Pão de Açúcar e Carrefour consolidaram o poderio com a compra e a frenética expansão do atacarejo. Hoje, são as donas da periferia, garantindo carrinhos abarrotados de porcaria.

# 5
# QUANDO O ESTADO SAI, O SUPERMERCADO REINA

Peralta, Reimberg, Nagumo, Parati, Rosado, Mercadinho São Luiz, Sé, Sendas, Planaltão, Mineirão, Roncetti, Rainha, Dallas, Continente: Pão de Açúcar e Carrefour compraram de baciada durante os anos 1990 e no começo do novo século. Em especial se você mora no Sudeste, há uma chance razoável de que uma rede de médio porte do seu entorno tenha ido parar nas mãos das duas grandes, que se tornaram gigantes com movimentos em simultâneo, cabeça a cabeça, numa corrida em que o Estado observava e anuía.

A guinada neoliberal, que se formou ao longo dos anos 1980, abriu as fronteiras brasileiras para o capital estrangeiro e o caminho para o avanço das varejistas. Como vimos no capítulo anterior, o Estado se retirou gradualmente de funções como o abastecimento e a distribuição de alimentos. De costas para a população, o poder público ofereceu a mão às grandes varejistas. Foram-se o braço, a carteira e talvez uma das pernas. O supermercadismo venceu.

Centenas de pequenas redes regionais, familiares, foram englobadas pelas gigantes do varejo desde a década de 1970. E o avanço desse modelo de negócio também atropelou o varejo tradicional, composto por pequeníssimos comércios, mercadinhos de bairro e quitandas. Para ilustrar: em 1995, esses pequenos negócios ficavam com 12,5% de todo o faturamento do autosserviço, de acordo com a Abras. Em 2020, 7%. O motivo é claro: há trinta anos havia pouco mais de 32 mil supermercados espalhados pelo Brasil; hoje, são cerca de noventa mil.

Os dez anos que separam 1985 e 1995 talvez sejam os mais importantes e confusos da história do varejo alimentar brasileiro. Os altíssimos índices de inflação fortaleceram os hipermercados e garantiram ganhos volumosos para as redes no mercado financeiro. Com mudanças legais nos governos Sarney e Collor, o capital estrangeiro perdeu o medo e começou a fluir em terras brasileiras. O número de supermercados praticamente dobrou. Parecia a Era de Aquário do supermercadismo. No meio disso tudo, entretanto, o Pão de Açúcar passou por sua pior crise financeira, flertou com a falência e quase foi vendido — mas ninguém teve a coragem necessária para comprá-lo. Como sempre, vamos entender esses fenômenos por partes.

Desde que tomaram o poder, em meados da década de 1960, os militares estabeleceram uma relação simbiótica entre o Estado brasileiro e os supermercados. De um lado, os supermercadistas ajudavam o governo na dura missão de abastecer o quinto maior país do mundo; de outro, o governo ajudava os supermercados a crescer com benefícios fiscais e crédito via bancos públicos. Tudo ia bem, obrigado, até que os anos 1980 fizessem cair por terra, pouco a pouco, o milagre econômico da ditadura.

Enquanto se aproximava a virada para a década de 1990, com a inflação galopando acima de 200% ao ano, o Estado se via obrigado a controlar os preços de diversos produtos, principalmente alimentos. Isso era feito pela Superintendência Nacional de Abastecimento (Sunab). Os reajustes nos supermercados, que já haviam abocanhado uma parcela expressiva do varejo, só podiam ser feitos com o aval da Sunab e em ocasiões específicas. Impedidos de controlar os próprios preços, os executivos das maiores redes não se acanhavam em demonstrar insatisfação. O maior representante dessa fatia do empresariado era, como você deve imaginar, Abilio Diniz.

Desde 1979, Abilio fazia parte do Conselho Monetário Nacional (CMN) e participava da formulação das políticas estatais relacionadas à moeda e ao crédito. O convite para integrar o conselho partiu do então ministro do Planejamento, Mario Henrique Simonsen. Quão surpreso você fica, caro leitor, ao saber que o ministério de Simonsen concedeu grandes quantidades de crédito subsidiado aos supermercadistas no início dos anos 1980 (Correa, 2015)? As varejistas, que auxiliavam o governo no controle dos preços ao consumidor, sob constantes críticas, não tinham mais motivos para reclamar. As linhas de crédito deveriam ser usadas para formar estoques e financiar a expansão das redes.

Mesmo de boca cheia, o grande varejo brasileiro sempre deu seu jeitinho de ignorar a legislação para majorar os lucros. Em janeiro de 1989, o então ministro da Fazenda, Maílson da Nóbrega, implementou um novo pacote de controle da inflação: o Plano Verão. Entre outras coisas, o plano decretou o congelamento de preços de diversos produtos. Somente nos primeiros quinze dias, mais de nove mil comerciantes foram multados pela Sunab por reajustes ilegais (Correa, 2015). Mas foi em 31 de janeiro que o governo assinou as multas mais emblemáticas. "Sarney manda punir 2 supermercados de SP", dizia a manchete de capa da *Folha de S. Paulo*. Em um mesmo dia, Pão de Açúcar e Carrefour foram pegos na malha fina de Maílson da Nóbrega. Mas por motivos diferentes.

"De acordo com o porta-voz da Presidência, Carlos Henrique Santos, o presidente determinou a detenção dos responsáveis diretos pelas irregularidades, abertura de inquérito pela Polícia Federal (PF) e intimação de acionistas e diretores das duas redes para prestarem depoimento", continuava a *Folha*.[33] Uma loja do Carrefour em São Paulo havia remarcado preços

---

[33] "Sarney manda punir 2 supermercados de SP", *Folha de S. Paulo*, 1º fev. 1989.

ilegalmente, o que resultou na prisão do diretor da unidade. O crime do Pão de Açúcar era bem mais grave: esconder quase quatro milhões de latas de óleo em um dos armazéns do grupo, no Alphaville. Por "estocagem ilegal de mercadorias", o gerente de armazenagem e transporte do grupo, Paulo Fernando de Oliveira Lima, foi preso, mas acabou sendo liberado após prestar depoimento e pagar fiança.

Abilio foi à sede da Polícia Federal na manhã do dia 1º de fevereiro para depor. Ele alegou que a mercadoria estava armazenada para a realização de um balanço. Ainda assim, o líder do Pão de Açúcar foi indiciado por sonegação de produto e sabotagem do Plano Verão. "O governo não olha cara nem tamanho. Está aplicando a lei igualmente para todos. Todas as denúncias serão tratadas da mesma forma", disse à *Folha* o então ministro da Justiça, Oscar Dias Corrêa. Depois de um dia tenso na sede da PF, Corrêa solicitou que Abilio ficasse detido durante a noite — o que só não aconteceu porque o então superintendente da PF, Romeu Tuma, interveio pelo empresário (Correa, 2015).

A lambança do óleo custou caro para Abilio, que virou o bode expiatório do presidente José Sarney, ávido para mostrar ao povo seu pulso firme de estadista. Após a humilhação pública gerada pela ampla cobertura da imprensa, o líder do GPA se viu desmoralizado no Conselho Monetário Nacional. Em abril, dois meses depois de quase passar a noite detido, o empresário dependia de uma indicação de Sarney para renovar o assento no CMN. Não rolou. O presidente entregou a cadeira a outro representante do varejo, Arthur Sendas, um dos donos da rede de supermercados Sendas. Como negócios são negócios, em 2003 Abilio comprou 60% da rede de Arthur. Em 2011, arrematou os 40% restantes.

"Na época da hiperinflação, 80% do faturamento dos supermercados entrava em um único dia do mês", nos contou pelo telefone a diretora executiva do Instituto Brasileiro de

Executivos de Varejo (Ibevar), Patrícia Cotti. Na virada dos anos 1980 para os 1990, os consumidores nunca sabiam o que esperar dos supermercados. A inflação se avolumava de tal forma que os preços eram reajustados várias vezes por dia. O *tec-tec-tec* das etiquetadoras beijando latas e pacotes era a trilha sonora do ambiente de compra. Para não pagar mais caro no dia seguinte, os consumidores começaram a fazer as famosas "compras de mês" no dia do pagamento. "Isso também explica o surgimento dos hipermercados gigantes, onde você tinha filas intermináveis. Os supermercadistas trabalhavam com o conceito de ter todos os produtos em um único lugar, porque o consumidor não tinha tempo de ir de loja em loja. O tempo fazia o dinheiro valer menos."

Claro que não é só isso, perspicaz leitor. Os supermercados geralmente pagavam seus fornecedores 28 dias após o recebimento das mercadorias. Essa janela de tempo era, também, uma carta na manga dos varejistas. "O que você faz quando uma parte tão grande do faturamento entra no mesmo dia?", nos perguntou Patrícia Cotti, sem ouvir resposta. "Opera esse dia." Opera financeiramente, ela quer dizer. Com 80% do faturamento na mão e quase um mês para quitar as dívidas, os supermercados "operavam" o dinheiro no mercado financeiro. "A questão inflacionária foi o que segurou esses movimentos alimentares no Brasil por muito tempo", garante a diretora do Ibevar. Para muitas redes, a operação financeira era mais lucrativa do que a própria atividade comercial, que via de regra gera margens de lucro baixas. Não por acaso, a prática ganhou o nome de "ciranda financeira" entre executivos do setor (Correa, 2015).

Na ciranda financeira, Abilio Diniz era um verdadeiro pé de valsa. Mas os luxos dos quais o Pão de Açúcar desfrutou até o final dos anos 1980 cobraram um preço. Equipes inchadas, escritórios suntuosos, pompas da família Diniz pagas pelos cofres da empresa. O peso do império de ouro esmagou Abilio em março de 1990, quando o novo presidente da República, Fernando Collor de Mello, apresentou o Plano Brasil Novo — batizado mais tarde de "Plano Collor". A famosa "tablita", usada para descontar a inflação dos preços praticados pelos fornecedores, deixou de existir. Os varejistas perderam a capacidade de repassar todos os custos aos consumidores devido ao congelamento de preços. Todas as redes sentiram o baque, mas não como o Pão de Açúcar. De acordo com o próprio Abilio, eles estavam "vulneráveis". "Tínhamos ativos, imóveis, tudo, mas ficamos sem caixa", disse à jornalista Cristiane Correa (2015). O gato passou entre as pernas de Abilio e subiu no telhado.

A história da pior crise já enfrentada pela empresa é longa e não muito interessante. Envolveu brigas familiares, fechamento de lojas e demissões em massa — e quase levou o GPA à lona. Vamos resumi-la aos pontos mais relevantes. Ao longo de 1990, depois do início do Plano Collor, a situação do grupo piorou rapidamente. O caixa foi consumido e Abilio decidiu parar de pagar impostos e alguns fornecedores. Sem pagamentos, grandes marcas, como Nestlé e Unilever, deixaram de entregar produtos nas lojas que continuavam abertas — e só continuaram abertas as que davam lucro. Das 626 unidades que funcionavam em 1985, restavam 262 em 1992. Valentim Diniz queria vender a empresa, mesmo sob protestos do filho. Por fim, nenhum grupo se interessou de fato pela compra.

Não havia solução para os Diniz a não ser o corte profundo na própria carne. Entre 1990 e 1991, o quadro de funcionários caiu de 45 mil para dezessete mil (Correa, 2015). Diretores do primeiro escalão perderam os empregos. Sob a navalha do engenheiro Luiz Antônio Viana, contratado como diretor administrativo-financeiro por Abilio, os cortes chegaram a um novo patamar. De acordo com uma secretária, Viana até ganhou o apelido de "exterminador do futuro" nos corredores da empresa. Para superar a crise financeira avassaladora, Abilio vendeu de tudo: imóveis do grupo, parte da operação em Portugal e até o Palácio de Cristal, prédio que sediava a empresa na chiquérrima Avenida Engenheiro Luiz Carlos Berrini, 105, na zona sul de São Paulo.

Funcionou. Abilio conseguiu angariar algo próximo de duzentos milhões de reais, o suficiente para pelo menos tirar a cabeça do buraco e planejar a reestruturação da empresa. Depois de uma lenta recuperação, o Pão de Açúcar voltaria a respirar aliviado no final de 1993, quando os membros da família Diniz finalmente entraram em um acordo sobre a disputa acionária da empresa — uma disputa intensa, que arruinava as noites de sono do patriarca há anos. Com algumas centenas de milhões de reais distribuídos entre os galhos da árvore genealógica, o primogênito conquistou o controle acionário que sempre sonhou. Era agora o dono de mais da metade do império e podia tomar as decisões sem prestar contas ao pai e aos quatro irmãos. Um novo começo para o GPA.

Enquanto Abilio lutava para destombar o veleiro, o Carrefour aproveitava os bons ventos para assumir a dianteira do varejo no Brasil. Em 1992, o grupo francês injetou cem milhões de dólares na operação brasileira e abriu 59 lojas em sete anos.[34] Mesmo com a melhora gradual dos resultados financeiros, o Pão de Açúcar ainda se levantava dos escombros e não conseguia competir com os franceses. Para voltar ao topo, Abilio precisava de mais dinheiro. Foi assim que, em 1995, o Pão de Açúcar se tornou a primeira empresa do varejo alimentar brasileiro a abrir capital na bolsa de valores, captando 112 milhões de dólares. Esse não é um passo qualquer: é uma mudança no modelo de negócios. Entrar na bolsa é entrar

---

**34** Grupo Carrefour, página institucional. Disponível em: https://www.carrefour.com.br/institucional/grupo-carrefour/trajetoria.

no sistema financeiro, é aderir a uma série de expedientes incompreensíveis à maioria das pessoas para atrair e multiplicar dinheiro. Em 1997, Abilio inova mais uma vez ao buscar investidores na bolsa de valores de Nova York, onde angariou mais 172 milhões de dólares. Com dinheiro estrangeiro inundando os caixas, as duas maiores supermercadistas do Brasil dão as mãos em um pacto de grandeza. A partir de 1995, uma não daria um passo sem ser seguida pela outra.

A mão invisível do Estado brasileiro não poderia ficar de fora desse grande aperto de mãos. Nos últimos cinco anos da década, o Banco Nacional de Desenvolvimento Econômico e Social (BNDES) emprestou mais de 7,1 bilhões de reais, em valores corrigidos, para o setor varejista.[35] Financiamentos desse tipo sempre eram empregados na expansão das redes, seja por meio da compra de redes menores, seja pela construção de novas lojas do zero. Como consequência, a década de 1990 registrou o maior salto no número absoluto de supermercados, que passou de 32 mil a 69 mil em dez anos.

Caio Mattar, funcionário longevo da CBD que encerrou a carreira como vice-presidente de Negócios, em 2012, conta que o dinheiro amealhado com a abertura de capital na bolsa foi usado para abocanhar concorrentes — 35 redes em quinze anos. Quase sempre, segundo ele, Abilio se valia da mesma lógica: procurava redes familiares passando por dificuldades e se oferecia para comprar os pontos comerciais, deixando aos donos a propriedade dos imóveis. Todos eram transformados para as bandeiras Pão de Açúcar e Extra. Para a corporação, era um processo bem mais barato e rápido do que criar pontos do zero. Para os donos, uma maneira de ficar com 1,5% da receita da loja garantida em contratos de longo prazo (Correa, 2015).

---

**35** *SuperHiper*, ano 26, n. 297, maio 2000.

## A BOMBONIERE DOS MEUS PAIS
POR VICTOR MATIOLI

Em 1991, meus pais decidiram abrir uma bomboniere em Tremembé, no interior de São Paulo, onde moravam. Para conseguir preços melhores, meu pai ia todas as quartas-feiras para a capital comprar caixas fechadas de chocolates, bolachas, salgadinhos. Eram pelo menos quatro horas de translado e muitas mais de negociação com os donos dos depósitos de doces. "Tinha muita venda casada. Pra comprar uma caixa de Ouro Negro, tinha que levar uma de Lancy. A cada duas caixas de Bubbaloo, pelo menos uma de Ping-Pong", meu pai lembra. "A coisa mais comum era chegar em São Paulo e ver que o produto já estava mais caro do que eu estava vendendo em Tremembé. Eu dava um jeito de ligar pra sua mãe e falava 'para de vender, tá muito caro'."

Para tentar acompanhar a inflação, eles reajustavam os preços pelo menos três vezes por semana, sob protestos dos clientes. Diferentemente das grandes redes de supermercado, meu pai só pagava à vista. "No máximo um cheque para o mesmo dia." Os maiores até conseguiam algumas vantagens, mas ele não. "Então, a gente tinha que colocar uma margem no preço pra não perder dinheiro. A gente nunca sabia quanto ia subir. Um dia era 5%, no outro era 3%, depois 8%."

A loja ficava em frente ao único supermercado da cidade. Quando entrava mais dinheiro, eles cruzavam a rua e compravam o que dava. "Comprávamos quinze quilos de arroz, dez de feijão, porque a gente sabia que ia subir." Depois de dezesseis meses de portas abertas, eles decidiram vender a bomboniere. Para os pequenos varejistas, como meus pais, não havia investimento milagroso nem ciranda financeira, só trabalho duro e incerto.

Quando os senhores dos novos tempos chegam, os senhores de tempos passados precisam se adaptar. Por vezes, submeter-se. Padarias administradas por portugueses eram um elemento comum a milhares de bairros paulistanos. Os doces da padaria eram tão ruins quanto as piadas sobre o português da padaria. Imitações de *chantilly* e de creme inglês, chocolates de péssima qualidade, frutas velhas. Tudo transmitia uma mensagem clara: doce é na doceria. A padaria era o lugar habitual para comprar pão, frios, leite A, B ou C — o leite tinha classe social.

"O maior baque não foi a expansão do setor de supermercado. Foi o leite Tetra Pak. Antes você precisava ir na padaria todos os dias para comprar o leite, porque azedava", analisa Antonio Saú Rodrigues, assessor da presidência do Sindicato da Indústria de Panificação e Confeitaria de São Paulo. "Em decorrência disso a padaria teve que se reinventar. Então, hoje você vai encontrar padarias com diversos tipos de pães. Com doces. Até com loja de conveniência. E tem padaria que vende até hortifrúti. A gente acaba até sendo concorrente dos mercados."

Você pode encontrar um leite longa vida por três reais. É possível comprar uma ou duas dúzias de uma vez porque a data de validade é assombrosa. O leite fresco custa o dobro e se perde em uma semana.

Foi na virada do século que as padarias paulistanas tiveram de virar a chave. "Boutiques dos pães" foram brotando em unidades maiores, com instalações repaginadas, iluminação cuidadosa e uma gama de produtos consideravelmente mais ampla — pelo menos nos bairros de classe média e alta. Os dados da Pesquisa Nacional de Comércio do IBGE mostram que as padarias, de fato, sobreviveram, ao menos na média. Eram 57 mil em 2005 e 59 mil em 2017.

O mesmo não se pode dizer dos açougues e das peixarias. Ambos estão sob um mesmo guarda-chuva no levantamento do IBGE, de comércio de carnes, então, não é possível saber quem saiu mais afetado. Em 2005, primeiro ano para o qual há dados disponíveis, eram 49 mil estabelecimentos. Em 2017, 29 mil. Uma queda de 60% em pouco mais de uma década. "Os açougues de pequenas portas foram fechando. Foram surgindo açougues maiores, com conforto, com estacionamento. O atendimento melhorou bastante. O número obviamente caiu de maneira significativa, mas entraram açougues com maior potencial de compra. E esses açougues concentram o equivalente a três, quatro pequenos", resume Manuel Henrique Farias Ramos, presidente do Sindicato do Comércio Varejista de Carnes Frescas do Estado de São Paulo. De fato, a pesquisa do IBGE reflete essa realidade: enquanto o número de estabelecimentos se reduziu drasticamente, o contingente de funcionários aumentou, passando de 99 mil para 117 mil trabalhadores.

E o frango se tornou a carne neoliberal por excelência: é a "proteína" que mais cresceu em termos de comercialização global. O Brasil, morada do receituário do livre mercado agrícola, acompanhou a tendência. A Pesquisa de Orçamentos Familiares do IBGE ajuda a entender esse ponto. Na edição de 2002-2003, a carne de aves correspondia a 3,3% da disponibilidade calórica do quinto mais pobre da população. Em 2017-2018, chegava a 5,6%, um caso raro em que os mais pobres têm uma fatia maior de consumo que todos os demais. Os ovos também haviam avançado consideravelmente, de 0,3% para 0,8%.

A versão marítima do frango é o salmão. A fluvial, a tilápia. Quando foi que essa curiosa carne alaranjada do salmão começou a chegar no Brasil? Quando foi que a tilápia ficou *out* e decidiram fazer um *branding* para chamá-la de Saint Peter? Por que se tornaram pratos *gourmet*, uma versão fácil de um jantar supostamente rebuscado para oferecer às visitas? Ao longo da década de 2010, o Brasil importou quatro bilhões de dólares de salmão. Ou quinhentos milhões de toneladas. Temos um litoral de 7,5 mil quilômetros. Duas das maiores bacias hidrográficas do planeta. E vamos buscar no Chile e na Ásia um animal criado sob condições suspeitas e elemento central de uma cadeia marcada por violações trabalhistas.[36]

Durante o principal evento empresarial do setor pesqueiro, em 2018, Rafael Guinutzman, gerente do Grupo Pão de Açúcar para essa área, informou que a "peixaria fresca" estava presente em 230 lojas. Em 750 havia pescado congelado. O pescado respondia por 23% do faturamento das carnes em geral dentro da corporação, atrás do boi e das aves, e à frente do porco. "Muitas vezes, há falta de espécies como pirarucu, como pintado, com um baita potencial para crescer, e a gente não consegue. O mercado é muito mais focado em tilápia e salmão. A gente sente a necessidade de explorar para o consumidor, de trazer para o consumidor outros sabores, outras espécies."[37] Mas, disse Guinutzman, é muito difícil fazer com que as outras espécies caiam no gosto das pessoas. O supermercadismo acaba por moldar hábitos que extrapolam o supermercado. Em peixarias do litoral paulista, sempre há tainha, robalo, pescada, cação, sororoca, vários peixes frescos. Mas os clientes exigem a presença do salmão congelado.

A perda de diversidade é uma das consequências intangíveis. Estruturas gigantes precisam de cargas gigantes. O cambuci, a graviola, a siriguela, o cará, o marmelo: a diversidade regional

---

**36** Para mais informações sobre a cadeia de produção do salmão, ver BARRUTI, Soledad. *Malcomidos: cómo la industria alimentaria argentina nos está matando* [Desnutridos: como a indústria alimentar argentina está nos matando (Planeta, 2013). **37** ASSOCIAÇÃO BRASILEIRA DAS INDÚSTRIAS DE PESCADOS (Abipesca). *The Seafood Summit 2018* [Cúpula dos Frutos do Mar 2018]. Disponível em: https://www.abipesca.com.br/arquivos.

# A SOLIDÃO DO NELSON
## POR JOÃO PERES

Nelson era o açougueiro do bairro onde eu cresci, no ABC paulista. Impossível esquecer das olheiras, da barriga, do avental ensanguentado. Da solidão dele entre cortar carne, cobrar, atender o próximo cliente. Minha mãe ligava, eu buscava, ele marcava: era uma relação de confiança na qual todos sabiam alguma coisa da vida dele, e ele sabia alguma coisa da vida de cada um. As geladeiras eram simples. A iluminação, precária. O cheiro, forte. Mas havia um cuidado da parte dele e uma garantia de qualidade das quais minha mãe não estava disposta a abrir mão. O Nelson morreu repentinamente, acho que de ataque cardíaco, e as pessoas realmente sentiram por ele, porque era um sujeito novo e fazia parte da vida do bairro, junto com o Marcelo, das coxinhas, o Benjamim, da padaria, o Marola, do salão de cabeleireiro. Devia ter uns cinquenta e poucos anos. O açougue morreu junto.

Antes disso, a avícola nos deixou. O passeio do sábado de manhã era ir à feira com a minha mãe. Depois a gente passava na avícola, onde ela pegava o frango. Era frango de verdade: a gente via os bichos trancafiados ali nas gaiolas e minha mãe escolhia quem ia para a degola. Imagino que não fosse uma vida feliz. Era uma espécie de transição entre o frango da roça e o bicho que cresce espremido, anônimo, entre dezenas de milhares de aves em uma granja até chegar no mercado. Um sinal dos tempos. Em algum momento na virada do século, a avícola fechou. Mas o cheiro da avícola está no meu nariz até hoje.

precisa ser suprimida para moldar um consumidor homogeneizado. Porque as negociações não são com o gerente da loja A, situada numa zona de Mata Atlântica, ou da loja B, que fica numa área de Cerrado. São com uma central de distribuição. É importante forjar um cliente que buscará pelos mesmos produtos em Porto Alegre ou em Belo Horizonte, em Xangai ou em Joanesburgo, em Berlim ou em Santiago. A única (a última) chance para alguns desses alimentos é cair nas graças de um *chef* de TV para que possa ressuscitar, transmutado em produto caro, em algum supermercado da zona oeste de São Paulo, da zona sul do Rio de Janeiro ou do plano-piloto de Brasília.

Nos anos 1990, as grandes redes apostaram em entrar com força no mercado de frutas, legumes e verduras. Em 1983 as feiras eram o destino de 48,8% das mercadorias do Ceagesp, contra 28,8% em 1993. O estabelecimento de centros de distribuição próprios, como vimos, foi um antes-e-depois para essas empresas. A participação dos supermercados na venda global de alimentos foi de 30% para 75%, segundo o livro *100 anos de feiras livres na cidade de São Paulo*. A renda média do feirante caiu pela metade. Em 1988, São Paulo tinha 803 feiras para nove milhões de habitantes. Em 2020, eram 883 para doze milhões.

"Pensando em 1990, os supermercados ganham escala, inclusive também atendendo no balcão os clientes. Teve um impacto muito grande", continua Farias Ramos, ao falar sobre os açougues. "Mas com o tempo eles foram se transformando. Porque é uma coisa difícil pra eles lidar com essa mão de obra. Quanto menos gente, melhor. Melhor que o consumidor faça uma parte do serviço. Então, mudou o perfil do supermercado e os açougues mudaram para concorrer." Em outras palavras, o açougue, a padaria e até a feira se "gourmetizaram" em busca de sobrevivência. O surgimento do Mercado da Carne da Swift, espalhado por grandes cidades, é um dos passos emblemáticos dessa transformação. Já não se trata do açougueiro do bairro, ou de um açougueiro endinheirado que mantém quatro ou cinco lojas, mas de uma das maiores corporações do mundo oferecendo uma gama enorme de produtos em unidades bem localizadas — muitas vezes, próximas a supermercados. A mensagem é clara: "Compre tudo no Extra, mas passe aqui na saída para pegar a carne".

O setor de carnes é altamente representativo daquilo que se passou no sistema alimentar desde a globalização. Uma corporação que controla a cadeia de ponta a ponta. Dita o que pecuaristas e criadores de aves e suínos farão. Que remédios devem usar. Que quantidade de ração. Com quantos dias de vida os animais serão abatidos. Determina o que os funcionários dos frigoríficos farão. Como e para onde a carne será transportada. Como será comercializada. E, agora, são os patrões dos açougueiros. O Nelson, hoje, estaria trabalhando em algum açougue de rede, talvez sem carteira assinada, seguramente ganhando menos e tendo de se subordinar a alguém. Mais do que isso, não seria o Nelson: seria mais um atendente anônimo de um açougue por onde transitam clientes desconhecidos aos milhares.

Em qualquer cantinho do sistema alimentar que se analise, a entrada e o predomínio de grandes empresas passaram pelas mãos do Conselho Administrativo de Defesa Econômica (Cade), uma autarquia vinculada ao Ministério da Justiça, que tem o dever de evitar concentrações de mercado que possam se tornar nocivas ao consumidor. "A carne hoje é muito mais vendida em supermercado. Porque é mais barato, eles conseguem colocar um preço competitivo. Então, esse aspecto foi levado em consideração, não sei se exageradamente ou não, mas de um ponto de vista positivo", analisa Paulo Furquim de Azevedo, conselheiro do Cade entre 2006 e 2009, hoje coordenador do Centro de Estudos em Negócios do Instituto de Ensino e Pesquisa (Insper). Ele foi um dos raros ex-conselheiros que responderam a nosso pedido de entrevista.

Furquim admite que pode haver "cláusulas draconianas" nos contratos entre os supermercados e os fornecedores, mas entende que, na balança, os prós são mais pesados que os contras. "Esse é o princípio que está na lei brasileira: o que acontece com o consumidor final. Se uma empresa quebra ou não quebra, não é relevante. Se uma concorrente quebra, mas, para o consumidor, ficou melhor, porque o produto ficou melhor e mais barato, isso é o que importa. A lei não protege o concorrente: ela protege a concorrência."

Os arautos do livre mercado estão longe de ser ingênuos. E, no entanto, a teoria do livre mercado padece de uma ingenuidade monumental. Trapaça, *lobby*, ganância, ambição, corrupção, falhas, crises: nenhuma característica do mundo real — da história da humanidade — entra nesse cálculo. Enxerga-se um mundo perfeito, no qual enormes redes varejistas usarão de seu poder para garantir preços mais baixos aos consumidores, e não lucros maiores aos acionistas. É essa teoria clássica que guia os passos do Cade. A ideia de que os hipermercados são "plataformas neutras" que conectam consumidor e fornecedor tem sido reiteradamente comprovada como falha. E, no entanto, o conselho insiste nessa visão.

O ano de 1999 foi particularmente agitado para Carrefour e Pão de Açúcar, que davam passos maiores a cada movimento da rival. Rio de Janeiro, Espírito Santo, Distrito Federal: São Paulo havia ficado pequena demais para as duas. Com a compra da Roncetti, o Carrefour passou a deter 35% do setor em terras capixabas, uma operação que, no papel, violava a lei brasileira sobre concorrência. Segundo a *Folha de S. Paulo*, redes médias viram na fusão o único jeito de sobreviver. E foram aos Estados Unidos descobrir como comerciantes do mesmo porte suportavam a concentração de mercado.[38]

Os fornecedores, mesmo grandes, começaram a sentir o peso de negociar com gigantes. Em uma mão, iniciaram um movimento também veloz de compras e fusões para fazer

---

[38] "Pequenas redes se unem no ES", *Folha de S. Paulo*, 12 dez. 1999.

frente aos varejistas. Em outra, fortaleceram as marcas: se o consumidor criava uma relação de fidelidade ao sabão Omo, à palha de aço Bombril e à bolacha Bono, era uma garantia de que essas empresas não poderiam ser facilmente limadas das gôndolas. Era, em outras palavras, uma possibilidade de negociar em melhores condições.

Não é preciso ser genial para entender que a ideia de um intermediário neutro não para em pé. Na virada do século, o Cade mais uma vez teve nas mãos a chance de colocar um freio. A Ahold, da Holanda, já controlava a Bompreço quando decidiu comprar a GBarbosa. As duas redes tinham forte atuação no Nordeste. O relator Cleveland Prates Teixeira admitiu que havia risco decorrente da concentração de mercado. Em algumas áreas, ambas passariam a ter mais de 70% dos *check-outs*, ou seja, dos caixas, que são o parâmetro utilizado para medir concentração no setor. Ele também entendeu que os pequenos fornecedores teriam problemas para negociar com a nova empresa e que, caso fossem rejeitados, não teriam para onde correr. Havia, ainda, "indício" de práticas comerciais que demonstravam o poder que o Bompreço já exercia sobre esses fornecedores (as práticas em si foram mantidas em sigilo). Ainda assim, o caso foi aprovado mediante a adoção de paliativos — "remédios", no jargão do Cade, como a venda de algumas lojas.[39]

"Tem uma dimensão da concorrência que o Cade talvez não tenha observado", admite Paulo Furquim, sem comentar um caso específico. "Que o Carrefour compete com o Pão de Açúcar, e a pressão competitiva que uma lojinha de bairro exerce é pequena. Se você soma *check-out*, está comparando Porsche com Uno Mille. Então, você está perdendo uma

---

[39] Ver RAGAZZO, Carlos & MACHADO, Kenys M. "O Cade e o Poder de Compra no Setor Agropecuário", *Economic Analysis of Law Review*, v. 4, n. 2, p. 295-314, jul-dez. 2013.

dimensão da análise e algumas das considerações talvez devessem ter tido uma restrição maior."

Nas palavras de um ex-conselheiro, o poder de compra dos hipermercados era visto como um "não problema". Se pequenos supermercados estavam fechando as portas, não era uma questão para o Cade. Se pequenos fornecedores estavam passando apuros, se endividando e perdendo as terras ou a fábrica, ossos do ofício. Mas, na virada do século, já havia um bocado de gente pensando diferente sobre o poder desproporcional dos supermercados, mesmo em relação aos supostos benefícios para o consumidor. A comissão governamental do Reino Unido encarregada de analisar o direito à concorrência havia revisado 57 práticas das grandes redes e concluído que ao menos trinta delas tinham efeitos potencialmente nocivos. Já a Comissão Europeia apontou que, para os pequenos fornecedores, a concentração no varejo era danosa.

Amanda Athayde, chefe de gabinete da Superintendência-Geral do Cade, defende que o conselho precisa deixar de ignorar essas questões. No trabalho de doutorado apresentado à Faculdade de Direito da USP, ela constatou que doze investigações preliminares sobre condutas anticoncorrenciais dos varejistas foram encaminhadas para a gaveta. O órgão teve de analisar ao menos cem atos de concentração do setor durante a onda da virada do século. Todos foram aprovados, no máximo com algumas restrições.

Olhando para a operação entre GBarbosa e Ahold, ela avalia que uma grande chance foi perdida:

> O Cade tinha em mãos uma excelente oportunidade para sinalizar uma evolução no entendimento da autoridade de concorrência brasileira sobre o poder no varejo supermercadista. Poderia ter aprofundado temas, por exemplo, como a dependência dos fornecedores diante dos supermercados e os efeitos anticoncorrenciais de práticas comerciais dos varejistas, mas

não o fez, atrelado a critérios tradicionais de participação de mercado. (Athayde, 2017, p. 43)

Com o aval do Estado, as grandes redes ficaram com o caminho livre para engolir concorrentes e apertar fornecedores.

# 6
# SE OS GIGANTES BRIGAM, QUEM SOFRE É A GRAMA

Como todas as outras, a primeira segunda-feira de maio passou rápido em Inconfidência, distrito rural da pequena Paraíba do Sul, no Rio de Janeiro. Leonardo Bastos checou os pedidos feitos durante o final de semana pela internet e passou a tarde organizando as entregas do dia seguinte. Os alimentos orgânicos que ele e algumas famílias vizinhas cultivaram por meses ainda precisam viajar cerca de 150 quilômetros até a capital fluminense, onde ficam quase todos os compradores. Não são super nem hipermercados: Léo vai entregar os alimentos diretamente aos consumidores, de porta em porta, numa peregrinação lenta, estressante.

Sem dúvida seria mais fácil vender as dezenas de frutas, legumes e verduras em um só lugar, mas as relações com os supermercados sempre foram inviáveis. "O cara já começa a negociação falando 'Olha, Léo, nunca trabalhei com orgânico, mas tenho um espacinho aqui na minha loja. Se quiser deixar aqui, vai ficar consignado. O que eu vender, te pago. O resto você recolhe'", nos disse pelo telefone, sem conter um riso nervoso. Consignação, para o pequeno agricultor carioca, é sinônimo de prejuízo. "Ele encomenda cem pés de brócolis, que eu entrego a 3,50 cada, e coloca no mercado a nove reais. Aí ele vende 25 e quer me devolver o resto. Eu cuidei dessa planta 115 dias, desde a semente até colocar dentro do mercado do cara. Mas ele trabalha com uma margem agressiva e distorce o preço dos orgânicos, que acabam ficando com uma fama de malvadões, de comida da elite."

Alguns supermercados oferecem um modelo diferente: um boleto para 35 dias. "Quer dizer, além de eu ter demorado 115 dias para colher, ter que entregar, gastar gasolina, pagar quatro pedágios e colocar a mercadoria dentro da loja do cara, ele só vai me pagar daqui a 35 dias." Nessa sinuca de bico, Léo e outros agricultores de Paraíba do Sul encontraram na entrega direta uma das únicas fontes sustentáveis de renda. A organização dos pedidos, a logística e o trânsito da capital entraram na rotina. "Se eu não faço dessa forma, sou obrigado a me submeter a esses métodos desleais dos supermercados."

Léo não segue o estereótipo do produtor rural. Tem graduação em ciências sociais e em redes especiais de telecomunicações, certificações de grandes empresas de tecnologia — como Microsoft, Cisco e Avaya — e experiência com a criação de redes digitais corporativas. Mas a agricultura sempre esteve, como ele mesmo diz, registrada em seus genes. O avô, Hildebrando, começou a lidar com a terra de Paraíba do Sul na década de 1930 para sobreviver. Tinha três porcos e algumas galinhas. Plantava milho, feijão e mandioca. Teve dez filhos. Os meninos — pai e tios de Léo — começavam a ajudar assim que pudessem carregar um feixe de lenha nas costas. Dos seis anos em diante, trabalhavam como meeiros em uma plantação de tomates da cidade: cuidavam da terra e ficavam com metade da produção.

Os antepassados de Léo, sim, seguiram à risca o estereótipo dos pequenos produtores rurais. Viveram em um ciclo de pobreza, fome e baixa escolaridade. De trabalho duro, violência doméstica e incerteza. Os tomates vendidos nas feiras de Duque de Caxias e Petrópolis, contudo, trouxeram uma certa libertação. O pai de Léo, Renato, conseguiu largar a feira e o campo no final da década de 1980 para cuidar de um bar-

-mercearia em Paraíba do Sul. Jurou que não deixaria o filho, nascido em 1977, passar pelo mesmo sofrimento. Garantiria a ele uma vida de estudos, longe da agricultura. Por um tempo, até que funcionou.

Mas, em 2017, alguma coisa chamou Leonardo de volta para a terra de Paraíba do Sul. "DNA", segundo ele. "Genes, orgulho, vingança, vontade de vencer, honra, um pouco do Conde de Montecristo. Foi uma forma de levantar a cabeça do meu pai, do meu avô, e dizer 'Podem olhar diretamente nos olhos dessa gente'." Na volta ao campo, escolheu um caminho ainda mais difícil do que o percorrido por Hildebrando e Renato: a agricultura orgânica. Tão velha quanto o primeiro pé de qualquer coisa, mas tão nova. Plantar assim é mais demorado, mais difícil, rende menos e gera alimentos que não seguem um padrão estético óbvio. No fim das contas, os orgânicos não interessam às maiores redes de supermercado — pelo menos não em larga escala.

A maior dificuldade de pequenos agricultores como Léo, mesmo dos que não produzem alimentos orgânicos, é escoar a safra. Em qualquer canto do país. Com uma produção limitada, eles não têm acesso aos supermercados e não conseguem encher caminhões para vender nas Ceasas. Não restam muitas opções: ou se organizam em cooperativas, como os produtores de Paraíba do Sul, ou ficam reféns dos atravessadores. "Sob a minha ótica de pequeno produtor orgânico e por toda história da minha família, o atravessador é um parasita, um verme que precisa ser extirpado da cadeia produtiva", brada Léo, já cansado das histórias recorrentes de abuso protagonizadas pelos intermediários. "Ele não vem com o caminhão do supermercado. Vem com a vanzinha dele e arrasta. Oferece um valor muito abaixo do que o mercado consegue pagar. E o agricultor, que tem uma família miserável, pouca terra, não conseguiu desovar o que produziu, entrega os alimentos na mão do cara com a promessa de que na próxima semana ele paga. Mas o atravessador simplesmente não paga. Some ou dá calote, fica enrolando o produtor. Esse é o cenário de exploração." Além dos calotes, da demora, da incerteza, Léo conta que é comum ver atravessadores enganando os agricultores mais incautos: "O cara pega, por exemplo, cem pés de couve do seu Zé e, na semana seguinte, fala 'ó, seu Zé, vendi só trinta pés daqueles de couve, tá aqui o dinheiro dos trinta', e morreu o assunto."

Os atravessadores, como esses que circulam pela zona rural de Paraíba do Sul, são só mais um elo de um sistema de distribuição de alimentos falido, equivocado e precarizado. Talvez eles sejam de fato parasitas, como Léo acredita, mas isso só acontece porque eles também são parasitados pelo próximo elo da corrente. O comprador da Ceasa de Madureira quer pagar barato nos alimentos do seu Zé. Então, aperta o atravessador. O comprador da pequena rede de supermercados de Nova Iguaçu, por sua vez, aperta o vendedor da Ceasa.

Nesse ciclo vicioso em que o mais forte aperta o mais fraco, o elo que mais sofre é o que não tem quem apertar. Dos dois reais cobrados pelo pé de couve do seu Zé no mercado de Nova Iguaçu, quanto fica com cada elo da corrente? Isso depende, mas nossos meses de observação dessa lógica de distribuição nos permitem estimar que até 50% fique com o varejista. O atravessador e o vendedor da Ceasa ficam com 20% ou 25% cada. Na melhor das hipóteses, seu Zé ficou com vinte centavos (10%). Na pior, "doou" sua produção. "E quando você cria uma cooperativa ou um grupo de produtores, os exploradores da região te olham e falam 'porra, tu vai acabar com meu negócio?'", Léo conta. "Mas o negócio dele é explorar o analfabeto, o sem recursos, é perpetuar esse ciclo de exploração."

O relatório *Hora de mudar*, lançado pela Oxfam em 2018, ajuda a entender quais porções do total que pagamos pelos alimentos nos supermercados ficam com cada elo. No Brasil, os autores do trabalho rastrearam a cadeia do suco de laranja e descobriram uma situação crítica: os supermercados ficavam com 48,3% do valor final, enquanto os pequenos produtores recebiam algo em torno de 4%. Isso acontece, de acordo com o relatório, justamente pela necessidade que os pequenos agricultores têm de vender a produção a intermediários, que "roubam" uma fatia enorme dos rendimentos. No outro extremo da mesma cadeia, os grandes produtores de laranja, que conseguem negociar diretamente com a indústria e os supermercados, recebiam 35% do valor final, quase nove vezes mais do que os pequenos. Em nível global, segundo a organização, a fatia dos varejistas é cada vez maior, e restam aos agricultores migalhas cada vez menores.

Há, aqui, uma clara contradição. Conforme as redes de supermercado crescem e se espalham pelo território, aumentam também as possibilidades de comprarem de um número maior de agricultores, num processo virtuoso que ajuda os produtores ao mesmo tempo que oferece o melhor aos consumidores. Certo? Para Walter Belik, o professor da Unicamp que conhece a distribuição brasileira de alimentos como poucos, esse argumento se perde na superfície da lógica supermercadista. A ideia de que um mercado cada vez mais concentrado vai gerar benefícios para a cadeia de produção e distribuição de alimentos só funciona, mesmo, na teoria. "Na prática, a estratégia dos supermercados é espremer os produtores para pagar o menos possível e ter um produto estritamente como querem comprar. Eles querem todos os produtos iguais: a cenoura tem que ser retinha, com tantos centímetros, senão ele recusa. Como um pequeno produtor vai trabalhar com supermercado? Não tem como", nos disse durante uma conversa em meados de 2019. "Você vai ter ou um grande produtor, ou um intermediário. Assim o supermercado lida com um fornecedor só e quem faz a intermediação e rejeita os produtos é esse intermediário. Então, quem quiser vender para supermercado vai ter dois parasitas nas costas: o intermediário e o supermercado. Por isso os pequenos vendem em feiras livres e buscam alternativas."

Existe, no varejo alimentar brasileiro, um desequilíbrio de forças claro entre quem produz e quem vende. Ainda que parte relevante dos alimentos consumidos pelos brasileiros sejam provenientes da agricultura familiar,[40] são os supermercados que controlam a demanda e, consequentemente, o fluxo de alimentos entre o campo e as cidades. Enquanto incham, as redes se veem impelidas a encontrar novas formas de reduzir gastos para maximizar lucros. A criação de centros de distribuição (CDs) próprios, processo que se intensificou ao longo da década de 2010, é um dos métodos mais eficientes que encontraram.

Com CDs progressivamente maiores, os varejistas também aumentam a capacidade de negociação. A lógica é centralizar a demanda para comprar cada vez mais produtos com cada vez menos dinheiro. Os CDs também permitem que os supermercados se desprendam gradualmente das Ceasas e estabeleçam relações diretas com os fornecedores. Nesse processo, ganham duplamente, enquanto os pequenos produtores perdem dobrado. Explicamos: eliminando as Ceasas, os varejistas exigem preços cada vez menores dos intermediários que, por sua vez, repassam os custos aos produtores. Paralelamente, as redes ficam mais dependentes de grandes produtores, capazes de fornecer alimentos em grandes quantidades durante o ano todo. Os pequenos, mais uma vez, ficam excluídos, dependentes de mecanismos cada vez mais escassos de escoamento.

Para um fornecedor de frutas com quem conversamos em janeiro de 2020, a abertura dos centros de distribuição foi a gota d'água para cortar relações com as grandes redes. A compra centralizada significava exigências muito maiores, impossíveis de atender. "Eles começaram a brigar muito no preço,

---

**40** De acordo com o Censo Agropecuário de 2017 do IBGE, 48% do valor da produção de café e banana, 42% do feijão, 80% do valor da mandioca e 69% do abacaxi correspondem à agricultura familiar.

faziam contratos com desconto financeiro, com uma reposição alta e tudo mais", reclama. "E aí ficou inviável." Há mais de dez anos ele só trabalha com redes médias, mas percebe uma tendência de repetição das mesmas práticas. A preocupação com o futuro do negócio, forçado a conviver com um varejo concentrado e oligopolista, é visível no rosto enrugado do nosso interlocutor.

Em setembro de 2019, o vice-presidente da Abras, Mauricio Antonio Ungari da Costa, foi à Câmara dos Deputados externar apoio à reforma tributária. Entre outras, estava otimista com a adoção de um imposto unificado e sedento por limitar o poder da Receita Federal. Sempre falando em prol do país, e não em benefício próprio, a associação propôs um teto tributário. "Vamos dizer, o Brasil atingiu 35% de carga tributária. Se a gente conseguisse criar um mecanismo onde, atingindo um teto, os estados seriam obrigados a rever a carga tributária, isso seria muito bom para o desenvolvimento do Brasil." É uma posição curiosa, porque, no geral, essas empresas adoram taxas, sobrepostas e sem limites. Daquilo que você paga no caixa, quantos por cento são o resultado de taxas? Não, não estamos falando de impostos públicos. Estamos falando de cobranças aos fornecedores.

Aniversário.

Administração.

Centralização.

Crescimento.

Enxoval de abertura de loja.

Enxoval para se tornar fornecedor.

Enxoval porque sim.

Promoções.

Quebra.

O que você faz pra ser feliz? As taxas cuja existência pudemos comprovar, uma a uma, são apenas parte da história. São as mais comuns, provavelmente. São variadas: há uma para cada ocasião. Conheceremos a função delas ao longo deste e do próximo capítulo. E, apesar das variações, todas operam sob um mesmo princípio. Os supermercados são aquele sujeito que, na mesa do bar, conta vantagem sobre as férias na Riviera Francesa ("Lindo, meu. É outro nível, né? Ubatuba nunca mais"), sobre o carro novo ("Cara, que puta máquina. Perfeição, ó") e sobre a mansão de Campos do Jordão ("Meu, muito gostoso dar uma escapada. Pegar um friozinho, né? Nem parece que a gente tá no Brasil"). E, na hora de pagar a conta, levanta para ir ao banheiro. A alma do negócio é sempre sempre sempre fazer caridade com o chapéu alheio.

"Chega no final do ano, eles vêm te pedir uma verba. Isso não tá previsto em contrato, você não é obrigado a dar, mas..." Pa bom enten me pala bas.

Essa é a famosa "taxa de crescimento". Quando falam da economia real, os supermercados pregam que o crescimento do PIB é resultado de crescimento nas vendas. É resultado de reformas que retiram direitos dos trabalhadores e melhoram a margem de lucro das empresas. E, no entanto, da porta para dentro, se as pessoas compraram mais ou menos, o crescimento tem de acontecer. No geral, os fornecedores com quem conversamos falam em 5%. É um fermento que eles precisam colocar para que as grandes redes possam comer um bolo maior. Sozinhas, obviamente.

Como no mundo da política institucional, a relação entre supermercados e fornecedores está marcada por subentendidos, não ditos, sinais. Se isso não for suficiente para captar a mensagem do amado mestre, lança-se mão de formas menos sutis de comunicação. "É o seguinte: o Pão de Açúcar, como tá hoje, que quer mostrar números, chega no final do ano eles não pagam os fornecedores, que é pra mostrar pros investidores que têm dinheiro em caixa. Daí o investidor vê que o fluxo tá alto. Quando acabou de ver, eles vão lá e pagam todo mundo. Mas isso já é bem comum." Bem comum. Como encontros furtivos no meio da madrugada de Brasília para acertar ponteiros. Pensemos juntos em como classificaríamos uma relação na qual alguém com poder se vale desse poder para obter vantagens econômicas. Nosso entrevistado é milionário, como a maioria dos fornecedores. Traz no rosto o cansaço que as máquinas atrás de nós devem também sentir, trabalhando praticamente todos os dias do ano para empacotar alimentos. É uma eficiência brutal. Tudo vai escorrendo das engrenagens para as caixas, das caixas para os caminhões, dos caminhões para os centros de distribuição. São poucos dias entre sair da terra e chegar a uma casa. Poucos conseguem ter escala, persistência e custos baixos o suficiente para realizar essa operação no ritmo necessário. São quem centraliza toda a produção agrícola de uma região ou de um determinado alimento.

Nos últimos anos, as grandes redes dizem estar promovendo um esforço por transparência que envolve rastrear os alimentos do campo à mesa. Quando você olha para as embalagens, muitas vezes vai encontrar nomes de pessoas físicas. Mas são CNPJs. Se você for ao site de rastreamento, pode parecer que aquele alimento veio de realmente muito perto. Em um ou outro caso, de fato, veio. Em muitos, não. O que aconteceu foi que alguma empresa centralizou a produção em uma cidade próxima a uma metrópole para então distribuir às redes. Os peixes pequenos estão sendo esmagados lá embaixo. Aqui em cima eles não são notados. Mas, comparados aos supermercados, os milionários ficam também parecendo pequenos, indefesos. Em certo sentido, de fato são. O dedo mindinho de uma corporação é o suficiente para esmagá-los e tirá-los do jogo.

Eles medem as palavras na hora de falar das relações com as empresas. E é por isso que quase nenhum deles será identificado pelo nome ao longo dessas páginas.

Respiram fundo.

Hesitam.

Cortam o assunto.

Remexem na cadeira.

Olham para os lados.

Não é preciso estar presente quando se tem o bolso alheio nas mãos.

Aos pedidos de entrevista, ouvimos alguns "sim", alguns "não" e muitos silêncios. A maioria das conversas foi realizada na base da surpresa, sem agendamento prévio. Às vezes, foram abreviadas sob um claro incômodo diante de alguma pergunta.

"Essa verba, elês vem e pedem assim 'ó, a gente fechou o ano aqui, não tem como você ajudar mais um pouco?', entendeu? Eles pedem uma verba. Você fala 'não vou dar', porque não é obrigado, não tem em contrato. Mas aí te desgraça a relação comercial. Então, você não quer dar, mas acaba dando." Acaba dando porque tudo o que toma lá, dá cá. "Aí eles falam 'ó, vê aí os seus custos que no meio do ano tem, hein?'." Ou seja, você ajuda porque espera ser recompensado. Um aumento nos pedidos. Um contrato em condições mais vantajosas. Ou a simples manutenção das relações.

Quando se abriram os centros de distribuição, como dissemos, custos foram enxugados. De outro lado, foi necessário gastar com estruturas, funcionários no controle dos estoques, caminhões e combustível para levar os produtos até as lojas. Vamos lá. Vamos ver se você pegou o espírito da coisa. O que fizeram os supermercados? Exato, criaram uma "taxa de centralização" e passaram a vender o serviço de entregar os produtos de loja em loja. Hoje em dia, os fornecedores pagam por tudo o que o produto deles demanda: os *pallets*, os trabalhadores que carregam e descarregam mercadorias, o transporte. Isso vai embutido na nota fiscal. Fornecer às grandes redes é uma brincadeira no fio da navalha. Quem não incorpora as taxas ao preço acaba quebrando.

Avessos ao passado, os supermercados são contraditoriamente apegados a tradições. A principal delas, aquela de que mais gostam, é o casamento. Um casamento do século XIX os apetece sobremaneira. Assim, como homens da relação, cobram fidelidade total da mulher enquanto reservam a si uma boa margem de liberdade para prazeres fora de casa. A ela cabem as tarefas do lar; estar sempre com boa aparência; e, acima de tudo, ser obediente.

Não contestarás (o preço).

Não criticarás (as taxas).

Não caguetarás (nossos segredos).

Todo casamento tradicional deve começar pelo começo: o enxoval. Mas, exigente como ninguém, esse marido quer que o apreço pela união seja constantemente renovado. Uma, duas, algumas vezes ao ano. O senhor da relação pode lançar mão do pedido a qualquer momento.

— Chega pedindo cem mil reais. Não posso pagar cem mil, eu não ganhei isso durante o ano inteiro [com essa rede]. Vai negociando, vai negociando, acabo pagando quarenta, trinta mil, depende. Mas acabo pagando — conta-nos um distribuidor de frutas.

— E se não pagar, acaba excluído? — perguntamos.

— Se não pagar, para de fornecer.

Abilio Diniz relata o *bullying* sofrido na infância, por ser baixinho e gordinho, como um traço fundamental na formação de sua personalidade competitiva. Orgulha-se de ser brigão: na rua, no trânsito, com praticamente todos os diretores que passaram pelo Pão de Açúcar nas décadas em que comandou a empresa. Curiosamente, a corporação criada por ele é agora o valentão do colégio. Não precisa levar merenda de casa porque sempre tem de quem pegar. A essa altura, ninguém se assusta com isso. A cultura do medo já está entranhada na carne. "Enxoval acontece, sim. É normal em todas as redes", diz um grande fornecedor de bananas. "O desconto comercial também é uma coisa que acontece. O supermercado paga só uma parte da mercadoria porque tem o desconto." Um desconto arbitrário. E que corresponde à maior taxa. É o Imposto de Renda dos supermercados. É, melhor dizendo, a alíquota única com que sonham para o poder público: soma as taxas de crescimento, de quebra, de centralização e de administração. Pode começar em 12%, subir para 18%, terminar em 21% ou mais. Porque sim.

As grandes redes prezam pelo bom gosto. É preciso constantemente renovar o enxoval. Ter cama, mesa e banho bem arrumados. Tudo pronto para as visitas. Há aquele enxoval que deve ser entregue regularmente pela esposa, como já vimos. E há aquele que é dado no início da relação: se você quer começar a vender ali, naquela loja ou naquela rede, deve presentear uma carga. "Quando o enxoval era pequeno, a gente conseguia diluir. Um supermercado pediu mil caixas de banana como enxoval. Isso dá quarenta mil reais", conta Rafael de Oliveira, da Coopercentral VR, do Vale do Ribeira, em São Paulo. É o mesmo valor relatado por um fornecedor de batatas. "E isso é um pequeno. Imagina o grande. Há uma pressão externa que não dá pra ter parceria. Você fica com insegurança. Não tem como."

Um belo dia você resolve abrir um comércio. Vamos dizer, aleatoriamente, que seja um supermercado. Preço Honesto é o nome escolhido — também aleatoriamente. Você encontrou um belo terreno, bem localizado, analisou o perfil do bairro e decidiu que será um bom negócio. Então, faz as contas dos milhões que precisará para erguer o prédio e fazer a documentação. Vai ao banco e consegue, com muita dificuldade, a aprovação do crédito. Depois de muitos e muitos meses de obras e receios, está tudo certo para a abertura. O próximo passo é falar com os fornecedores. São dezenas. Material de limpeza, itens de higiene, congelados, biscoitos, salgadinhos, cereais, alimentos *in natura*, frios e laticínios, comida para animais. Você faz as encomendas, uma a uma, e gasta mais alguns milhões para formar o estoque inicial do negócio. Parabéns: você é um otário. Não se sinta mal. Todos nós somos. Você fez o que a grande maioria das pessoas faria se decidisse abrir um negócio.

Preço Honesto ergueria as portas com uma enorme desvantagem em relação às grandes redes. Porque teve vários gastos que elas não têm. Seguramente, os preços nas prateleiras seriam mais altos do que os das concorrentes, e em pouco tempo esse supermercado estaria quebrado ou teria um volume de comercialização baixo. Por um motivo simples: não há como concorrer com quem repassa aos outros uma boa parte dos custos.

Uma loja nova não é financiada pelas grandes redes. *Todo mundo vai sair ganhando com mais um ponto de venda, né? A gente conta com a sua ajuda, beleza? Pode ter certeza de que quem vai fornecer as verduras é você.* O enxoval de abertura de loja é uma maneira confortável de expandir sem colocar a mão no bolso. É por isso que grandes redes têm tudo tudo tudo tudo para se tornarem maiores e maiores e maiores e maiores. Espalhar-se pelo território custa pouquíssimo. "As maiores estão com vinte, quarenta, cinquenta lojas cada uma. Então, vai fechando o cerco", explica um fornecedor de frutas, falando sobre as maiores com quem ele trabalha: as maiores-maiores passam de quatrocentas, quinhentas, setecentas lojas. Com menos gente para negociar, com menos feirantes e pequenos comerciantes no jogo, o poder do outro lado aumenta. As taxas podem ser inventadas, multiplicadas, aumentadas. "Colocam 5% em uma loja nova. Quer? Não quer? Aí, no desespero, os distribuidores também estão com dificuldade, ele precisa sobreviver, ele acaba aceitando." É o beijo da morte.

A virada dos anos 1990 para os 2000 foi marcante em muitos sentidos. Fora dos supermercados, temia-se que o *"Bug* do Milênio" provocasse um caos social inédito, e muita gente acreditava que o mundo acabaria ou que o Messias retornaria. Nada disso aconteceu. Mas muito mudou, de fato, dentro dos supermercados — principalmente nas estruturas administrativas das empresas.

Como mostramos, as grandes redes, representantes do "varejo estruturado", começaram a desenvolver estratégias de centralização para escapar das mãos pegajosas do Estado e maximizar as margens de lucro. Os centros de distribuição e as relações indecorosas com fornecedores são a materialização clara dessas mudanças administrativas.

O buraco, contudo, é sempre mais embaixo. A virada do milênio também trouxe aos varejistas um ímpeto de profissionalização, de normatização de práticas historicamente conduzidas de maneira informal. A frente mais importante desse processo — e definitivamente a que mais impactou a relação com os fornecedores — foi a criação de estratégias agressivas de negociação. Em 2004, em entrevista ao jornal *Valor Econômico*, a então diretora de Recursos Humanos do Pão de Açúcar, Maria Aparecida Fonseca, falava sobre o "Jeito CBD de negociar", criado em 2001. "Fomos buscar, tanto no Brasil como lá fora, um programa com técnicas de negociação específicas para o varejo", disse. "Para nossa surpresa, descobrimos que não havia nenhum. Todos os que existiam eram voltados para a indústria."[41]

A solução encontrada pelos executivos do Pão de Açúcar foi criar um sistema próprio de negociação, ou, como ficou

---

**41** "O novo perfil dos 'compradores' no varejo", *Valor Econômico*, 2004.

claro depois, um método exclusivo de espremer os fornecedores. Um dos membros do grupo de trabalho que desenvolveu o "Jeito CBD de negociar" foi o administrador Sérgio Nóia, na época diretor responsável pela compra de bebidas do grupo. "Passava pela pré-negociação, que é a preparação com ferramentas e análise de dados; a negociação de fato, que é a abordagem e a mecânica de negociação: construtiva e, ao mesmo tempo, firme; e a pós-negociação, que é um acompanhamento", nos contou, em uma conversa acelerada pelo telefone, no começo de 2020.

Quase duas décadas antes, aquela reportagem do *Valor* já mostrava os alicerces do novo — e intrincado — sistema de negociação do Pão de Açúcar: "Na varejista, os compradores hoje sabem matemática financeira, para analisar os prazos de pagamento, perscrutam os balanços de seus fornecedores, acompanham a participação de mercado de cada um deles, conhecem os processos de produção e sabem quais os segmentos em que há oligopólios ou monopólios. Comprar transformou-se em uma atividade muito mais complexa do que era antes."

Hoje, liderando uma rede regional de supermercados, Nóia treina seus compradores para que sejam "os maiores entendedores" da sua categoria e disponham de todas as ferramentas necessárias para negociar com os fornecedores. "O cara que compra bebidas tem que conhecer tudo de bebidas. O mesmo com o cara que compra arroz, *commodities*, perecíveis...", explica. "Precisa conhecer a cadeia como um todo, desde a rastreabilidade do hortifrutigranjeiro até a produção da padaria, o frescor, a parte de frios e laticínios, carnes e aves."

O fundamental, segundo ele, é que o comprador da rede entenda como o fornecedor atua, qual seu *market share* [fatia de mercado], qual a margem que deixa na rede em comparação com a concorrência e qual o nível de competitividade da marca em questão. "Isso para que, quando o comprador for pra uma negociação, que a gente chama de 'box de negociação', ele esteja mais preparado e possa discutir de igual para igual com a indústria."

O executivo deixa claro que negociar, nesse varejo moderno, é uma luta sem socos ou pontapés. O "box de negociação" vira um ringue onde a informação — os números e as porcentagens — dita as regras do jogo. Sim, pode ser que vença quem se preparar melhor, mas o mais provável é que vença o maior, o mais forte, o mais poderoso. Quem perde não sai de olho roxo, mas com margens de lucro menores, espremido, sedento para repassar a surra ao próximo elo da cadeia de abastecimento. Nóia, que durante a carreira mais bateu do que apanhou, vê com orgulho sua criação: "Essa foi uma metodologia que eu ajudei a criar no GPA, aperfeiçoei ao longo do tempo, nas empresas em que trabalhei, e estou trazendo pra cá."

"Cá", no caso, é a Rede TOP de Supermercados, empregadora de Nóia que conta com 28 lojas espalhadas pelo estado de Santa Catarina. Nos últimos vinte anos, além do Pão de Açúcar, o executivo também passou pelas outras gigantes com operações no Brasil: Carrefour, Walmart e Makro. É um caso raro. Foi gerente, diretor e vice-presidente. "Com a minha contratação, eles estão dando o próximo passo, que é dar uma unificação para a empresa, criar método de trabalho", diz o agora CEO da Rede TOP, que ocupava em 2019 o 53º lugar no *ranking* de faturamento da Abras.

A história do grupo catarinense é um exemplo preciso de como a concentração do varejo alimentar reflete na atuação de todas as empresas do setor. Em 1997, para conseguir descontos com um fornecedor, alguns supermercadistas de Blumenau se juntaram informalmente e fizeram um grande pedido. Conseguiram um bom preço e aumentaram as margens de lucro naquela operação específica. Em um cenário mais competitivo, esse tipo de iniciativa se mostrava cada vez mais necessário para sobreviver à concorrência das grandes redes, de um lado, e do varejo tradicional, do outro.

Em 2000, depois de anos de aproximação e da chegada de novos aliados, esses supermercadistas decidiram centralizar as compras na Associação dos Supermercados do Vale do Itajaí, a Assuvali. Tratava-se de uma empresa que geria as compras coletivas e controlava a logística de entrega para cada uma das lojas associadas. As compras em grandes volumes garantiam preços que antes eram inimagináveis. Em 2002, o grupo deliberou que todas as unidades deveriam seguir um mesmo padrão, assumir uma identidade. Surgiu a Rede TOP, cujo logotipo passou a estampar as fachadas de todos os supermercados do grupo.

Mais do que descontos progressivos, os membros buscavam uma série de outras vantagens. Com as operações unificadas, todos os custos poderiam ser diluídos: a impressão de panfletos e as propagandas na televisão, a compra de sacolinhas plásticas e a formação de açougueiros, a logística entre as lojas e a impressão dos logos em bobinas de nota fiscal, a reposição de estoques e a contratação de serviços de limpeza. Tudo ganhou volume, tudo ficou mais barato. Em pouco tempo, aqueles pequenos supermercadistas começaram a perceber todas as vantagens que as grandes redes têm, benefícios que tornam impossível a competição entre gigantes, como o Pão de Açúcar e o Carrefour, e as redes locais, com uma, duas, cinco lojas.

Esse modelo, adotado pela Rede TOP há quase vinte anos, pode ser chamado de Central de Compras ou Central de Negócios, e é comum no varejo alimentar. Mais do que comum, é necessário. Os pequenos supermercadistas sabem que não podem sobreviver sozinhos e se veem obrigados a formar grupos, como os pequenos peixes que se organizam em cardumes para enganar um predador. De acordo com a Associação Brasileira de Redes e Centrais de Negócios (ABRCN), existiam

675 centrais ativas no Brasil em 2016. Dessas, 25,2% — ou seja, 170 — eram formadas por supermercados.

O gigantismo das grandes varejistas cria um mimetismo por parte das menores, numa espécie de "imitar para se viabilizar". Isso fica evidente quando a Rede TOP contrata um executivo experiente, com passagens por todas as gigantes do varejo, para comandar suas operações. Sérgio Nóia é a aposta dos supermercadistas catarinenses de que eles também podem ser grandes, podem fazer como as líderes do mercado. "Mas a Rede TOP já estava avançada na centralização, já tinha um centro de distribuição de doze mil metros quadrados para mercearia e bebidas, um outro de *cross docking* [galpão onde a carga é simplesmente repassada de um caminhão para outro, sem armazenagem] para hortifrúti e uma central de produção de padaria", nos revelou Nóia, mostrando que as pretensões de profissionalização são anteriores à sua chegada. Ele é só a cereja do bolo.

No fundo desse buraco, como você já se acostumou, há um alçapão: ainda que estejamos falando de redes pequenas e médias, não podemos esquecer que ainda são redes. Com três, cinco, dez ou vinte lojas, são estruturadas e possuem uma certa independência. Existe uma infinidade de outros mercados, supermercados e mercearias de loja única que não formam e nem conseguem formar alianças para se sustentar. São comércios que sofrem especialmente nesse cenário de concentração, porque sequer conseguem negociar com a indústria e com grandes fornecedores. Ficam obrigados a comprar de "atacadistas", que revendem produtos da indústria para as pequenas lojas. Mais um atravessador, mais um "parasita", como definem Leonardo Bastos e Walter Belik.

A Rede TOP, de Sérgio Nóia, oferece esse "serviço" — e o valoriza a ponto de considerá-lo parte importante dos negócios. "A gente tem o que chamamos de 'parceiros', porque a gente busca uma venda para pequenos supermercados e pequenas redes que não têm poder de negociação. Aí é B2B [*business to business*, "de empresa para empresa"], do nosso CD pra eles, assim eles conseguem ter uma competitividade melhor do que comprando direto da indústria. Ou, muitas vezes, a indústria nem atende eles", explica Nóia. "Então, na verdade, nós somos um braço estendido da indústria. Mas não pela associação da qual a gente nasceu. Esse é um outro *business*."

Quadros de avisos pendurados na parede definem as tarefas de cada equipe. Registram as metas e os caminhos para alcançá--las. Exibem mensagens motivacionais. A sede do sítio A Boa Terra, em Itobi, no interior paulista, por alguns segundos não lembra uma propriedade rural. Ali, e em muitos outros espaços, fica claro que existe um forte senso de organização. Foi o caminho encontrado para garantir a sustentação financeira do local, que desde 1981 cultiva orgânicos. Hoje, a quase totalidade das receitas vem da venda direta aos consumidores. Mas nem sempre foi assim.

"Toda a comercialização era feita através do Pão de Açúcar ou do Carrefour. A gente entregava um caminhão de produto todo dia", conta Julio Benedito, gerente-geral do sítio, sobre a rotina nos anos 1990. "Mas nunca tínhamos certeza de quanto desse caminhão eles iam pagar no final no mês. Era tudo em consignação. O que eles vendiam, eles pagavam. O que eles não vendiam, devolviam."

Hoje, dos cem hectares da propriedade, apenas doze são utilizados para agricultura. A maior parte é uma área de reserva na qual não se mexe. São nove funcionários na lida com a terra, o que cria uma equação econômica totalmente diferente de uma área tratada com agrotóxicos. Não é que os orgânicos sejam caros. É que nos acostumamos aos preços baixos de alimentos cultivados com forte subsídio público, alta produtividade e enorme redução de mão de obra, sem a necessidade de computar os custos para a sociedade, o ambiente e a saúde. Para citar só um dos aspectos, para cada um real gerado, a agricultura demanda 1.061 litros de água, segundo o IBGE — contra 6,3 litros de água para cada real na média da economia em geral. Não por acaso, no Centro-Oeste, a morada do agronegócio, esse índice cresce para 1.511 litros.[42]

O espaço dedicado ao orgânico dentro dos supermercados diz muito sobre o *nonsense* do nosso sistema alimentar. Primeiro, é um produto, e não um alimento. Segundo, é um produto *premium*. Você não vai encontrar orgânicos num atacarejo. Com sorte, nos supermercados voltados às classes baixas, há uma banana da pior qualidade chegando aos últimos dias de vida. Terceiro, é caro. Exatamente por ser *premium*, tem um valor subjetivo que é dado não pelo custo real, mas pela grife. Não há muita diferença, do ponto de vista simbólico, entre uma maçã orgânica no Carrefour e um tênis da Nike. Alguns levantamentos mostram que o orgânico no supermercado é mais caro do que em outros espaços de comercialização na grande maioria das vezes.[43]

Vivemos num sistema alimentar que anda em marcha à ré. Até há poucas décadas, orgânicos não precisavam ser chamados de orgânicos. Eram alimentos, pura e simplesmente. E, no entanto, em pouco tempo foram desbancados tão completamente, de maneira tão avassaladora, que o alimento com veneno se tornou "convencional". O padrão. A norma. Quando se conclui que essa tecnologia deu muito errado, o alimento sem veneno ganha um mote — orgânico — e retorna. Como nicho. Como *gourmet*. Como *premium*.

---

**42** "Economia brasileira consumiu 6,3 litros de água para cada R$ 1 gerado em 2017", *Agência IBGE*, 7 mai. 2020.

**43** "No país dos agrotóxicos, orgânico é indicador de desigualdade", *O Joio e O Trigo*, 15 ago. 2019.

"É possível fazer uma divisão em três categorias de consumo: primeiro o 'comportamento de indulgência', relacionado ao 'se permitir consumir'. Então, nesse sentido, você tem um crescimento muito forte do *premium*, que diz respeito a produtos 'gourmetizados'", resume Patricia Cotti, diretora-executiva do Ibevar. "Existe a parte central (super e hiper), que tem sofrido bastante com a crise, e a outra ponta, que diz respeito a produtos básicos de reposição. Nessa última categoria, as pessoas têm mais facilidade de trocar uma marca A por uma B, há um crescimento das lojas de reposição, como atacarejos, que priorizam o preço. Mas por que as pessoas fazem isso? Para poder gastar mais com o *premium*. Então as duas pontas crescem e quem está no meio sofre mais."

Os orgânicos fazem companhia à galinha caipira "gourmetizada" e aos ovos de aves livres de gaiolas. À "comida caseira" feita dentro de uma fábrica. A tudo aquilo que se tornou raro o suficiente para ser caro. São alimentos — produtos — que foram chutados das gôndolas, das geladeiras e das prateleiras para retornarem anos depois pela porta da frente, com tapete vermelho e roupagem nobre.

A história do sítio A Boa Terra é o roteiro dos sonhos de qualquer publicitário. Joop, holandês, nasceu em 1939, durante a Segunda Guerra Mundial, justamente quando a agricultura orgânica europeia começa a aderir às invenções que a indústria química tirava da cartola para utilizar os excedentes tecnológicos desenvolvidos para o combate. Ele foi ao Canadá cultivar em larga escala e com agrotóxicos. Mas, após alguns casos de intoxicação, começou a repensar.

Foi quando conheceu Tini, também holandesa, que morava no Brasil. A paixão foi arrebatadora. Os dois compraram terras em Itobi. E ali começaram a concretizar a utopia de abandonar os venenos. Parte das terras foi distribuída a moradores locais para que pudessem cultivar o próprio alimento. É quando a história dos sonhos deles engendra outra história dos sonhos. O pai de Júlio foi um desses beneficiários. O garoto cresceu ali, no meio do cultivo, até começar a trabalhar diretamente no sítio, em 1997. Ascendeu na carreira e, hoje, é quem comanda as atividades.

É um jovem sério e objetivo. Por vezes, parece estar com pressa para dar conta de uma rotina pesada, que sempre começa cedo. Os campos do sítio estavam relativamente vazios quando andamos por ali, em janeiro de 2020. Havia batata-doce em época de colheita, abóbora, mandioca, quiabo, verduras. Mas boa parte das terras estava se guardando para a chegada do outono. Porque o verão castiga muitos cultivos. E porque muitas pessoas estão viajando nessa época e deixam de comprar as cestas de alimentos. São em torno de quinhentas por semana, mas rapidamente pode haver uma queda de cem, 150 pedidos. O problema é que os alimentos demoram, em média, de três a quatro meses entre a semeadura e a colheita. É difícil explicar à alface que ela terá de ficar mais dez ou quinze dias na terra: um bocado de coisa acaba parando no lixo.

Não valeria a pena, então, viver sob a segurança do guarda-chuva de uma grande rede? "Teve um mês de dezembro que, quando fechou o ano, eles [o Pão de Açúcar] mandaram uma devolução de quarenta mil reais. Isso nos anos 2000", recorda Júlio. "Nesse momento, que você está pagando décimo terceiro, as vendas caem, a produção fica comprometida por causa da chuva e do calor, você tem um rombo de quarenta mil sem uma justificativa direta. Disseram: 'Não conseguimos vender. Fechamos o balanço da loja, sobraram esses produtos e estamos devolvendo'." Não fazia sentido continuar. Não naquele momento.

O desperdício é uma marca do nosso sistema alimentar. Na colheita, no transporte, nas Ceasas, nas feiras, nos sacolões. Em casa. Muita coisa se perde. O alimento, tratado como uma mercadoria qualquer, é profundamente banalizado. Uma manchinha na folha é suficiente para jogá-la no lixo. Uma caixa de bananas é despejada como se fossem bolas de futebol.

Uma em cada três frutas que chegam ao supermercado são descartadas, segundo dados da própria Abras.[44] Entre os legumes, um a cada quatro. Verduras, uma a cada seis. Ovos, um a cada vinte. Em torno de 2% do faturamento do setor é consumido por perdas, ou seja, comida que estraga, data de validade, furtos e embalagens quebradas. Como esperado, o índice é significativamente maior no setor dos perecíveis. Chega a 6% no hortifrúti e na rotisseria, 5% na padaria e na peixaria, 3% no açougue.

De novo, a desigualdade se impõe. O índice geral é significativamente maior nos hipermercados, com 2,54% do faturamento líquido, do que no atacarejo, com 1,19%. Primeiro, porque as áreas de perecíveis dos hipermercados são maiores, já que estão localizados em bairros de média e alta renda. Segundo, porque o conceito de "estragado" é algo bastante elástico. O que um cliente do Pão de Açúcar classifica como podre pode ser uma joia rara no setor de hortifrúti de uma loja da periferia de São Paulo. Numa unidade do Atacadão na zona norte da cidade, numa tarde chuvosa de janeiro de 2020, um repositor cumpre um papel de enxugador de gelo, trocando frutas e legumes totalmente podres por frutas e legumes quase podres.

"Amassa tudo, danifica tudo, preteja tudo", reclama um distribuidor. "Porque ele faz uma montanha em cima da banca e depois vem reclamar comigo que o problema foi da banana. Não foi da banana. Foi dos maus-tratos que o próprio funcionário dele fez, jogando a banana e empilhando cinquenta, oitenta centímetros."

A essa altura, você já deve imaginar o que os supermercados fizeram para lidar com as perdas, certo? Sim, sim, sim: eles criaram mais uma taxa. Geralmente, ela vai embutida nos descontos todos, mas o relato que ouvimos de diferentes

---

**44** ASSOCIAÇÃO Brasileira de Supermercados (Abras). *19ª Avaliação de perdas no varejo brasileiro de supermercados*. São Paulo: Abras, 2019.

fornecedores fala em um "índice de quebra" de 3% sobre o valor da nota fiscal. Há outros arranjos possíveis, como o caso do nosso vendedor de bananas, em que o fornecedor é obrigado a repor os alimentos danificados. Ou na venda por consignação.

Um fornecedor de batatas conta que, ainda que o contrato não preveja devolução — justamente para isso existe a "taxa de quebra" —, acaba obrigado a fazer reposições esporádicas daquilo que estraga. O detalhe tragicômico é que, na nota fiscal de devolução, as varejistas costumam desconsiderar os descontos financeiros. Explicamos: em uma carga de mil reais, paga com desconto financeiro de 21%, o fornecedor recebe do varejista apenas 790 reais. Quando é forçado a aceitar de volta 10% da carga, o valor cobrado pelo supermercado é de cem reais — e não 79 reais, como intuiria uma pessoa de bom senso. Por quê? Porque sim.

Tomate, batata, banana, morango e laranja são os alimentos mais perdidos, segundo a Abras. São moles e altamente perecíveis. "De dez lojas para cima o cara já começa a impor esse tipo de situação", conta Rafael, da Coopercentral vr. "Ele na verdade aluga o espaço pra você vender. Se não vender, o prejuízo é seu. Você entrega todo dia as bananas. Se por acaso deu um dia ruim e vendeu só a metade, que é o que mais acontece, ele te devolve e não paga. E você é obrigado a fornecer o que ele tá pedindo. Se você não faz, tem dez que vão fazer até quebrar. Quando quebrarem, vêm outros."

Queremos compartilhar contigo uma maldição. A maldição de quem não pode fingir que não sabe. Da próxima vez que vir uma promoção na prateleira, lembre-se: alguém se deu mal com isso. Ou melhor, alguéns.

Pague 2, leve 3.

Descontos.

Combos.

Nada disso é pago pelos supermercados. Não pelos maiores, pelo menos. O departamento de *marketing* só precisa pensar na melhor promoção possível. E comunicar ao fornecedor. Mas, e se ele não quiser pagar? E se ele tiver prejuízo? *Vamos lá, rapaz, em nome das nossas boas relações. Nós já ganhamos muito dinheiro juntos, não é verdade? O que seria de você sem nós? Preciso te lembrar?*

No Natal de 2001, a rede de supermercados Lider, do Chile, decidiu vender chocolates com 30% de desconto. Como é praxe no setor, impôs aos fornecedores que arcassem com a festa. A Nestlé se recusou. Em represália, a Lider retirou das gôndolas os chocolates da empresa suíça. Como folga pouca é bobagem, fez publicidade da promoção usando os produtos da Nestlé, mas, quando os clientes chegavam às lojas, não os encontravam. Em 2005, o Tribunal de Defesa da Livre Concorrência chileno decidiu que os supermercados deveriam abrir mão de alterar unilateralmente os preços de produtos e que as condições de compra dos fornecedores deveriam ser conhecidas previamente, e não *a posteriori*.[45]

Um artigo de 2004 no finado jornal DCI já relatava que as médias estavam copiando as grandes na tática do enxoval e das promoções. "A central gaúcha [Unisuper] receberá dos fornecedores 80% dos oitocentos mil reais que terá para a campanha publicitária do mês de aniversário da associação, neste novembro, e para o Natal. Em 2003, quando possuía sessenta lojas, nessa mesma data a central investiu 120 mil reais em mídia e a indústria contribuiu com um pouco mais de 50% desse valor."

Mais barato, mais barato. É Dia das Mães, Dia dos Pais, festa junina, Dia das Crianças, Natal. Negociar com os supermerca-

---

45 CHILE. Tribunal de Defensa de la Competencia. *Autos 4927-04. Sentencia 9/2004*. Asociación Gremial de Industrias Provedoras A.G., Supermercados Lider, Nestlé Chile S.A.

dos é estar o tempo todo diante de um tabuleiro de Jogo da Vida no qual o outro tem sempre direito a apresentar o cartão de dividir as despesas — e você nunca pode pedir para dividir os lucros. Continua o DCI: "Uma fonte do Savegnago [rede paulista de supermercados], que não quis se identificar, disse que não revelaria detalhes da negociação, apenas informou que numa data comemorativa a indústria contribui com 50% de tudo que é investido e o varejo com os outros 50%. 'Tanto em datas especiais, quanto no enxoval, a adesão da indústria é maciça, das grandes às menores. Em troca, eles ganham maior espaço nas gôndolas, presença em tabloides de promoções da rede', conta."

Chegou a hora de deixarmos o conforto dos escritórios protegidos por ar-condicionado. Partimos para a beleza e a imprevisibilidade de um rio caudaloso. Quando a lancha do Carrefour acelera, a lancha de Nestlé, Coca-Cola e Unilever dá uma balançadinha. Os botes dos fornecedores grandes balançam pra valer. Os caiaques dos fornecedores médios viram. Os que usam boias tomam caldo. Mas é na vida submersa, naquilo que normalmente não enxergamos, que se produzem os maiores danos.

O cartão de visitas do presidente do Sindicato dos Empregados Rurais de Vargem Grande do Sul, Gilson Donizete do Lago, mostra uma mão negra e uma branca se apertando, em sinal de acordo. No discurso, a conciliação também aparece. Mais escondida, sem dúvida, mas presente como no cartão de visitas.[46]

Os principais condomínios dessa região do estado de São Paulo não têm casas. São condomínios de trabalhadores. É nessa

---

**46** Esse é um braço da nossa investigação que foi particularmente afetado pela pandemia de coronavírus. Viajaríamos a uma região produtora de batatas justamente na semana em que teve início a quarentena no estado de São Paulo. Pretendíamos conversar com os safristas, trabalhadores que, em muitos casos, se deslocam de outra região para trabalhar três ou quatro meses durante a colheita.

estrutura jurídica que os temporários — safristas — devem se inscrever para poder lavorar na cata da batata. Hoje, em algumas propriedades, esse processo é totalmente mecanizado. Em outras, os tratores passam revirando a terra e, em seguida, entram em cena os safristas. Agachados durante todo o dia, catam a batata e jogam num saco.

> *Catam*
> *e jogam.*
>> *Avançam uns centímetros.*
>> *Catam*
>> *e jogam.*
>>> *Avançam.*
>>> *Catam*
>>> *e jogam.*
>>>> *Avançam.*
>>>> *Catam*
>>>> *e jogam.*
>>>>> *Avançam.*
>>>>> *Catam*
>>>>> *e jogam.*
>>>>>> *Avançam.*

É assim todos os dias, até que termine essa safra e comece alguma outra, em outra área do país, igualmente necessitada de pessoas pobres o suficiente para aceitarem uma atividade penosa e repetitiva.

O turmeiro é quem fica entre os condomínios e os proprietários. Em muitos casos, os baticultores não terão qualquer contato com os safristas. É o turmeiro quem providencia um ônibus para apanhar os peões na cidade, todas as manhãs, e levá-los até a roça. Um peão pode passar por várias propriedades ao longo de uma safra. O turmeiro é pago pelo proprietário, e então vai acertando as contas com os outros elos da corrente.

A cada quinze dias, o safrista recebe de acordo com o que colheu. "Hoje, em média, os safristas catam sessenta, setenta sacos por dia. Tem gente que cata cento e pouco, aí depende de cada um", resume Gilson. "Cada um pega a quantidade que dá conta. Tem aqueles que são mais ágeis, eles pegam 120 sacos, por exemplo. Tem aquele que já é mais fraco e pega sessenta sacos. A batata depende muito da questão da mobilidade do trabalhador, que fica muito tempo agachado. Então, pegam mais as pessoas que são mais jovens, têm agilidade tanto na mão quanto no corpo."

A fala do próprio presidente do sindicato deixa claro que há variáveis que nada têm a ver com mérito. Os safristas recebem por saco que conseguem encher. No papel, sessenta quilos — que valem entre oitenta centavos e 1,20 real. Mas há casos de trapaças. "É no olho. Alguns utilizam uma régua, mas, se o *bag* é largo, você não consegue saber, porque a régua só marca a altura, não marca largura. Entendeu?" Entendemos. Você entendeu também. Na prática, os safristas recebem por menos do que de fato cataram. "Se o trabalhador falar com o patrão, o patrão fala: 'Isso é problema seu com o seu transportador lá, vê com ele'. O que alguns turmeiros fazem? Já marcam ele. 'Ano que vem você não volta'. Como a maioria dos trabalhadores é migrante, ficam com medo de amanhã não poder voltar."

O preço da batata é negociado no dia. Na hora. Um excesso de oferta rebaixa rapidamente os valores. Quem tem alguém para apertar, aperta.

Mais uma maldição: quando vir o preço de um alimento *in natura* no supermercado, pense em quanto ficou para o safrista. Ou não pense: menos de cinco centavos, no caso da batata. Os dados do IBGE, na pesquisa de Produção Agrícola Municipal, não nos permitem ignorar o problema. O valor de um quilo de batata em 2018 ficou em 92 centavos. Esse é o total a ser dividido da porteira da fazenda para dentro. As migalhas não mudam muito de um cultivo para o outro. Melancia, 59 centavos. Tangerina, 85. Laranja, 56. Maçã, 1,14 real. Tomate, 1,20. Feijão, 1,93. Batata-doce, 1,08. Banana, 1,03.

Saudosa banana. Hora de voltarmos a ela. Só para recordar, os bananicultores de Miracatu, no interior de São Paulo, estão na base da cadeia alimentar. São a vida submersa. Eles relatam que, em alguns momentos, chegam a receber seis ou sete reais por uma caixa de trinta quilos — algo em torno de vinte ou trinta centavos por quilo. "Ela sai do meu sítio custando uns cinquenta centavos o quilo", diz Rafael de Oliveira. "O atravessador ganha mais sete reais. Mas esses sete ele só gasta se tiver pra quem vender. É uma situação bem mais cômoda. E o atacadista tem uma situação ainda mais cômoda. O atacadista tem uma escala muito maior. Normalmente um depósito desses tem uns dez atravessadores. E cada atravessador compra de uns vinte, trinta produtores."

O que define o preço de um alimento? O que define quem produz? Oferta e demanda. Clima. Doenças. Financiamento. Comercialização. Escoamento. Organização. Há diversos fatores. O número de intermediários entre a terra e a boca é um deles. "Devido a não receber, acaba que faltou dinheiro pra fazer aquele cultivo. No ano seguinte, a produção diminuiu. Quando começou a ficar fraca a produção, a gente já não conseguiu vender direto para o depósito. Então, começou a vender aqui mesmo, para os intermediários." Ivanildo Antônio da Silva é de poucas palavras, como muita gente no Vale do Ribeira. Custa a saber que a família já produziu cinco vezes mais banana, e foi caindo, caindo, caindo. Os tempos de vender direto na Ceasa ficaram lá longe. Os tempos de venda no depósito, também. "Tinha o atravessador. Nesse meio-tempo a gente começou a não receber. Aí tinha aquele negócio: se parar com ele é que não vai receber é nunca. Vamos continuar. Mas, no fim, teve que parar. E a dívida ficou lá em cima."

Na cooperativa, Rafael desfia o glossário das taxas cobradas pelas redes. "A gente tentou vender em supermercados durante dois anos. E fechou essa área. Porque é impossível", constata. "Essas grandes redes são uma máquina de quebrar o produtor. Não tem como. No nosso sistema, que são pequenos produtores que precisam sobreviver disso, é quase impossível. Quem consegue fornecer pra eles são os grandes, que têm escala. Vamos supor que tem uma inauguração de uma loja do Assaí. A gente é obrigado a colocar a banana pra eles fazerem promoção, cinquenta centavos o quilo. Precisa ficar fornecendo enquanto falarem. Eles acabam submetendo o produtor."

Mas sempre foi assim, não? Não. O crescimento do poderio dos supermercados é parte de um movimento maior que reflete o aumento da concentração de renda global. As pessoas ficam mais pobres, as corporações ficam mais ricas. O relatório *Hora de mudar*, que mencionamos antes, flagra no sistema alimentar uma transição que o economista francês Thomas Piketty detectou: estamos imersos na sociedade mais desigual da história do capitalismo. Em 2019, o 1% da população brasileira com melhores salários ganhava 34 vezes mais que a metade dos brasileiros com os piores salários.[47] Uma média de 28.659 reais *per capita* contra 850 reais. E nisso nós estamos falando apenas de assalariados. Quando falamos em rendimentos, a situação piora rapidamente.

O relatório da Oxfam expõe que a fatia dos supermercados aumentou 11% entre 1996 e 2015. Não é difícil entender quem saiu perdendo. A indústria teve a fatia reduzida em 12%, enquanto pequenos agricultores e trabalhadores perderam o dobro disso, 26%. Hoje, os gastos com fertilizantes e agrotóxicos já superam a parcela que cabe aos seres humanos na produção de alimentos.

---

**47** INSTITUTO Brasileiro de Geografia e Estatística (IBGE). *Pesquisa Nacional por Amostra de Domicílios (PNAD) Contínua 2019*. Rio de Janeiro: IBGE, 2019.

O Censo Agropecuário do IBGE é emblemático quanto a essa mudança. Em uma década, entre 2006 e 2017, 1,5 milhão de postos de trabalho foram extintos na área rural brasileira. Mas seria um erro enxergar essa redução de maneira homogênea. A agricultura familiar perdeu 2,2 milhões de pessoas, uma contração de 17,6%, enquanto a agricultura não familiar avançou em setecentos mil empregos. Os pequenos perderam 9,5% dos estabelecimentos e 0,5% da área, o que indica um aumento de concentração de terras num país que tem a concentração de terras no DNA. Representando 77% do total de estabelecimentos, esse setor ocupava apenas 23% da área de produção agrícola.

O documentário *Indústria americana*, vencedor do Oscar de 2020, relata um caso tão surreal quanto emblemático. Uma fabricante chinesa de vidros automotivos decide se instalar em uma pequena cidade dos Estados Unidos abalada pela dramática perda de empregos — os postos de trabalho haviam migrado justamente para o país asiático. Fica claro que o governo de Pequim quer fincar bandeiras em solo estadunidense, invertendo a ordem "natural" das coisas. Já não se trata de empresários dos Estados Unidos tentando desfrutar das vantagens da China, mas de empresários chineses impondo condições "chinesas" de trabalho aos operários nos Estados Unidos, o que resulta num choque cultural brutal.

O que isso tem a ver com supermercados? É mais fácil pensar por outra perspectiva: onde as pessoas compram as coisas? Nós podemos pensar nos supermercados como plataformas passivas de comercialização que simplesmente revendem aquilo que recebem. Ou podemos pensar num mundo um pouco mais complexo — um pouco mais real — no qual o varejo espreme a indústria em busca de preços cada vez mais baixos.

Vanderlei Greggio, ex-diretor de vendas tanto da Unilever quanto da antiga Kraft Foods, vê no poder de mercado das grandes redes uma mudança nas relações ao longo das últimas décadas. As negociações vão do preço de compra até a abrangência e a duração do contrato. E terminam na qualidade do produto, ou seja, se os ultraprocessados viraram uma porcaria cada vez mais porcaria, parte da conta cabe aos varejistas. "Para negociar com um cliente grande, o fornecedor pequeno precisa ter um produto diferenciado. Às vezes, ele vai ter que vender o produto com margem de lucro zero ou negativa, senão, não vai conseguir negociar. E, a longo prazo, ele pode quebrar."[48]

Foi em meados dos anos 1990 que conhecemos as "lojas de um real". Eram uma profusão de coisas que não havíamos imaginado "precisar". E, no entanto, com cinco, dez reais, descobríamos a maravilha de comprar uma quantidade enorme de quinquilharias. Com o tempo, essas lojas foram crescendo e o um real ou 1,99 se transformaram apenas em um nome que dá a entender que se trata de um lugar com preços baixos. Lá dentro há de tudo, desde o que custa centavos até dispositivos tecnológicos complexos. Esses produtos tão baratos reformularam nossos conceitos sobre preços. Em outras palavras, ficamos tão mal-acostumados com a promessa de consumo a preços baixos que não paramos para olhar as consequências. São Paulo deixou de ser uma cidade industrial. O Brasil deixou de ser um país industrial. Estamos morando em grandes cidades por pura teimosia ou falta de opção. Vivemos de comércio e serviços, diretamente, mas, indiretamente, vivemos do dinheiro que o agronegócio envia ao exterior para podermos, com a outra mão, importar quinquilharias e não quinquilharias, praticamente tudo o que se consome. Abilio Diniz sonhava com um país 100% urbano. E, no entanto, somos dependentes do campo como não éramos há décadas.

---

**48** "Como as gigantes de ultraprocessados avançaram sobre o estômago do brasileiro", *O Joio e O Trigo*, 6 abr. 2020.

Curiosamente, a empresa dos sonhos do brasileiro tem uma responsabilidade nessa história. O Walmart, como sempre, é capaz de ditar a partir dos Estados Unidos o que se dará no comércio mundo afora. Entre 1997 e 2002, dobrou as importações da China. Dois anos depois, havia aumentado em mais 50%, para dezoito bilhões de dólares. Em 2013, segundo o *New York Times*, eram 49 bilhões, ou quase o triplo.[49] Sabe-se que a corporação pressionou fornecedores a migrar para a China em busca de obter produtos mais e mais baratos. Mas o mais interessante da reportagem que comenta o assunto não é essa cifra. É a alusão a um estudo do Economic Policy Institute [Instituto de Política Econômica], que calcula que só os produtos comprados pela gigante causaram o fechamento de quatrocentos mil postos de trabalho nos Estados Unidos, ou 13% dos 3,2 milhões de empregos perdidos na relação deficitária com a China. Um dos pesquisadores destaca que as vagas fechadas eram de boa qualidade, na indústria, com remuneração alta. Na outra ponta, um funcionário do varejo, ainda mais do Walmart, recebe uma ninharia. Sob pressão, a rede havia anunciado a intenção de aumentar a compra de produtos fabricados nos Estados Unidos em cinquenta bilhões de dólares ao longo de uma década — em um único ano, o faturamento é de quinhentos bilhões.

Ler sobre as relações entre fornecedores e o Walmart nos Estados Unidos foi monótono para nós. Parecia um repeteco do que ouvimos de muitas e muitas pessoas no Brasil. Todos coincidem que brincar com as grandes redes é brincar com fogo. A única diferença é o tamanho da chama. "Financeiramente, entrar no Walmart te coloca à beira da falência", diz um for-

---

**49** "Walmart's Imports From China Displaced 400,000 Jobs, a Study Says" [Importações da China feitas pelo Walmart causaram quatrocentas mil demissões, diz um estudo], *The New York Times*, 9 dez. 2015.

necedor (Fishman, 2007). É como brincar na montanha-russa: você dá dez reais para entrar e pagaria vinte para sair.

As grandes redes vão sempre querer espremer o preço. O Walmart é mais que uma grande rede: ele quer ir aonde os outros não vão. Uma fabricante não consegue mais do que alguns centavos de lucro em cima de um produto, mas a quantidade é tão absurda que pode valer a pena. Por um tempo. Depois, uma pequena mudança nos custos te engole. Se o Walmart tiver uma dor de cabeça, você morre de derrame. Há muitos casos interessantes. Um deles é o de uma fabricante de picles, a Vlasic, criada em 1942 e que era — sim, era — uma das principais empresas do setor nos Estados Unidos. Algumas lojas do Walmart decidiram vender uma embalagem enorme, de quase quatro litros, a 2,97 dólares: "O preço foi uma ficção imposta no mercado de picles em Bentonville [sede do Walmart]. Consumidores enxergaram uma pechincha. A Vlasic não viu um jeito de sair. Ambos estavam respondendo não a forças reais do mercado, mas a um preço artificial imposto pelo Walmart como uma maneira de se afirmar" (Fishman, 2007).

A promoção foi um tremendo sucesso. Logo, por que não replicá-la em todas as lojas da rede? Da noite para o dia, a Vlasic precisava suprir encomendas gigantescas. E os picles vendiam como nunca. Mas por que as pessoas queriam tanto picles? Provavelmente, pelo mesmo motivo que haviam se acostumado a guardar caixas e caixas de cuecas e meias em casa: compravam por impulso, pela adrenalina de preços baixos que o Walmart despeja nas veias. Pela sensação de que seria burrice não comprar. Tudo correu bem para o supermercado. Tudo correu bem para os consumidores. Mas, para a Vlasic, a conta veio em seguida, com a declaração de falência.

Um estudo de 2001, feito na Universidade da Carolina do Norte, tentou responder à pergunta do milhão: é bom ou ruim ser fornecedor do Walmart? O resultado foi frustrante:

depende. No geral, quem tinha a corporação como principal comprador apresentava uma situação financeira pior. "Nossos resultados mostram que não é possível identificar o impacto do Walmart sobre os lucros do fornecedor sem ambiguidade", ressaltam os autores. *"Ceteris paribus* [mantidos todos os outros aspectos], descobrimos que os fornecedores que têm o Walmart como cliente principal têm um desempenho financeiro mais fraco do que aqueles que não o fazem. Mas esses resultados não sugerem que os fornecedores 'devam dizer não ao Walmart'. Embora o Walmart possa estar usando seu poder para espremer fornecedores, também é possível que os fornecedores estejam dispostos a fazer concessões na esperança de que o relacionamento com o Walmart os ajude a expandir sua participação de mercado."[50] No Brasil, nos Estados Unidos, onde quer que exista um supermercado, o canto da sereia continua a atrair marinheiros. Alguns descobrem uma vida confortável. A maioria morre na praia.

---

**50** BLOOM, Paul & PERRY, Vanessa. "Retailer Power and Supplier Welfare: The Case of Wal-Mart" [Poder do varejista e bem-estar do fornecedor: o caso do Wal-Mart], *Journal of Retailing*, 77, p. 379-96.

# 7
# O CONSUMIDOR PASTEURIZADO

A magia dos supermercados reside em simular com perfeição a concretização de um dos grandes fetiches de nossa era: a liberdade de escolha. Ela está para os supermercados como o Mickey está para a Disney. Essas grandes lojas são uma metáfora — uma mensagem — daquilo que o capitalismo espera de nós. Corredores segmentados para uma vida guiada por ideias segmentadas, na qual não ligamos os pontos. A experiência de consumo organizada, obediente, padronizada. Uma compra individualizada, única, mas sempre uma compra, sempre um gasto. Uma vida para o consumo. O máximo que se admite são variações do mesmo tema sem sair do tom.

E, no entanto, tudo parece fenomenalmente plural. Os hipermercados explodem como item de exportação durante a Guerra Fria. E se impõem em definitivo nos anos 1990, no momento em que o Muro de Berlim e a União Soviética vão abaixo. Era preciso responder ao fantasma do comunismo com a promessa de uma vida próspera, sem limitações, com plena liberdade de escolha. Dentro de cada corredor, uma profusão de embalagens coloridas nos oferece a ilusão de que estamos selecionando algo. De que somos donos do próprio nariz. Fazer sozinho a compra de supermercado é um ritual de transição para a vida adulta tanto quanto o primeiro emprego, ajudar com as contas da casa, um namoro sério. E aqui estamos nós, três décadas mais tarde, pasteurizados. A humanidade nunca foi tão homogênea. As culturas locais foram ridicularizadas como marcas do atraso. Mortas. Com elas, foram-se os alimentos que as tornavam singulares. Algumas dessas culturas voltam como encenação, como atração turística para captar trocados e o sustento que permitirá ir ao supermercado comprar o básico. Os alimentos retornam, resgatados por algum *chef*, em "reinterpretações" que custam os olhos da cara.

A indústria alimentícia lança mais de trinta mil produtos todos os anos.[51] A imensa maioria são apenas variações da combinação de açúcar, gorduras, farinhas, sal e aditivos. Você escolhe, de fato. Mas é uma escolha entre embalagens e sabores artificiais. Três ou quatro marcas de gelatina que, na prática, entregam o mesmo sabor artificial por trás de 95% de açúcar. Três ou quatro marcas de sabão em pó (ou líquido) que prometem características únicas, insuperáveis, capazes de fazer coisas formidáveis com a roupa. Esponjas diferentonas que, no fim, cumprem a mesma função de deixar a louça limpa. Esse experimento radical da globalização, que tem no supermercado uma ponta de lança, nos levou à sociedade mais desigual da história (Piketty, 2014).

Uma loja de grande porte tem trinta, quarenta, cinquenta mil itens, todos controlados por um punhado de corporações. Você acha que o mini *cookie* de castanhas da Mãe Terra faz de você parte de uma comunidade de seres humanos conscientes da necessidade de rever nossos padrões de consumo, nossa relação com o planeta, o impacto da nossa alimentação. No fim do dia, a Mãe Terra é só mais um braço da Unilever, que por sua vez está entre as dez corporações que fabricam virtualmente tudo o que sete bilhões de terráqueos (com ou sem mãe) ingerem ao longo de um dia, do Canadá ao Senegal, do Chile à Islândia, do

---

**51** MARTÍNEZ, Stephen & LEVIN, David. *An Assessment of Product Turnover in the U.S. Food Industry and Effects on Nutrient Content* [Uma avaliação da rotatividade de produtos na indústria alimentícia estadunidense e seus efeitos no valor nutricional]. Washington: Departamento de Agricultura (USDA), nov. 2017 (Boletim Econômico n. EIB-183).

Sri Lanka à Inglaterra. Segundo a Abras, 28 milhões de pessoas passam diariamente pelos supermercados brasileiros, o que significa que, ao longo de uma semana, praticamente todas as famílias do país foram às lojas ao menos uma vez.

A cada cinco reais gastos nos supermercados, um vai para o setor de mercearia seca, que é formado por produtos não perecíveis, como açúcar, café, azeite e tudo quanto é porcaria. Uma fatia mais ou menos igual fica com as bebidas. Os perecíveis respondem pela metade disso, em torno de 10%, junto com o açougue. E frutas, legumes e verduras fecham a lista dos grupos que mais trazem dinheiro ao setor.[52]

Todos os anos, a Abras divulga um *ranking* com as cinco marcas mais vendidas em cada categoria de produto. Entre 76 categorias de alimentos, a concentração fica acima de 80% em 28 delas — e fomos benevolentes com uma linha de corte tão alta. Há casos em que uma única empresa controla duas, três, quatro das marcas mais vendidas. Nestlé, Mondelēz, Unilever, Ajinomoto, Danone, Bimbo, Bauducco, Cargill, Bunge. As corporações vão se repetindo e repetindo e repetindo. Em outros casos, as cinco primeiras respondem pela totalidade ou quase totalidade do mercado, como em iogurtes funcionais, fórmulas infantis, caldos e margarinas *diet*. Há situações em que as cinco nem concentram tanto mercado assim, como em biscoito água e sal, com 55,2%, mas a M. Dias Branco tem quatro desses produtos. Em *capuccino*, café com leite e café em pó, a 3 Corações reina. A Trident lidera as vendas de goma de mascar há mais de duas décadas, e cinco marcas vendem 94% do total. A Nissin é a dona do segmento de massa instantânea, um caso no qual a parte, o Miojo, se confunde com o todo. Nas bebidas não alcoólicas, há praticamente um duopólio entre Coca-Cola e Ambev-Pepsi.

A natureza não poderia escapar a esse experimento de padronização. Na mão invertida dos nossos tempos, é ela quem deve

52 *SuperHiper*, ano 46, n. 526, maio 2020.

obedecer à lógica serial da industrialização. Para consumidores diversamente idênticos, frutas rigorosamente iguais. Nisso, o Estado atua. É o Ministério da Agricultura quem define tamanhos, cores e padrões para cada cultivo. Os bananicultores de pequeno porte de Miracatu acabam excluídos do mercado porque os bananais envelhecidos já não conseguem suprir essas exigências. Uma nanica da melhor qualidade deve ter no mínimo três centímetros de diâmetro por quinze de comprimento. A prata, 3,5 por doze. A maneira como o fruto é acondicionado, a embalagem, o transporte: tudo isso corresponde a normas difíceis de atender por um produtor pequeno, para quem variações mínimas de custos significam a falência.

A experiência perfeita de compra nos hipermercados prevê borrar — ou, tanto melhor, apagar — os rastros da natureza. Na banana, isso significa aplicar uma calda para retirar manchas da casca. Uma inutilidade estética absoluta: quase ninguém utiliza a casca. Para quem usa, as manchas não alteram em nada o sabor. Nas terras acidentadas de Miracatu, onde os pequenos não têm dinheiro para instalar cabos por onde deslizar as bananas, isso é uma sentença de morte. As pencas são arrastadas pelo chão, manualmente. "Aqui para nós a banana caiu de qualidade, mas a exigência do mercado também aumentou", constata Oseas dos Passos, o agricultor com décadas de lida na bananicultura. "Quando está na época da safra nós perdemos a maior parte das bananas aqui porque vão pegar lá de fora [de outros estados] com qualidade melhor pela exigência do mercado. Os grandes levam em carretas frigoríficas. Entram contêineres nas grandes fazendas, já refrigerados, e passam para as carretas direto. Então, ela chega aqui perfeita porque a maioria dos consumidores são mais exigentes."

Esse consumidor padronizado prevê, também, que o fruto esteja prontíssimo para consumo. Para a banana, é necessário o uso de câmaras que controlam o processo de maturação, o que cria duas desigualdades: entre pequenos e grandes, entre regiões do país. Um produtor bem estruturado do Vale do Ribeira, onde faz calor, explica que é preciso baixar da temperatura ambiente para em torno de treze graus em oito horas. Cada hora a mais, um dia de vida a menos. Se demorar mais de um dia para chegar aos treze graus, a banana começa a "abrir cor" — a amarelar. E, então, é preciso dobrar a aposta para evitar que a fruta amadureça antes do tempo. Uma nanica fica em torno de quatro dias na câmara, o que consome grandes quantidades de energia e gera altos custos em nome da padronização.

E se tudo é padronizado, a negociação não escapa à lógica. O cultivo de qualquer vegetal pode variar consideravelmente de acordo com a região do país. A época do ano, a qualidade do solo, a variedade que melhor se adapta, o uso de agrotóxicos, o custo da mão de obra local, a distância até o mercado consumidor. "Ele chega em mim e fala: 'Ó, tô recebendo nanica lá em Brasília por dois reais o quilo e o patrão e a diretoria querem que eu pague dois o quilo aqui também'. Mas eu não posso vender a banana a dois. O produtor precisa vender a 1,20 e eu pago pra embalar, pago pra transportar, pago caixa de papelão, pago o plástico que vai dentro, o *pallet*, a 'palletização'. Chega aqui, climatização", reclama um distribuidor.

Essa experiência de controle prevê retirar da natureza o que lhe é intrínseco. Não há espaço para imprevistos na relação com os supermercados. Um fornecedor precisa domar, domesticar aquilo que cultiva, o que via de regra se traduz no uso de agrotóxicos. A produtividade como critério exclusivo também afunila, obriga a limitar a diversidade. O sistema alimentar globalizado faz com que as pragas viajem muito mais rápido. E, assim, as bananas maçã e ouro foram dizimadas. Hoje, são caras. Vinagre, pão, caturra, tudo isso vai desaparecendo. A banana-da-terra resume o caso clássico no qual uma variedade cai nas graças de *chefs* para se salvar do desaparecimento e virar produto *gourmet*. Em maio de 2020, um quilo era vendido no Pão de Açúcar a assombrosos 12,39 reais.

Quando tudo está profundamente padronizado, as redes criam algo minimamente diferente para massagear o ego de gente diferenciada. É o *premium*. No hortifrúti, são as frutas importadas; pequenas variações de legumes nacionais (mini isso, mini aquilo); verduras diversificadas; alimentos "exóticos" da Amazônia, do Cerrado, da Zona da Mata nordestina. E criam uma imitação de tudo isso para que a classe média não se sinta tão distante assim dos endinheirados.

Até há não muito tempo, as frutas tinham uma época certa. Não era possível encontrar manga o ano todo. Morango, só no inverno. O sistema alimentar globalizado resolveu essa questão com agrotóxicos, forçando as plantas a produzir o tempo todo, ou então com importações e exportações. Essa conjugação de forças permitiu sair em busca do melhor custo-benefício para as empresas, o que como praxe consiste no pior custo-benefício para os trabalhadores. Já não se trata de produzir próximo ao local de consumo, mas de encontrar o pedacinho de território mundial que comungue clima adequado com total desproteção laboral.

O relatório *Hora de mudar* traz alguns casos horripilantes. Na África do Sul, mais de 90% das trabalhadoras entrevistadas em fazendas de uva disseram não ter tido alimento suficiente no mês anterior. Quase um terço informou que elas próprias ou um membro de suas famílias tinham ido dormir com fome pelo menos uma vez naquele período. Na Itália, 75% das mulheres entrevistadas em fazendas de frutas e legumes contaram que elas próprias ou algum membro de suas famílias reduziram o número de refeições no mês anterior porque a família não conseguiu comprar comida suficiente.

Além da penúria que vimos com nossos próprios olhos, podemos expor o que consta de outro documento da Oxfam, *Frutas doces, vidas amargas*, de outubro de 2019. O Brasil é o terceiro maior produtor de frutas no mundo e vem se tornando um dos maiores exportadores. Boa parte dessa produção se concentra nas áreas irrigadas do Vale do Rio São Francisco, no Nordeste. Nos cálculos da organização, o rendimento médio de um safrista de melão, manga e uva fica na casa dos trezentos reais mensais, quando se trabalha por três meses, e sobe um pouco, para em torno de seiscentos mensais, quando se trabalha por seis meses.

Há uma forte desigualdade entre homens e mulheres — elas, de forma geral, sofrem com maior instabilidade e com funções consideradas menos relevantes. Como se dá em outras áreas da alimentação, considera-se que as mulheres devem exercer funções manuais delicadas, como o empacotamento. "A gente só vai no banheiro uma vez de manhã e uma vez à tarde. Às vezes, você pede para ir ao banheiro e consegue ir quarenta, cinquenta minutos depois", conta uma trabalhadora. "As empresas se aproveitam. Eles mesmos dizem isso: 'Se você não trabalhar aqui, você vai trabalhar onde?' Eu fui pedir uma melhoria para a empresa, para ver se eles colocavam água, pelo menos. Eles falaram que não tinha como colocar água porque não tinham como trazer. 'E se a gente pedisse para sair daqui?'. Eles falaram: 'Vocês que sabem. Aqui o trabalho é fraco e quem vai sofrer as consequências são vocês'."

De uma ponta a outra, as mulheres sempre levam a culpa. Boa parte dos problemas criados pelas grandes redes encontra na dona de casa o bode expiatório perfeito. É uma entidade tão precisa quanto vaga, tão presente quanto calada. Diante da expressão "dona de casa", muitos de nós pensaremos em nossas mães ou avós. Nas companheiras, talvez. Elas já são responsabilizadas por tantas coisas. Por que não mais essa? Boa parte das inovações levadas nas últimas décadas às prateleiras são, de fato, respostas à necessidade de que as mulheres liberassem tempo para trabalhar sem que os maridos tivessem de exercer as tarefas domésticas. A indústria de alimentos soube se apropriar dessa narrativa com maestria, apresentando-se como alguém que estava ali para suportar o fardo. Mas atribuir a homogeneização do consumo às donas de casa não é mais que um exercício confortável de ignorar todas as outras variáveis.

A padronização exige não apenas afunilar as possibilidades de escolha, como selecionar as variedades mais fortes dentro de uma espécie ou subespécie. Vegetais que são praticamente clones, nos quais podemos confiar totalmente porque já não são um fenômeno imprevisível da natureza. É difícil imaginar algo mais padronizado do que a batata. Aquela que encontramos à venda no Brasil é, de fato, um clone. São sementes produzidas de maneira centralizada, todos os anos, e depois replicadas. Entre um grande produtor e um médio não há diferença, o sabor final será quase sempre igual. A formidável liberdade de escolha: você pode selecionar entre uma Ágata e uma... Ágata. Hoje em dia, essa é a variedade predominante no país. Será assim até que apareça outra ainda mais previsível e produtiva.

"Qualquer batata se transforma na mesma coisa. Isso é errado", protesta o engenheiro agrônomo Pedro Hayashi, na cozinha de sua propriedade em Vargem Grande do Sul. Ele é o maior produtor de batata-semente da região e vice-presidente da Associação dos Bataticultores da Região de Vargem Grande do Sul (ABVGS). "Você vê o nosso trabalho de rastreabilidade. Deveria ter, além da rastreabilidade, as informações de uso e tudo mais", continua, enquanto enche uma segunda xícara de café. Pedro explica que, apesar de a batata ser sul-americana, da região dos Andes, usamos matrizes europeias para plantar no Brasil. "Ou seja, a gente tirou a batata da América do Sul, levou para a Europa, adaptou, e agora a gente tem que se submeter às regras de lá." Por conta da competição com outros alimentos, como arroz, macarrão e mandioca, o Brasil não é um grande consumidor de batatas. "Como eu falei para você: nossas batatas não têm gosto de nada."

Hoje, o agrônomo passa boa parte do seu tempo fazendo cruzamentos entre diversas variedades de batata para criar características únicas. No celular, nos mostra fotos de tubérculos vermelhos, roxos, manchados, compridos como uma mandioca, redondos como uma beterraba. "Faço *chips* dessa aqui porque parece um salame", brinca sobre uma variedade vermelha com pequenas manchas brancas.

Hayashi não está sozinho. Não há quem defenda a batata. Via de regra, porém, é na dona de casa que se coloca a culpa. Foi ela quem desaprendeu a escolher. Quem passou a exigir batata lavada. "Pra minha casa eu só levo batata escovada", diz um sujeito que ganha a vida lavando batata. A escovada é aquela com terra, que passou, como o nome indica, por uma simples escovação. "Se a dona de casa soubesse o tanto de água que se gasta pra lavar a batata e como é feito, ela não compraria a batata lavada. Hoje não tem essas coisas de economia de água, ecologia? Pra lavar a batata gasta uma água violenta. A batata vem, passa na água, passa num forno pra secar, tudo."

Um estudo da Ceagesp ajuda a entender essa diferença.[53] Em média, a batata escovada corresponde a menos de 20% do comercializado no entreposto (em alguns anos, fica abaixo de 10%). É difícil encontrar motivo para defender a lavada. Um terço se perde no beneficiamento, contra 8% da rival. Ela demanda 5,5 mil litros de água por tonelada, o suficiente para uma pessoa viver tranquila por um mês. E mais dez mil quilowatts de energia, ou o dobro da escovada. Tudo isso e a mão de obra encarecem o processo. O pior é que, no final, tem-se um alimento de pior qualidade. A lavada dura uma semana, contra até um mês da outra. Mas, na visão dos atacadistas, tudo isso perde para um único fator: a aceitação da aparência. Já pensou que louco viver num planeta onde o alimento que cresceu debaixo da terra chega ao comércio com resquícios de terra?

Uma apresentação feita pela Associação Brasileira da Batata (Abba) em uma reunião no Ministério da Agricultura

---

**53** FERRARI, Paulo Roberto. *Estudo comparativo entre a batata lavada e a escovada.* São Paulo: CEAGESP, 2017.

reclama dos efeitos da globalização, em especial da "abertura irresponsável" de fronteiras e do desinteresse governamental pelas cadeias voltadas ao consumo interno. Ao comentar a retração na ingestão de batata, culpa a campanha midiática contra os carboidratos e a padronização imposta pelos supermercados. Finalmente deram um descanso à dona de casa.

"Batata é pele" é uma máxima entre os bataticultores. Qualquer manchinha rebaixa o valor ou leva diretamente para o lixo. A exemplo da banana, a batata passa por uma maquiagem para ficar mais bonita. "Nós involuímos, porque na época do meu avô as batatas eram de qualidade melhor", conta Marcelo Cazarotto, um grande produtor de Vargem Grande do Sul. O negócio dele é fornecer para a indústria, onde os padrões de exigência com a aparência são bem menores e a relação é mais segura. As de melhor qualidade viram *chips* e batata palito para fritura; as machucadas, quebradas, viram batata palha. O excedente em qualidade aceitável vai parar nos mercados.

A propriedade dele enche os olhos do avô, que jamais imaginou que se chegaria a um nível tão elevado de tecnologia. Em compensação, a qualidade da produção ficou em algum lugar do caminho entre o pai de Cazarotto e ele. "Não é que nós não temos batatas de qualidade melhor, mas o consumidor hoje procura muita batata bonita: de pele bonita, corzinha bonita, tudo bonito. A qualidade culinária nem sempre é o que ele procura. O grande problema do Brasil é que não se coloca para o consumidor: essa batata é para cozimento, essa batata é para fritura, essa batata é para massa. Então, o consumidor vai só na mais bonita, e a mais bonita, que é a variedade mais vendida no Brasil, só é boa para cozimento."

Ele nos mostra as câmaras frias onde as batatas aguardam o momento de chegar ao maquinário. São enormes portas metálicas. Atrás delas, batatas organizadas em caixas que se acumulam muitos metros acima. Tudo é controlado meticulosamente — inclusive por um aplicativo no celular de Cazarotto:

temperatura, umidade, ventilação. É janeiro e as máquinas de lavagem e separação estão paradas. Então, temos de nos contentar com um vídeo. Um caminhão em marcha à ré alinha a caçamba com um enorme tanque — são ao menos uma dezena deles. As batatas despencam como se fossem areia num canteiro de obras. Ali serão lavadas e escorrerão para a etapa seguinte, para dentro da unidade de processamento.

Em alguns meses virá a safra, e com ela as máquinas voltarão a operar a todo vapor: doze, dezesseis, vinte horas por dia, o tempo que for necessário para escoar a produção. Marcelo exibe outro vídeo. Dezenas de operárias e operários trabalham em processos sincronizados, uma cena digna do olhar de Charlie Chaplin — segundo o empresário, são 120 funcionários no ápice da safra. É difícil dimensionar quantos processos acontecem em simultâneo. A batata que desliza pela esteira depois de passar pelos tanques; a escovação e uma nova lavagem; a seleção manual de acordo com cada finalidade; o ensacamento; a esteira que arrasta os sacos de cinquenta quilos até os caminhões. No melhor dia, conta Marcelo, foram 43 carretas, cada uma com trezentas sacas, 645 toneladas de batatas que foram parar na indústria e nos mercados. Nesse segundo caso, tudo tem de ser totalmente padronizado.

O descarte dos alimentos fora de padrão ganhou atenção quando o *chef* britânico Jamie Oliver passou a problematizar a questão em seus programas de TV. São montanhas e montanhas de comida que acabam no lixo depois de terem demandado meses de terra, atenção, água e energia, simplesmente porque apresentam algo que as faz ter uma aparência diferente.

A tendência não escapou aos supermercados, que, claro, colocam a culpa no consumidor por ter criado esse hábito de não consumir aquilo que nem sequer está disponível. O Carrefour lançou o Únicos, valorizando precisamente a singularidade desses alimentos. O texto disponível na página do programa na internet adota a narrativa dos movimentos identitários.

Em particular, parece que estamos falando de crianças que sofrem *bullying*: "Os Únicos Carrefour são frutas e legumes com formatos e tamanhos próprios e característicos da diversidade natural que não seriam comercializados nas lojas por estarem fora do padrão estético de consumo. Se nada na natureza é igual, com esses vegetais não seria diferente, né?", explica.[54] Sério? Cenouras gigantes e idênticas. Pimentões do tamanho de um coração. Berinjelas da espessura do antebraço. Maçãs da Branca de Neve. Uvas dignas das melhores noites de Baco. Quem nos acostumou a esse padrão de estética? É como se o valentão do colégio nos culpasse pela surra que ele deu no Zezinho. "Sendo assim, é impossível que todos os alimentos de uma categoria tenham um padrão visual regular, mesmo que só os 'bonitões' tenham espaço no mercado. Então, a partir de agora, nada de torcer o nariz para os diferentões, hein?"

Em Itobi, Richard Geremias torce o nariz para o desperdício de um jeito bem diferentão. O agrônomo e coordenador de produção do sítio A Boa Terra fica realmente chateado quando se perde algum alimento. Enquanto andamos, cruzamos com lindas abóboras de pescoço jogadas no chão. São o resultado da queda brusca da demanda em razão das férias. "No início, ficava mais frustrado com perdas. Pode acontecer de ter quinhentos quilos de quiabos na colheita semanal, e aí não ter venda na semana, e na outra também não", conta. "E a gente ter que descartar uma quantidade grande, acho que isso causa mais impacto. Pô, não tinha outro caminho? Quem pode aproveitar uma doação? Não tem o que fazer, vamos jogar de volta na terra."

Para os produtores de orgânicos, o que mais cria dificuldades é a maquiagem que as frutas convencionais recebem. "Está sempre no mercado a banana amarela bonitinha, um abacate

---

**54** CARREFOUR. "Iniciativa 6: Únicos Carrefour", *Act for food*. Disponível em: https://actforfood.carrefour.com.br/Nossas-i-niciativas/Iniciativa_6.

no ponto de consumo. Isso pra nós ainda é um desafio maior. Tem banana que precisa de duas semanas, duas semanas e meia pra chegar no ponto para consumo", diz Richard.

A distância entre nós e o alimento se tornou tão grande que desaprendemos sobre as especificidades de cada variedade. Não sabemos de onde vêm, como são maturadas, quantos dias separam a semeadura e a colheita. "Imagina uma fábrica de Sucrilhos", exemplifica Léo Bastos, o agricultor do Rio de Janeiro de quem falamos lá no começo. "Você não vai encontrar lá Sucrilhos amarelo, verde, rosa, preto, com mancha, sem mancha. Não: é uma caixa com flocos de milho padronizados. Dentro da produção orgânica, cada brócolis sai de um tamanho. Cada padrão é um padrão."

Se você já comprou alimentos orgânicos, talvez tenha passado por isso. Limões e maçãs miúdos, frutas manchadas, verduras que não têm o tamanho de um buquê de noiva. Demora um tempo para entender que isso, bem, isso é a natureza. "E como você trabalha a conscientização de um consumidor que foi doutrinado a consumir produtos perfeitos sempre?", indaga Júlio, gerente do A Boa Terra. "Quando nós colocamos três ou quatro pés de alface num pacote pra dar o peso-padrão, isso não é bem aceito, não é bem visto, mesmo que o cliente vá soltar todas as folhas pra fazer uma salada. A gente produz, no inverno, o que a gente chama de um pra um: pra cada muda que coloca no solo, tira uma planta viável para comercializar. No verão, de cada três ou quatro mudas consegue tirar uma única planta viável. Então, isso acaba aumentando bastante o nosso custo."

Novamente: não valeria a pena buscar a segurança das relações com uma grande rede? "Quando retomamos as negociações com o GPA, em 2013, era um momento em que eles também queriam estreitar os laços com o produtor", conta Júlio. Parecia bom. "Nós tínhamos combinado de entregar três mil bandejas de cenoura por semana." Mas, então, veio a transição no comando da empresa. Abilio Diniz perdeu, em uma disputa corporativa sangrenta e custosa, o controle do grupo para o conglomerado francês Casino. "Os acordos que nós tínhamos já não valiam mais. Depois da mudança eles começaram a comprar trezentas, quinhentas bandejas. Mas a produção já estava no campo. Isso foi o que nos levou a parar dessa segunda vez. E também porque o combinado era que essa taxa administrativa não subiria, mas subiu de 15% para 18% e depois 21%. E o prazo de pagamento passou de 45 para 62 dias."

A decisão foi apostar em definitivo em um modelo de proximidade com os consumidores. Em muitos casos, as pessoas entendem as peculiaridades dos orgânicos e que a compra das cestas não é uma mera relação de aquisição, mas uma maneira de ajudar a estruturar um outro modelo agrícola e alimentar. "É claro que temos uma dificuldade muito maior. Imagine que para o GPA nós vendíamos um caminhão por dia. Para cliente final nós vendemos uma caixa com dez ou doze itens. Então, a logística é muito mais complexa e nós trabalhamos com volumes muito menores. Mas, por outro lado, é um modelo de negócios que faz sentido. Tem conexão com nosso propósito e nossos valores."

No livro *Antitruste, varejo e infrações à ordem econômica*, a autora Amanda Athayde aponta uma falha do Estado brasileiro ao analisar as relações entre supermercados e fornecedores. O erro central está em considerar que espremer os fornecedores é essencialmente positivo para os consumidores ao causar a redução de preços, algo de que falamos antes. Como decorrência disso, ela entende que o Cade enxerga apenas relações verticais nessa história, ou seja, entre os vendedores e os fornecedores.

No mundo real, há relações entre um fornecedor e outro, e entre um varejista e outro. Ainda mais complicada é a situação na qual um varejista assume a condição de fornecedor, ou seja, de concorrente dos outros fornecedores por meio das chamadas "marcas próprias". Você vai a uma loja e repara que o sabão da Qualitá, marca do Grupo Pão de Açúcar, está um bocado mais barato que aquele que costuma comprar. Decide, então, fazer um teste, e vê que não é um sabão ruim. O custo-benefício vale a pena. Não há nada de errado nessa escolha. Mas a essa altura já sabemos que tudo é mais complexo do que parece.

Ao todo, Amanda lista sessenta práticas potencialmente nocivas aos fornecedores. Dessas, 28 têm maior chance de violar a lei brasileira sobre o direito à concorrência. O Cade simplesmente engaveta esse tipo de denúncia por considerar que se trata de uma relação privada entre duas empresas, e não de uma estratégia que afeta o consumidor. Ou seja, há pelo menos sessenta potenciais violações que encontram olhos fechados da principal autoridade brasileira nesse assunto — sete dizem respeito direta ou indiretamente a marcas próprias.

No mundo de faz-de-conta, as marcas próprias são apenas uma maneira que os supermercados encontraram de pressionar os fornecedores a não elevarem os preços, ou seja, de nos defender. Os gastos com logotipo, *design*, publicidade e embalagem são muito mais baixos do que os de uma Nestlé, por exemplo. Sem contar que a marca própria não gasta para comprar espaço na prateleira, nem está submetida às inúmeras taxas criadas pelas redes. Logo, é possível assegurar um preço final melhor e obrigar a Nestlé a manter um preço também baixo.

O GPA apresenta uma seleção mais completa e diversa de marcas próprias. A Taeq tem uma aura saudável, enquanto a Qualitá fornece uma linha mais ampla a preços mais baixos. Segundo os relatórios da empresa, em 2018 esses produtos representavam 11,5% das vendas, num total de 3.113 itens.

Os números, os critérios e o grau de transparência oscilam consideravelmente de ano para ano, de modo que é quase impossível fazer uma série histórica. Mas é seguro dizer que esse patamar representa quase o dobro do que se declarava na virada dos anos 2010. Em 2019, já eram 12,7%, e projetava-se que a queda de renda da população em meio à pandemia poderia acelerar esse crescimento a 20%.[55]

A literatura internacional sobre direito à concorrência é abundante em exemplos de como essas linhas de produtos podem se tornar nocivas, inclusive ao consumidor. Entre outras, o supermercado pode empurrar para cima os preços da marca líder para poder maximizar o lucro com os próprios produtos. O livro de Amanda Athayde cita outras possibilidades, e bastaria aos conselheiros do Cade perder uma manhã de leitura. Um estudo de 2013 da Comissão Europeia apontou que 87% dos fornecedores não adotaram qualquer medida diante de alguma prática desleal dos supermercados. Desses, 65% citaram medo de represália como principal motivo (Athayde, 2017, p. 75).

A força dos supermercados é tamanha que podem se dar o luxo de cobrar o compartilhamento de informações estratégicas. No caso do Walmart, os fornecedores têm acesso ao sistema para saber quando, onde e em que quantidade os produtos foram vendidos. Dessa maneira, sugerem à corporação como vender ainda mais. Os "campeões de marca" conseguem informações ainda mais completas sobre todas as vendas de um determinado segmento, e passam a discutir em conjunto estratégias sobre novos produtos, posicionamento das e nas prateleiras, como afetar os concorrentes (Fishman, 2007).

---

55 GRUPO Pão de Açúcar (GPA). *Teleconferência de resultados do 1º trimestre de 2020.* Transmitida publicamente em 14 mai. 2020.

Mas os supermercados não querem simplesmente vender mais: querem ampliar o poder de fogo para pressionar os fornecedores. A obrigação de que a indústria entregue informações estratégicas permite antecipar em muitos meses o lançamento de um produto. E, assim, promover o glorioso *copycat*, ou seja, uma cópia mais barata de um lançamento. Na Espanha, em 2011, a Comissão Nacional da Concorrência aplicou questionários a 47 empresas do setor alimentício para saber mais sobre essas relações. No total, 22% relatam ter recebido exigências "injustificadas" de compartilhamento de informação estratégica, mas esse índice dobra quando se trata das marcas líderes. Nesse caso, 80% acusam que tiveram a identidade de marca copiada de alguma maneira pelos varejistas.

A autoridade espanhola avalia que o *copycat* pode violar a lei de direito à concorrência. "Os fornecedores destacam o efeito particularmente nocivo desse tipo de prática, porque a rapidez com que os distribuidores podem levar a cabo a imitação introduz uma grande desvantagem competitiva e um desincentivo importante à inovação perante a dificuldade de recuperar os investimentos realizados. Alguns assinalam, inclusive, que os distribuidores não assumem nenhum risco de introdução de novos produtos porque geralmente se limitam a imitar aquelas marcas que já tiveram êxito no mercado."[56] Em outras palavras, a indústria gasta com prospecção de mercado, desenvolvimento de produto e marca, testes de aceitação. O supermercado só copia, economizando bilhões e anos de trabalho.

---

56 ESPANHA. Comisión Nacional de la Competencia. *Informe sobre las relaciones entre fabricantes y distribuidores en el sector alimentario* [Informe sobre as relações entre fabricantes e distribuidores no setor alimentício], 2011, p. 100-3.

E por que ninguém abre a boca? "Os fornecedores não têm incentivo para denunciá-las, já que isso pode ter como consequência medidas de represália difíceis de provar ou de sancionar." Diante disso, a Comissão Nacional da Concorrência da Espanha sugere a criação de métodos que facilitem a denúncia com um risco mínimo de revide.

Em alguns casos, é de fato muito simples copiar um produto. O Pão de Açúcar, o Carrefour, ou quem quer que seja, geralmente não dispõe de fábricas próprias. A maior parte dos produtos, sejam alimentos, itens de higiene e limpeza, são empacotados e fabricados por terceiros. Via de regra são rigorosamente iguais aos originais, só que, em vez da marca que de fato produz, levam o logotipo dos varejistas no pacote. Você pode saber quem é o responsável pela fabricação procurando pelo CNPJ na embalagem. Alguns desses fornecedores também trabalham para as grandes marcas. Outros já foram diretores de grandes marcas. O caminho das pedras é relativamente fácil de percorrer. De fato, essa é uma das práticas potencialmente nocivas listadas por Amanda Athayde: o varejista condiciona a manutenção de uma marca nas prateleiras à fabricação concomitante de itens de marca própria.

Em outra frente, uma marca líder pode desaparecer das prateleiras repentinamente para favorecer o produto de marca própria. Ou o varejista incentiva que a marca líder esprema as concorrentes para que sobrem no mercado apenas duas marcas — a líder e a própria. Parece trama de novela das oito? É mais comum do que se imagina. O supermercado é o senhor das prateleiras. Ele decide quem entra, quem sai, quanto de espaço será dado a cada empresa. Você vai ao supermercado em janeiro e não encontra o produto de que gosta. Vai em fevereiro, e mais uma vez esse produto não está lá. Vai em março, e esse produto segue desaparecido. Em abril você já aderiu à marca própria e segue a vida. A fabricante do seu produto preferido quebrou ou definhou.

Esse cabo de guerra entre a indústria de alimentos e os supermercados é antigo. Hoje são os varejistas que levam vantagem, mas definitivamente não foi sempre assim. A indústria foi a primeira a criar métodos elaborados de negociação e, até a virada dos anos 2000, mandava e desmandava nas relações comerciais. Como mostramos, os supermercadistas — liderados pelo GPA — só começaram a se profissionalizar na arte de negociar em 2001. E foi justamente nesse ano que o varejo começou a puxar a corda mais forte que a indústria. O episódio central dessa briga envolveu GPA e Nestlé, mas comecemos do começo.

Luiz Fazzio acabara de assumir a diretoria comercial do Pão de Açúcar, em agosto de 2001, quando foi chamado para uma reunião com o então diretor comercial da Nestlé no Brasil, Ricardo Athayde. Fazzio era um administrador experiente — fora diretor de operações no Makro e no Walmart — e um dos homens de confiança de Abilio Diniz. Na reunião, Athayde apresentou uma nova tabela de preços a Fazzio, com valores mais altos, e o informou que eles passariam a vigorar em quatro dias. O diretor comercial do GPA não recebeu bem a notícia, tentou negociar, mas Athayde não cedeu.

Incapaz de se defender, Fazzio partiu para o ataque. Ele sabia que Abilio buscava uma oportunidade de fazer uma demonstração pública do poder de fogo do Pão de Açúcar e ofereceu a gigante suíça como bode expiatório. Abilio, briguento por natureza, topou imediatamente. Sob ordens do diretor comercial, todas as lojas do Pão de Açúcar retiraram das prateleiras seiscentos dos setecentos produtos fornecidos pela Nestlé. Em um *e-mail*, Fazzio pedia aos gerentes de loja que mantivessem o boicote com rigor, já que se tratava de "um ponto de honra do Pão de Açúcar" (Correa, 2015). Era uma isca para o diretor comercial da Nestlé, para quem o *e-mail* obviamente seria vazado. Fisgado, Ricardo Athayde ligou para Fazzio e o questionou sobre a decisão de excluir das lojas um dos principais fabricantes de alimentos do mundo. De acordo com a jornalista Cristiane Correa, o diretor do Pão de Açúcar não recuou: "A gente não morre sem vocês e provavelmente vocês não vão morrer sem a gente. Por enquanto é isso."

Quatro meses de boicote depois, Abilio e Fazzio receberam uma visita do presidente da Nestlé no Brasil, Ivan Fábio Zurita, e do novo diretor comercial da empresa, Bernardino Costa. Junto com os sorrisos amarelos, os representantes da fabricante suíça trouxeram uma bandeira branca. Abilio já podia tirar as luvas, o cinturão estava garantido. Depois de alguma negociação, as lideranças das duas empresas chegaram a um "acordo": além de ressuscitar a tabela antiga de preços, a Nestlé se viu obrigada a dar um desconto de 5% para uma grande compra do Pão de Açúcar — sem limite máximo de produtos. O pedido foi tão grande que o estoque de alguns itens durou seis meses. O episódio influenciou outras varejistas a assumirem estratégias semelhantes. O jogo claramente havia virado.

A mudança foi planetária. Em 2009, a Unilever se viu em dificuldades diante da Delhaize, da Bélgica, pelo mesmo motivo. A supermercadista não admitia ser confrontada com uma negociação dura na qual a gigante holandesa cobrava que seus produtos fossem todos expostos na prateleira. Como retaliação, a Delhaize excluiu das gôndolas vários itens.[57]

Em 2016, a Tesco, maior rede de supermercados do Reino Unido, decidiu simplesmente excluir alguns produtos da Unilever da venda pela internet. O motivo eram duras negociações com a multinacional em torno dos preços: a fabricante

---

**57** "Unilever faces removal from Delhaize shelves" [Unilever encara remoção das prateleiras da Delhaize], *Financial Times*, 10 fev. 2009.

queria repassar aos varejistas parte do aumento dos custos de matérias-primas. Mas a queda de braço não foi fácil.[58]

Se você ainda tem alguma dúvida do poderio das redes de supermercados, a pá de cal está logo aqui. A crise econômica de 2009 foi um momento de tensão entre fornecedores, pressionados pela queda na margem de lucros, e varejistas. A Costco, dos Estados Unidos, resolveu excluir a Coca-Cola das prateleiras como represália por uma disputa de preços.[59] Pelo mesmo motivo, em 2015, a Tesco repetiu a dose contra a gigante das bebidas.[60] Esses são apenas alguns entre muitos exemplos possíveis listados na literatura sobre concorrência e documentados em ações judiciais. Tudo isso poderia — deveria? — ser enxergado pelo Cade. Mas não é.

**58** "Tesco pulls some Unilever products from website over price row" [Tesco retira de seu *website* alguns produtos da Unilever em decorrência de disputa pelos preços], *Financial Times*, 12 out. 2016.

**59** "Costco stops carrying Coca-Cola products" [Costco deixa de expor produtos da Coca-Cola], *NBC News*, 11 jul. 2009.

**60** "Tesco removes Schweppes from shelves in row with Coca--Cola" [Em disputa com a Coca-Cola, Tesco remove Schweppes das prateleiras], *Telegraph*, 10 mar. 2015.

# 8
# OS DONOS
# DA RUA

Em 22 de maio de 2020, acordamos com a notícia de que o Brasil ultrapassara a marca de vinte mil mortes por covid-19. Apenas mais um entre tantos limites civilizatórios que havíamos nos acostumado a cruzar nos últimos anos. Sabíamos que aquele patamar ainda estava muito distante da contabilidade final. Sabíamos que moradores das periferias morriam muito mais. E também a isso havíamos nos acostumado.

Naquela mesma manhã, recebemos um vídeo no celular. Logo cedo, dezenas de pessoas formavam uma enorme fila em frente a uma unidade do Atacadão na periferia de São Paulo — na zona norte, um cinturão por onde o novo coronavírus encontrara as condições perfeitas para se alastrar. Na semana anterior, os diretores do Carrefour haviam apresentado aos investidores os resultados financeiros do primeiro trimestre. A venda pela internet, impulsionada pelas classes média e alta, havia batido recorde em meio à quarentena. E os pobres? Estavam em filas como aquela do vídeo, garantindo ao atacarejo uma fatia maior e maior das vendas da corporação. Sabíamos que os resultados do segundo trimestre seriam ainda melhores. Sabíamos que a venda pela internet só faria crescer dali por diante, agravando a desigualdade entre ricos e pobres. E também a isso havíamos nos acostumado.

Os executivos da rede garantiram que funcionários e clientes estavam seguros. O que ouvíamos dos trabalhadores era uma versão bastante diferente. Eles estavam sendo afastados às dezenas com sintomas da doença, e retornando à labuta antes da recomendação oficial de catorze dias. As fotos do interior de uma loja mostravam que, nas filas dos caixas, as pessoas estavam muito próximas. Era só mais uma entre tantas cenas horripilantes que haviam perdido a capacidade de horripilar. Sabíamos que aquele vídeo gravado na zona norte de São Paulo estava muito distante de ser o pior, o último, o único. Sabíamos que Carrefour e Pão de Açúcar se recusariam a fornecer informações sobre os trabalhadores infectados. E também a isso havíamos nos acostumado.

Aquela unidade, o Atacadão de Parada de Taipas, no bairro do Jaraguá, não era só mais uma. Era o palco perfeito, a síntese por excelência de um teatro que maltrata os atores e a plateia. E, paradoxalmente, atrai cada vez mais público.

Meses antes da chegada da covid-19 ao Brasil, em duas visitas ao Tribunal Regional do Trabalho (TRT) de São Paulo, acompanhamos pelo menos duas dezenas de audiências que tinham as grandes redes varejistas como reclamadas em processos trabalhistas. Ouvimos histórias de funcionários de todos os cantos da capital, mas um cantinho específico apareceu repetidamente nos relatos: Taipas.

Parada de Taipas, como é mais conhecida, é um subdistrito de Pirituba-Jaraguá. Ganhou esse nome porque abriga uma estação de trem — ou uma "parada" — da linha que conecta São Paulo a Jundiaí. Mais do que um trilho de trem, Taipas hospeda unidades do Atacadão e do Assaí, as bandeiras de atacarejo dos grupos Carrefour e Pão de Açúcar. É o ambiente perfeito para um modelo de negócios que avança sobre as camadas mais pobres da população. Um modelo que garante aos clientes os menores preços do mercado, mas que desvaloriza os alimentos frescos, que demandam cuidados específicos, e dá protagonismo aos ultraprocessados, que duram meses ou anos intocados nas prateleiras. Um modelo que troca a segurança alimentar e nutricional dos clientes pelo custo baixo, que troca qualidade por quantidade, que troca os direitos trabalhistas dos funcionários por índices crescentes de produtividade.

O aparentemente famoso "Atacadão de Taipas" surgiu tantas vezes em nossas conversas de corredor no TRT que não pudemos ignorar o chamado. A viagem do centro de São Paulo à unidade consumiu pouco mais de uma hora da nossa tarde chuvosa de segunda-feira. A região fica isolada do resto da cidade por uma porção de mata nativa cada vez mais escassa e acanhada, mas as ruas movimentadas da parte mais urbana não se diferenciam em nada de outros pontos da periferia de São Paulo. Sem o auxílio incansável do GPS, não teríamos história alguma para contar.

Só tiramos os olhos da tela do celular quando avistamos o galpão laranja sob uma enorme bandeira do Brasil. Chegamos buscando uma explicação para o volume imenso de ações trabalhistas originadas naquela loja específica, mas encontramos um projeto em andamento do que deve ser o futuro do varejo alimentar no Brasil.

Tudo por ali é pensado para ter o menor custo possível. Nos super e hipermercados tradicionais, existe uma separação clara e necessária entre a área de vendas e a área de estoque ou armazenagem. Numa loja de atacarejo, essa distinção não existe. O galpão no qual os clientes circulam também abriga boa parte do estoque da loja. Os carrinhos dividem os corredores de cimento queimado com empilhadeiras e *pallets*. Aliás, o que não falta em uma loja de atacarejo são *pallets*. Eles estão no chão, empilhados no topo das prateleiras, no estacionamento, servem de gôndola para caixas de leite e engradados de cerveja; não surpreenderia se a própria estrutura do galpão fosse feita de *pallets*.

Já na entrada da loja, pelo menos três pessoas tentam convencer os clientes a criarem um cartão de crédito do Atacadão. Diferente das lojas tradicionais, o atacarejo não tem tanto medo de mostrar a que veio. No fundo, vender objetos não é o *main business* [principal negócio] das redes. Fazer dinheiro é, de fato, o *main business*. Oferecer crédito para quem já estourou o cheque especial é muito mais negócio do que vender refrigerante e produtos de limpeza. A rentabilidade oriunda de operações financeiras é mais simples do que a obtida nas gôndolas — e os computadores não reclamam de trabalhar sete dias por semana, em turnos de 24 horas.

Em 2019, o banco Carrefour apresentava uma receita de 2,9 bilhões de reais, um crescimento de quase 20% em meio a uma economia estagnada. O cartão do Atacadão vinha com tudo, representando 28% do faturamento total do braço financeiro da corporação. O concorrente Assaí havia emitido 430 mil novos cartões em 2019, passando de um milhão em circulação.

Tem mais um degrau aqui. Em um supermercado tradicional, a "pressão" sobre o cliente para fazer um cartão de crédito poderia ser um motivo de dissidência, uma razão para que o comprador buscasse uma outra loja. No atacarejo, não é. Quando o cliente entra, assina um contrato imaginário no qual abre mão de todo tipo de conforto. Se você não quer pessoas te incomodando, procure um Pão de Açúcar, combinado?

O Atacadão de Taipas realmente não poderia se parecer menos com um Pão de Açúcar. Não há música, não há ar-condicionado, não há espaço entre as gôndolas e o teto. Cada corredor tem um cheiro diferente, quase sempre desagradável, e os clientes parecem ter se acostumado a conviver com embalagens violadas, frascos quebrados e produtos espalhados pelo chão. Enquanto andávamos pela loja, uma garrafa de energético se esvaziava, jogada sobre outros produtos, em um *pallet* no corredor de bebidas; cinco quilos de alho escorriam por um pote enorme virado perto da seção de pães; um senhor se equilibrava sobre a fina camada de pó branco acumulada em frente à prateleira das farinhas de trigo. Quando não esperávamos mais nada, a cereja do bolo: um filhote de barata passeava calmamente em uma embalagem de fórmula infantil, namorando o metal em busca de uma fresta.

Essa é a cara do modelo de loja que ganhou o coração dos executivos das grandes redes de supermercados: feia, suja, desorganizada e assustadoramente lucrativa. Dos 62 bilhões de reais que o Carrefour faturou em 2019 no Brasil, 42 bilhões vieram das lojas de atacarejo. No começo de 2020, o grupo anunciou a compra de trinta lojas da rede holandesa Makro a serem transformadas na bandeira Atacadão. Quem se importa com o cheiro de alho perto do corredor dos pães?

Os carrinhos tamanho-restaurante se convertem em carrinhos tamanho-família. Em tamanho-crise. De uma realidade que está expressa nas páginas do jornal *Valor Econômico*, diário que estampa o reflexo do encolhimento brutal de renda. "Pela primeira vez, há mais consumidores no 'atacarejo' do que em supermercados", anunciou uma reportagem publicada em novembro de 2016,[61] ecoando uma pesquisa da consultoria Nielsen. Foi um desses momentos de virada que soam perpétuos.

Há cada vez mais segmentos sociais ali dentro. Um jovem casal escolhe uma caixa com 36 hambúrgueres. Um senhor analisa os preços de pacotes com dezenas de salsichas. Mães com crianças levam iogurtes, biscoitos, salgadinhos, leite em pó, achocolatados. Os carrinhos tamanho-crise logo se veem preenchidos — suficientes na medida — por refrigerantes comprados em fardos (a partir de seis unidades, geralmente, é mais barato), peças gigantes de mortadela e de mussarela, potes e potes e potes de margarina. "Reduzido em açúcares", anuncia o pacote de trezentos gramas de um similar do suco Tang, mesmo

---

**61** "Pela 1ª vez, há mais consumidores no 'atacarejo' que em supermercados", *Valor Econômico*, 22 nov. 2016.

que continue a ser, basicamente, açúcar; o importante é a capacidade de render treze litros.

O carrinho de uma senhora ostenta, sobre uma montanha de ultraprocessados, um resistente maço de salsinha. Um corpo estranho. É isso que os vegetais se tornaram por aqui: um luxo. Um apetrecho quase desnecessário em meio ao êxtase colorido de embalagens plásticas que anunciam a tragédia social, ambiental e sanitária que vai se aprofundando.

O Atacadão de Taipas é a fotografia sem filtro de um estudo publicado no começo de 2020. Um grupo de pesquisadores da Universidade Federal de Minas Gerais (UFMG) e da USP comparou a variação nos preços dos 102 tipos de alimentos mais consumidos no país no período entre 1995 e 2017. A partir disso, fizeram projeções para as próximas décadas cruzando dados do IBGE. Em 2017, os alimentos saudáveis tinham preço médio de 4,69 reais por quilo, e os não saudáveis, de 6,62 reais por quilo.[62]

Em 2026, alimentos saudáveis e não saudáveis terão o mesmo preço médio, alcançando um padrão que faz lembrar o dos Estados Unidos. Em 2030, os cientistas calculam que a comida saudável teria valor de 5,24 reais por quilo, enquanto a comida-porcaria teria custo de 4,34 por quilo.

A salsicha, item semiobrigatório nos carrinhos do Atacadão de Taipas, é um emblema. Entre 1995 e 2002, tinha um preço médio de 10,30 reais por quilo, contra 9,08 da carne. No intervalo entre 2003 e 2010, o valor do quilo dos dois alimentos se aproxima. E, finalmente, se inverte. As salsichas passam a custar 11,33 por quilo e a carne, 13,10.

---

**62** MAIA, Emanuela *et al.* "What to expect from the price of healthy and unhealthy foods over time? The case from Brazil" [O que esperar do preço de comidas saudáveis e não saudáveis ao longo do tempo? O caso do Brasil], *Public Health Nutrition*, v. 23, n. 4, p. 579-88, mar. 2020.

Perguntamos a uma senhora se há sacolões em Parada de Taipas, onde podemos encontrar frutas, legumes e verduras. Ali, "no Atacadão, é o melhor lugar", ela diz, enquanto caça frutas que tenham se salvado da podridão. De longe, a área de hortifrúti parece oferecer alguma variedade. De perto, a variedade deixa cair a máscara, e o que se vê é a desigualdade. Um pacote de dez quilos de batata quase apodrece num canto. No centro, as laranjas não têm o mesmo pudor: apodrecem de fato. Vasculhamos os chuchus na busca inútil por um que não esteja estragado. Apalpamos a beterraba, e ela tem a maciez de uma bolinha de frescobol — salvo pelo fato de que bolinhas de frescobol não brotam quando estão próximas do fim. A banana nanica, geralmente gigante, aqui faz jus ao nome — uma bananica com a casca repleta de pintinhas pretas avisando que restam poucas horas de vida. A parte branca da mandioca preteja, exibe fungos.

O espaço do hortifrúti é pequeno, acanhado, humilhado perante a imensidão de corredores repletos de estruturas gigantes de metal sobre as quais se depositam toneladas de comida-porcaria. É um cantinho de loja que em tudo contrasta com os supermercados de "última geração" que as grandes redes vêm instalando: neles, em especial no Mercado Extra, os alimentos frescos formam uma espécie de praça central que convida a se aproximar. No Atacadão, são o escanteio. O rejeito. São o fim de um trajeto ruidoso de compras que encaminha até um novo momento de tumulto nos caixas, incapazes de suportar o fluxo incessante de pessoas arrastando carrinhos tamanho-crise.

Ao cruzar a porta, o morro se apresenta. Ou tenta, em meio à chuva de fim de tarde que quase chega a ocultar os barracos que se sobrepõem. Uma em cada cinco casas de Jaraguá, o distrito que abriga Taipas, está em favelas, segundo o *Mapa da desigualdade 2019*, da Rede Nossa São Paulo. É um dos maiores índices da cidade. Não há salas de *show*, não há teatros. Quase nada de centros culturais e cinemas. Mas esse está longe de ser o problema urgente. A fila da saúde, o acesso à educação, o transporte público: tudo é pior. No Jaraguá, a idade média ao morrer é de 61,12 anos — de novo, um dos piores índices da capital. Em Moema, a média é de 80,57 anos. Lugares como o Atacadão não apenas expressam a desigualdade: eles agravam. A brecha entre Moema e Taipas só fará crescer, se nada for feito para reverter a tendência.

Há uma chance considerável de que o termo "atacarejo" tenha cruzado seu caminho pela primeira vez nas páginas deste livro. As lojas de custo mínimo e lucro máximo hoje ganham o Brasil com uma agressividade inédita, mas continuam incógnitas, de certa forma, para muitos brasileiros. Parece inovadora em muitos níveis, mas a ideia de uma loja com estrutura extremamente simples, para não dizer precária, e que oferece preços baixos como única vantagem para o consumidor já existe há mais de quarenta anos no país.

Em 1978, a rede de supermercados Riachuelo inaugurou um protótipo: com uma estrutura enxuta e produtos selecionados, oferecia preços baixos aos consumidores mais pobres de Joinville, em Santa Catarina. Era uma adaptação dos supermercados de *hard discount* [fortes descontos] que já existiam nos Estados Unidos e na Europa para atender as classes mais baixas. Apesar do sucesso inicial, a inflação inclemente da década de 1980 tornou inviável a competição com os hipermercados.

Depois de quase trinta anos de espera, a euforia de consumo dos anos Lula ajudaria a redirecionar os holofotes do supermercadismo para o paciente formato de descontos agressivos. "Atacarejo ganha espaço no país e já incomoda grandes redes", lia-se em uma manchete de junho de 2007 do jornal *O Estado de S. Paulo.*[63] "O apelo do preço chama a atenção de todas as classes sociais, mas o destaque é a presença do consumidor de baixa renda", relatava a jornalista Vera Dantas. "Uma pesquisa da Nielsen mostra que os gastos da classe C no atacado, que representavam 37% das suas despesas no primeiro trimestre de 2006, se elevaram para 43% este ano."

Um mar de gente deixou o "refrigereca" e aderiu à Coca-Cola. Passou a consumir iogurte, macarrão instantâneo, celulares, carne. Os altos volumes e baixos preços do atacarejo davam uma sensação de potência ainda maior ao consumidor brasileiro. Se o apetite das pessoas mudou de escala, Carrefour e Pão de Açúcar demonstraram ainda mais voracidade. Mas, diferentemente das compras de redes regionais na virada do milênio, que pretendiam aumentar a penetração das marcas no interior do país, as aquisições da década de 2000 foram estratégicas, visavam a uma migração para novos e lucrativos braços do varejo alimentar.

Como em outras áreas, o BNDES atendeu ao chamado do governo para ajudar a criar campeões nacionais. Entre 2002 e 2019, foram 8,5 bilhões de reais desembolsados para o setor de supermercados. Desse bolo, Carrefour e Pão de Açúcar comeram 8,4 bilhões e deixaram a todos os demais a migalha de cem milhões. Os contratos a que tivemos acesso mostram como as justificativas para o investimento público são genéricas e dão às empresas uma margem enorme para "operar" os recursos obtidos a juros baixíssimos — quase sempre abaixo da inflação.

Como era praxe nas operações do BNDES, as contrapartidas sociais e ambientais são vagas. Em 2003, o Pão de Açúcar tomou 325 milhões de reais para ampliar e modernizar 31 lojas e reformar "diversas outras". Em 2007 o Carrefour pegou 346 milhões para expandir a rede de lojas e melhorar "sistemas

---

**63** "Atacarejo ganha espaço no país e já incomoda grandes redes", *O Estado de S. Paulo*, 11 jun. 2007.

de informação". Em 2009, no maior e mais genérico dos contratos, o Pão de Açúcar conseguiu novecentos milhões para operações que iam de novas lojas a aquisição de maquinário, passando por projetos de "Qualidade e Produtividade; Pesquisa e Desenvolvimento; Capacitação Técnica e Gerencial; Atualização Tecnológica; e Tecnologia da Informação"; também era possível usar os recursos para capital de giro, programas sociais, investimentos ambientais.

Com o cartão de crédito do Estado, os supermercados foram às compras. Em 2004, o Pão de Açúcar se associou ao grupo Sendas para consolidar sua presença no Rio de Janeiro. A *joint venture* [empreendimento conjunto] Sendas Distribuidora passou a gerenciar 106 lojas no estado, com área de vendas de 324 mil metros quadrados. Mas ainda era pouco. Em 2006, por recomendação do banqueiro e amigo Pércio de Souza, Abilio Diniz estudava a compra do Atacadão — uma rede paulista de atacarejo que ganhava força e havia faturado 4,5 bilhões de reais no ano (Correa, 2015). Abilio ofereceu 1,75 bilhão pelas 34 lojas do grupo, mas o Atacadão acabou arrematado pelo Carrefour, em abril de 2007, por 2,3 bilhões. Um drible da vaca de mais ou menos quinhentos milhões.

Abilio não jogava para perder — no tênis, no polo e nos negócios. De acordo com Enéas Pestana, então diretor administrativo financeiro do GPA, a derrota desceu atravessada para o chefe. "Aí ele fica louco, fica puto, fica bravo", disse à jornalista Cristiane Correa. "Uma semana depois está tudo bem e ele só quer saber de seguir a vida e de lutar pelo mercado." Em novembro de 2007, seis meses depois de perder o Atacadão para o Carrefour, o Pão de Açúcar anunciou a compra de uma outra rede emergente de atacarejos — o Assaí. O investimento foi mais modesto: pouco mais de duzentos milhões de reais pelo controle de 60% da nova operação. Eram catorze lojas, 2,7 mil funcionários e 34 mil metros quadrados de área de vendas que geraram um faturamento de 1,15 bilhão em 2006.

As duas maiores redes varejistas do Brasil começaram 2008 com atacarejos de estimação. Olhavam, riam, alimentavam e festejavam o desenvolvimento das novas crias. Desde o começo a promessa era investir pesado no espalhamento das lojas. Seiscentos milhões de reais só no primeiro ano, anunciava o Carrefour, enquanto o rival garantia que nos próximos anos transformaria outras unidades do grupo, como Extra e CompreBem, na bandeira Assaí.

"O atacarejo é um movimento de consumo muito brasileiro", lembra Patrícia Cotti, diretora executiva do Ibevar. "No exterior existem os *cash & carry* [pague e leve] e clubes de compra, mas esse formato de atacarejo é muito nosso." É nosso porque foi desenhado para se nutrir das maiores fragilidades brasileiras: a pobreza, a insegurança alimentar e o isolamento das periferias nas grandes capitais. Onde há um Assaí, mercadinho pena, varejão definha, feirante passa aperto. Onde há um Atacadão, supermercados menores são forçados a demitir funcionários, apertar fornecedores ou fechar as portas.

Em junho de 2020, o Atacadão registrava 202 unidades espalhadas pelo país, contra 169 do Assaí. Juntos, Carrefour e Pão de Açúcar tinham 129 lojas de atacarejo só no estado de São Paulo. Os impactos sobre a concorrência, citados extensivamente neste livro, são difíceis de mensurar, mas inegáveis. Ainda assim, nenhum movimento das duas maiores varejistas acontece sem a anuência da principal autoridade de defesa da concorrência do país, o Cade. Em tese, compete ao Cade zelar pelos consumidores e garantir que as empresas brasileiras não abusem do poder econômico para prejudicar concorrentes ou tirá-los do mercado.

Nesse contexto, uma das mais importantes funções do Cade é impedir que os setores econômicos, quaisquer que sejam, fiquem concentrados nas mãos de umas poucas empresas. De acordo com a Lei 12.529, de 30 de novembro de 2011, que estrutura a atuação do Cade, qualquer empresa que controle 20% ou mais de um mercado relevante infringe a legislação de defesa da concorrência. Há também violação quando "uma empresa ou grupo de empresas for capaz de alterar unilateral ou coordenadamente as condições de mercado". Como veremos, a regra é frouxa e possibilita uma série de interpretações descabidas, mal-intencionadas, que contemporizam a concentração de mercado e o abuso de poder econômico.

Compreender esse ponto específico da apuração nos demandou muitas horas de leitura atenta e pragmática; de você, demandará apenas um pouco de paciência. Como de costume, vamos por partes.

No Brasil, sempre que uma empresa com faturamento anual superior a 750 milhões de reais deseja comprar outra empresa com faturamento superior a 75 milhões de reais, o poder público deve ser notificado. Fusões e aquisições do tipo dependem de uma autorização expressa do Cade, concedida depois da análise de um Ato de Concentração Econômica. Nesses atos, o conselho julga o potencial impacto das aquisições para a concorrência naquele mercado específico. Mas sobram problemas.

As empresas interessadas precisam convencer o Tribunal Administrativo do Cade, instância do órgão que de fato julga os Atos de Concentração, de que a fusão é segura para a ordem econômica. Escritórios de advocacia especializados são contratados para tocar os processos. Todas as informações levadas em consideração no julgamento, contudo, são declaradas pelas próprias empresas, um contrato de confiança que pressupõe boa-fé do empresariado — uma especialidade das instituições brasileiras.

Além disso, o tribunal é composto por um presidente e seis conselheiros indicados pela Presidência da República, com anuência do Congresso Nacional, para mandatos de quatro anos. Pela regra, os conselheiros devem deter notório saber jurídico e econômico; na prática, alguns deles são indicados políticos de padrinhos poderosos. Em 2019, o presidente Jair Bolsonaro se viu obrigado a retirar a indicação de dois conselheiros reprovados pelo Senado. Os nomes haviam sido propostos pelos ministros da Justiça, Sergio Moro, e da Economia, Paulo Guedes.

O impasse com os senadores deixou o Cade sem quórum e obrigou o órgão a parar as atividades por mais de quatro meses, deixando vinte processos desatendidos. Bolsonaro reformulou finalmente a lista com indicados dos ministros Paulo Guedes, da Economia, e Jorge Oliveira, da Secretaria-Geral da Presidência, além de nomes recomendados pela Federação das Indústrias do Estado de São Paulo (Fiesp) e por seu filho mais velho, Flávio Bolsonaro. Fica claro, portanto, que a composição do Tribunal Administrativo garante irrestrita independência às análises e decisões do Cade. Ou não.

Carrefour e Pão de Açúcar colecionam Atos de Concentração Econômica. A cada nova rede comprada, uma bênção do Cade. Todos esses documentos são públicos e podem ser acessados na base de dados do conselho, mas também são extensos e confusos. Nós lemos pelo menos uma dezena deles, os mais importantes, que dizem respeito às principais aquisições feitas pelas duas empresas nos últimos vinte anos. Todas as operações foram aprovadas, sem exceção, mesmo as que resultavam em concentrações de mercado bem acima dos 20% permitidos pela lei — não raro passavam dos 50%. Nos piores casos, o enérgico Cade se limitou a aplicar restrições leves às redes: fechar uma unidade ou mudar a "bandeira" de uma loja (transformar um atacarejo em hipermercado, por exemplo).

Aqui, uma pausa necessária. Quando confrontadas com a alegação de que concentram excessivamente o mercado, as varejistas se defendem afirmando que não têm participação superior a 20%. De fato, quando consideramos o *market share* das redes em todo o território nacional, percebemos que Carrefour e Pão de Açúcar detinham, juntas, 32% do faturamento em 2019. A questão central do problema não é o número de lojas, mas a quem pertencem, onde estão e quanto dinheiro movimentam. Dos 378 bilhões faturados pelo autosserviço brasileiro em 2019, 38% (ou 147 bilhões) passaram pelo caixa das cinco maiores redes — a porcentagem seria bem maior se o Grupo BIG, do Walmart, divulgasse seu faturamento.

Mas um manauara não faz compras em Campo Grande, nem um carioca vai ao supermercado em Recife. Em um país como o Brasil, pensar na concentração de mercado considerando o território por completo é tolice ou desonestidade. Ao menos nesse ponto, o Cade é rigoroso: a concentração é analisada em "mercados relevantes" separadamente. Podem ser cidades inteiras, no caso de municípios pequenos e médios, ou regiões específicas de uma cidade. Na capital paulista, por exemplo, o Cade avalia os dados de treze mercados relevantes distintos. Em Santos, por outro lado, todo o território é levado em consideração.

Além disso, as lojas das duas maiores redes se aglutinam massivamente na região Sudeste e pouquíssimas ficam fora dos estados mais ricos. Das 475 unidades que o Carrefour tinha espalhadas pelo país em junho de 2020, 261 (ou 55%) estavam no estado de São Paulo. O segundo da lista era Minas Gerais, com 31, ou meros 6%. Acre, Rondônia e Amapá só tinham uma loja cada. Não era diferente com o Pão de Açúcar: 881 lojas no país, mas nenhuma em Rondônia, Roraima, Acre, Ceará, Espírito Santo, Amapá e Rio Grande do Sul. Fora do Sudeste, praticamente só havia lojas em capitais: duas em Manaus, duas em Belém, uma em Palmas, sete em Curitiba. As bandeiras também se dividem de maneira desigual: os supermercados tradicionais ficam quase que exclusivamente no Sudeste, enquanto Norte e Nordeste recebem as lojas de atacarejo. Na Bahia, por exemplo, o Carrefour tinha dezoito lojas em meados de 2020 — todas sob a bandeira Atacadão.

Nos "mercados relevantes" considerados pelo Cade, a história é diferente. No Ato de Concentração apresentado para a compra do Atacadão, em 2007, o Carrefour indica que já detinha 21,6% do mercado em Santo André, no ABC paulista, antes da incorporação da loja que ficava na cidade. Ou seja, a concentração já estava acima do limite legal. Ainda assim, a compra foi autorizada sem restrições, o que elevou a concentração para 25%. O documento também apresenta dados sobre a participação do Pão de Açúcar, que detinha 25% do mercado em toda a cidade de São Paulo e 36,2% em Santos. Estas informações, é importante ressaltar, dizem respeito ao número de *check-outs* que as redes detêm em cada mercado. Essa é a medida mais comumente usada para calcular a concentração.

Os dados que o Pão de Açúcar apresentou ao Cade no processo de compra do Assaí são mais reveladores daquela distante realidade de 2007. No "mercado relevante de número treze" da cidade de São Paulo, que engloba uma parte da zona sul da capital, o grupo detinha 45,5% do mercado mesmo antes da consolidação da compra. Depois, bateria os 50%.

Para convencer os conselheiros do Cade de que a fusão não traria efeitos negativos à concorrência, os advogados da banca Barbosa Müssnich Aragão, que representava o Pão de Açúcar, usaram dois argumentos. Nos casos em que a concentração já era superior ao limite imposto por lei, como no "mercado treze", defenderam a ideia de que a alta concentração é anterior à compra e um leve incremento não faria tão mal. Em outros casos, nos quais a fusão resultaria em uma concentração de 21% ou 22%, argumentaram que o valor é "pouco superior aos 20% previstos no Guia de Análise". Em ambos os casos, os advogados se valem de uma lógica Tiririca, dizendo abertamente que "pior do que está não fica". Afinal, o que é um copo d'água para um afogado?

"Se o cara tá com 50% do mercado e compra um cara de 3%, a princípio essa decisão não deveria ser aceita sem remédio", admitiu Paulo Furquim de Azevedo, o ex-conselheiro do Cade com quem conversamos. "Não quer dizer que o Cade não tenha aceitado. O Cade erra. Num mercado desses é claro que piora a concorrência, mas já vi muito conselheiro engolir esse argumento."

O conceito de concentração de mercado é simples, fácil de entender. Se algumas empresas dominam um determinado mercado, podem moldá-lo à sua maneira, manipular quem entra, quem sai, quem fica onde está. Ganham força para enriquecer os amigos, minar os inimigos e condenar à fome os fornecedores. Os dados de 2007 mostram que já havia uma dominância das duas maiores redes em diversos ambientes, mesmo quando a participação no mercado nacional era cerca de 2% menor para cada uma delas. Mas o que mostram os dados recentes? Não sabemos. Só podemos supor que a concentração vem aumentando gradativamente. Com o passar do tempo — e com a digitalização dos Atos de Concentração — as informações que as empresas repassam ao Cade estão cada vez menos transparentes, mais sigilosas.

Num Ato de Concentração de 2017, em que o GPA postulava a compra de duas unidades do Makro na cidade de São Paulo, os índices de concentração aparecem de maneira genérica: o Pão de Açúcar teria entre 30% e 40% do mercado em ambas as localidades. O número exato já não aparecia como nos processos da década anterior. Ainda que as informações fossem apresentadas de maneira pouco transparente, era óbvio que o grupo já concentrava mercado nas duas regiões. A companhia desistiu da compra de uma das unidades, mas levou a outra.

Três anos depois, em 2020, no Ato de Concentração referente à compra de trinta lojas do Makro pelo Carrefour, nenhum dado de concentração é apresentado. As informações ficam restritas às empresas e ao Cade. O que você, leitor, espera ler na decisão do Tribunal Administrativo indicado por Flávio Bolsonaro e companhia?

Tudo vai mal, mas está tudo bem. Está tudo bem, mas tudo vai mal. Jorge Faiçal tentava pinçar uma informação positiva em meio a uma enxurrada de problemas. O tom de apreensão do recém-nomeado presidente de Multivarejo do GPA contrastava com a euforia do colega Belmiro Gomes, presidente do Assaí.

Ao apresentar a investidores os resultados de 2019, em fevereiro de 2020, Gomes estava exultante: a rede de atacarejo havia batido recorde na abertura de novas lojas (22), chegado a trinta bilhões de reais de receita bruta, ampliado a margem de lucro e triplicado as vendas em apenas cinco anos. Até 2022, sessenta novas lojas deveriam brotar do chão — parte delas substituindo espaços até então ocupados pelo Extra Hipermercados.

Os muitos minutos de excitação de Belmiro Gomes foram sucedidos por minutos de hesitação de Faiçal. A solidez que ele tentava transmitir em relação aos mercados Extra e Pão de Açúcar não encontrava respaldo nos dados. O braço de super e hipermercados do grupo encerrara 2019 sem motivos para comemoração. A receita bruta havia ficado estável frente a 2018, enquanto o Assaí avançou espantosos 22% diante de uma economia estagnada. A queda no lucro bruto era mais clara: 5,3%.

Em meio à profusão de números, um deles explicava muito da diferença entre Assaí e o Multivarejo. As despesas de Extra e Pão de Açúcar somaram 5,3 bilhões de reais em 2019, enquanto a do concorrente interno não chegava à metade disso. Um atacarejo pode ser erguido em poucos meses: basta construir um galpão, espalhar enormes prateleiras, posicionar os produtos sobre *pallets* e começar a vender. Enquanto isso, um hipermercado precisa de corredores bem construídos, produtos bem organizados, reposição impecável, um sistema de refrigeração em bom funcionamento e um ambiente de compras entre minimamente e excelentemente agradável.

As diferenças entre atacarejo e varejo ficam evidentes também quando se analisam os dados da Pesquisa Anual de Comércio do IBGE. No final da década de 1990, a proporção entre receitas e salários no varejo ficava em torno de dezoito, ou seja, as receitas eram dezoito vezes maiores do que os salários. Em 2019, estava em torno de dezesseis. No atacado, em compensação, essa proporção no mesmo período foi de 23 para 28. É possível ganhar receitas sem aumentar tanto os custos.

Deixemos por alguns minutos o trauma que você sofreu ao quebrar Preço Honesto, o nosso supermercado fictício do capítulo anterior. Como bom empresário, você busca inspiração em algumas palestras TED no YouTube, sacode a poeira e prepara a volta com tudo. É hora de virar um pequeno industrial. Digamos, novamente em um exemplo aleatório, que você quer fornecer batatas empacotadas. Batata Quente é o nome da nova aventura. Você prospecta o mercado e vê que, de fato, há poucos fornecedores com capacidade para atender às grandes redes. Então, o gerente do banco acredita na sua história, ignora o passado e concede o crédito necessário para importar as máquinas. Você compra um galpão e, finalmente, vai negociar com varejistas médios e grandes. E então percebe que cometeu um erro de principiante: não sabia que teria de pagar enxoval de entrada, taxas administrativas, taxa de centralização, índice de quebra. Tudo isso passa dos 30% dos custos. Você tem um dilema: incorporar o percentual ao preço final e vender mais caro, ou tirar esses descontos da própria margem de lucro? Você faz as contas e vê que não há alternativa. Ou banca os custos, ou não conseguirá competir com os concorrentes. Parabéns: Batata Quente queimou.

É aqui que a teoria clássica sobre o poder benéfico dos supermercados cai de joelhos diante do mundo real. Quem não incorpora os custos vai à falência. É consenso na literatura que a soma das taxas em vários países fica entre 20% e 35% (Athayde, 2017, p. 349). Se Pão de Açúcar e Carrefour não houvessem se tornado gigantes, estaríamos gastando mais ou menos com alimentação? Não há como saber. Não de maneira absoluta. Isso dependeria de especular com um cenário profundamente complexo que não tem como voltar a existir. Mas podemos olhar para pontos específicos. Há algumas possibilidades fáceis de entender. Uma delas é o "efeito colchão d'água". Imagine que o Carrefour pula do lado direito do colchão da Nestlé. A água correrá para o lado esquerdo, onde vivem Preço Honesto e várias redes médias, ou seja, a fabricante irá descontar em algum lado o prejuízo que sofreu com a gigante do varejo. Assim, ela pode operar no vermelho numa mão enquanto compensa com a outra, um balanço em que quem termina no prejuízo são os pequenos varejistas e o consumidor. Como efeito colateral, no longo prazo isso ajuda uma grande rede a quebrar os concorrentes. Logo, existe um incentivo indireto para que esprema cada vez mais os fornecedores.

A outra possibilidade, essa de difícil aferição, é entender o que acontece depois que há uma diminuição no número de concorrentes. Hoje, as duas maiores redes — as cinco maiores, se quisermos ser bonzinhos — não têm páreo. É um cenário no qual podem forçar os preços para cima em busca do aumento da margem de lucro. Intuitivamente, você pode pensar que não faz sentido que causem aumentos porque isso resultaria em perdas nas vendas. E você tem o direito de pensar assim. Quem não tem é o poder público, que deveria promover investigações. Ciência, em outras palavras.

É isso que cobra a pesquisadora Amanda Athayde no livro de que falamos nos capítulos anteriores. Ela entende que é hora de investigar muito mais a fundo os impactos das grandes redes. O interessante da categorização proposta por ela é que as sessenta práticas potencialmente nocivas são baseadas no que diz a lei brasileira sobre concorrência. Ou seja, são dimensões que estão previstas no papel, mas que o Cade, na vida real, ignora. O que a pesquisadora fez foi olhar para as estratégias dos supermercadistas e entender como poderiam afetar a legislação nacional. Mas, para isso, é preciso operar uma ruptura de paradigma, entendendo que os varejistas não são uma plataforma neutra. Além de concorrentes da própria indústria, são fornecedores de serviços a ela. A intermediação do acesso aos consumidores é construída por um agente com capacidade para interferir profundamente nas atividades de toda a cadeia produtiva.

A categorização proposta é abrangente porque tenta prever tudo o que pode acontecer em termos de práticas anticompetitivas, seja do supermercado em relação aos fornecedores, seja em relação aos concorrentes diretos. Não queremos ser exaustivos nessa listagem, mas algumas práticas são tão surpreendentes que vale perder um minuto:

- o varejista exigir que o fornecedor arque com os custos da visita do varejista ao fornecedor;
- o varejista exigir que o fornecedor compense financeiramente quando uma atividade promocional não atinge a meta esperada;
- o varejista comprar do fornecedor mais produtos a um preço promocional para em seguida revender a um preço maior, sem compensar o fornecedor;
- o varejista sugerir ao fornecedor que este será retirado da lista e, posteriormente, desistir quando receber um desconto ou uma melhora nas relações contratuais;
- o varejista exigir que o fornecedor se utilize de terceiras empresas intermediárias, sendo que eventualmente o varejista recebe uma comissão;
- o varejista exigir que uma empresa intermediária não realize o serviço se os produtos forem para um concorrente.

Voltamos por mais um minuto à Batata Quente. E depois podemos deixar definitivamente para trás o seu segundo fracasso como empresário. Quando criou a empresa, tão amador (desculpe), você esqueceu de um detalhe: os supermercados são espaços físicos. Na física, todo espaço tem limites. E não pode ser ocupado por dois corpos ao mesmo tempo. No caso, dois produtos. Você foi ao supermercado um belo dia e, puxa vida, chegou à conclusão de que a área destinada à exposição de batatas pré-fritas é uma fração da imensa parte de congelados e refrigerados. Como fazer para acessar esse quinhão tão disputado? A gente já sabe a resposta. E você?

Na visão de parte da literatura sobre o direito à concorrência, a cobrança de taxas para o acesso aos espaços de comercialização pode acarretar uma série de infrações. Por si, é o exercício de um poder desigual dos varejistas em relação aos fornecedores — se o supermercado não quer, a indústria não brinca. Segundo, é uma poderosa barreira de entrada a novos concorrentes. Terceiro, pode resultar em preços mais altos ao consumidor.

O Cade recebeu em 2006 uma denúncia de uma pequena fabricante de sorvetes, a Della Vita Grande Rio Indústria e Comércio de Produtos Alimentícios.[64] A queixa era de que a Unilever, líder absoluta do mercado com a Kibon, e a Nestlé, vice-líder, violavam a lei sobre concorrência valendo-se precisamente do manejo dos espaços de comercialização. É uma cena típica do supermercadismo, de algo que começa nas grandes lojas e vai acabar nas pequenas, nas padarias, nas mercearias, em tudo quanto é parte.

---

**64** BRASIL. Ministério da Justiça, Conselho Admnistrativo de Defesa Econômica, Tribunal Administrativo de Defesa Econômica. Despacho decisório nº 7, de 20 de dezembro de 2018, referente ao Processo Administrativo nº 08012.007423/2006-27. *Diário Oficial da União*, 21 dez. 2018, ed. 245, Seção 1, p. 798.

A Kibon, em especial, fornecia (e fornece) *freezers* aos comerciantes em troca de exclusividade na comercialização de produtos. Ao pagamento de uma bonificação, condicionava patamares mínimos de venda. Mas alegava que essa prática de distribuição de equipamentos era exceção da exceção, e não a regra, e que de maneira alguma representava uma barreira à entrada de novos concorrentes.

Apenas depois de doze anos, o Cade decidiu que a Unilever era parcialmente culpada por práticas anticompetitivas. A empresa foi condenada em 2018 a pagar 29 milhões de reais — menos do que uma ninharia. Como você deve ter visto, a prática segue amplamente disseminada. Em verdade, há cada vez mais espaços "próprios" das marcas dentro dos supermercados. Tome mais essa maldição. Quando for a uma loja, veja quantas gôndolas agora são patrocinadas por uma determinada corporação, com uma identidade particular, localização privilegiada e a exclusão dos produtos concorrentes.

Os supermercados são lugares de encontro, entre pessoas e entre infrações, crimes, mutretas. Coca-Cola e Ambev fazem na Zona Franca de Manaus a fabricação dos concentrados de refrigerantes, conhecidos popularmente como xaropes. Assim, ganham direito a uma série de isenções tributárias municipais, estaduais e nacionais. São isentas do Imposto sobre Produtos Industrializados (IPI), federal.[65] Via de regra, o IPI permite cobrar um crédito sobre a etapa anterior, seguindo a mesma lógica do ICMS, para evitar um imposto em cascata. Assim, se o fabricante de uma roupa pagou 10% de IPI sobre a linha de costura, pode

---

**65** Para entender o caso, sugerimos a leitura de algumas reportagens em *O Joio e O Trigo*. Algumas das mais abrangentes são: "Toma essa: os bilhões que damos todos os anos à indústria de refrigerantes", 30 out. 2017; "Coca-Cola é investigada por esquema bilionário para não pagar impostos", 21 dez. 2018; "Publicidade de Coca-Cola e Ambev é paga com dinheiro público, diz Receita", 10 jan. 2019.

calcular um crédito resultante da diferença entre o produto final (uma camiseta, por exemplo) e o produto intermediário.

No caso da fabricação de refrigerantes, as duas corporações não se fazem de rogadas. Mesmo sem ter recolhido IPI, cobram o crédito como se tivessem. Desde os anos 1990, a Receita Federal tenta frear essa operação, mas sempre esbarra nos comandos de turno dos poderes Executivo, Legislativo e Judiciário. Cansado, em novembro de 2018 o órgão emitiu um documento no qual detalhou as práticas que havíamos listado meses antes em reportagens.[66] Não foi surpreendente ver que 30% dos gastos com publicidade eram pagos com os bilhões angariados todos os anos, mas certamente nos surpreendeu o tom ácido do documento, bem acima da tradição da Receita. Sim, aquela propaganda superfofa do urso polar da Coca-Cola tem um pezinho nesse esquema. Com isso, esse é um raro setor que dá prejuízo de arrecadação ao governo federal: quanto mais refrigerante e produtos similares a gente toma, maior o dano, naquele momento estimado em dois bilhões ao ano só em IPI.

Uma das acusações é de que os créditos são usados para comprar espaços nas prateleiras. Seja diretamente, seja indiretamente, é inegável que as duas corporações do setor têm poder para excluir as menores dos espaços de comercialização. Impossível deixar de notar a área de prateleira dedicada a cada empresa. Essa é uma seara de estudo na qual não nos aprofundamos, mas há pesquisas que ajudam a entender quais são as partes nobres do supermercado e, portanto, quanto vale cada centímetro quadrado. A altura da prateleira, a localização do corredor, a ordem dos produtos, tudo isso influencia na decisão de compra que, em geral, é tomada em segundos.

---

66 BRASIL. Ministério da Fazenda. *Análise da tributação do setor de refrigerantes e outras bebidas açucaradas.* Brasília: Ministério da Economia, Receita Federal, 26 nov. 2018.

Facilita se pensarmos nos supermercados como enormes loteamentos residenciais. Na alameda dos refrigerantes há dez terrenos disponíveis, com valores que variam levemente de acordo com a localização. No mundo de faz-de-conta do livre mercado, a Coca-Cola se vale da boa condição econômica para comprar um terreno valorizado, e deixa os outros nove para quem desejar. Em outras palavras, a cobrança de um valor elevado pela ocupação do terreno é uma maneira de aumentar a eficiência do mercado, uma vez que uma fabricante não teria motivos para querer gastar à toa ocupando mais do que um lote. O importante é estar presente, tanto faz se com cem garrafas ou com quinhentas (para isso existe a reposição de estoque). Mas, no mundo real, abre-se aqui a oportunidade para um sem-fim de práticas que minam o direito à concorrência.

Uma fabricante de refrigerantes pode querer comprar sete lotes pelo simples prazer de ter poucos vizinhos. Assim, viverá praticamente sozinha, sem ruídos, sem incômodos, dona da rua. O proprietário do loteamento pode ter todo o interesse em contar com essa fabricante, que tem bala na agulha para pagar mais do que os outros pretendentes. Então, se um terreno custa quinhentos mil reais, essa empresa paga logo cinco milhões, e não 3,5 milhões, como seria o valor de tabela, porque realmente não tolera concorrência.

Outra possibilidade é que o dono do loteamento também queira para si uns dois ou três lotes. Afinal, precisa de um espaço para acomodar a marca própria. Então, ele entra em acordo com a fabricante, que, em vez de pagar 3,5 milhões pelos sete terrenos, paga três milhões. E, assim, ambos sairão ganhando. Lembrando que o dono do loteamento não gastou um real para acessar os lotes e, portanto, terá um custo-benefício bastante maior. Há ainda a possibilidade de usar as prateleiras para retaliar algum fabricante. É possível deslocar os produtos a espaços menos visíveis ou excluí-los de exposição.

Olhando dessa maneira, podemos por uns segundos concordar com a visão do Cade de que se trata de uma mera relação comercial privada na qual o Estado não deve interferir. O dono do supermercado é livre para fazer o que bem entende. Se há alguém disposto a pagar o que está pedindo, ótimo. O problema é que, quando a compra de um espaço passa a ser uma questão de vida ou morte para centenas ou milhares de empresas, é difícil pensar que o poder público não precise, no mínimo, entender o que está acontecendo dentro desse condomínio.

— Opa. Tudo bem? Como tá a família? Olha, tô te ligando porque aquele sujeito que você odeia quer comprar um lote do lado do seu.

— Puxa vida, rapaz. Isso seria muito ruim. Como a gente pode fazer para resolver esse problema?

A negação do Cade em investigar o condomínio abre espaço a uma série de outras infrações. Os donos de dois supermercados podem combinar o jogo, impondo preços maiores a um determinado comprador. Ou descontos.

O supermercado pode passar a cobrar uma taxa extra para o sujeito que manifestou a intenção de dominar o pedaço. Ou pode até oferecer essa condição a ele em troca de uma pequena gratificação. Dessa forma, o comprador terá acesso antecipado a uma série de informações sobre a quantas anda o movimento de venda. Hoje sabemos como nunca que dados são um ativo profundamente valioso. A "mineração de dados" está para o século XXI como algo tão precioso quanto a mineração de fato foi nos séculos anteriores. Assim, as informações acumuladas pelos varejistas podem se tornar uma ferramenta de poder e assimetria com os concorrentes e os fornecedores. A dinâmica das lojas, os estoques, as pesquisas com clientes, o ritmo de venda de cada produto, o *mix* ideal de itens. Como de praxe, as grandes redes podem usar esse potencial em vários sentidos: para entrar em acordo com a marca líder, para miná-la, para promover as marcas próprias.

A lei brasileira sobre direito à concorrência prevê como conduta anticompetitiva a troca indireta de informações entre varejistas. No jargão do setor, é o *hub-and-spoke*. Em bom português, leva e traz. Trata-se de uma situação na qual um fornecedor é usado como intermediário para combinar o jogo entre dois supermercados. Digamos que o diretor comercial de uma rede utiliza um fornecedor de iogurtes para fazer chegar ao diretor comercial de outra rede um bem-bolado sobre preços, estratégias de vendas, planos futuros. É uma formação de cartel.

Mas, claro, o mundo real também traz o contrário da colaboração. Um varejista pode se valer de seu poder para forçar o fornecedor a entregar informações sensíveis de um concorrente. Taxas, preços, prazos de entrega e pagamento. Tudo com o objetivo de garantir para si melhores condições na negociação com os demais fornecedores.

Amanda Athayde propõe uma mudança na maneira como o Cade analisa os casos envolvendo o setor. Não se trata de uma alteração radical, mas de um aperfeiçoamento, com claras limitações. A proposta inclui sete passos. O Conselho levaria uma investigação adiante apenas quando todos os sete passos tenham resposta positiva, ou seja, possam minar o direito à concorrência. Novamente, sem querer ser exaustivo na análise prevista pela autora, a principal questão tem por objetivo uma análise qualitativa, e não meramente quantitativa. Em outras palavras, pode até ser que uma operação não resulte em mais de 20% de concentração, mas, se um fornecedor correr o risco de ser prejudicado, ou se posteriormente isso puder causar danos ao consumidor, é preciso que o Cade atue. Isso pressupõe investigações muito mais pormenorizadas e detalhistas. Mesmo uma rede regional pode representar um gargalo à concorrência ou à sobrevivência de fornecedores.

Além disso, o Cade deveria abandonar o critério de eficiência do livre mercado, ou pelo menos relativizá-lo, deixando de presumir que os mercados funcionem naturalmente bem.

Desse modo, se os efeitos anticompetitivos se mostrarem mais fortes do que as eficiências, é caso para atuação do conselho. Não é nada de outro mundo, só aquilo que já está previsto na lei: proibir de pegar crédito com bancos públicos durante um período; não poder se valer de parcelamento de débitos tributários; obrigação de vender ativos; imposição de um nível mínimo de concorrências nos espaços de comercialização. E por aí vai.

# 9
# É LÁ QUE A GENTE VAI ENCONTRAR

A transição de poder no Grupo Pão de Açúcar — de Abilio Diniz para o Casino — não marca apenas um processo turbulento, mas uma mudança tardia da era do capitalismo "produtivo" para o capitalismo financeiro. Abilio era um dos símbolos de um período marcado pela ascensão de empresas familiares à condição de impérios. Fazia parte do mito de que trabalho duro, inteligência e perseverança eram suficientes para erigir dinastias poderosas e bilionárias. Ser uma figura pública não era apenas vaidade: era parte do negócio. Foi em cima desse prestígio pessoal que portas de sucessivos governos se abriram.

Na década de 1990, quando decidiu buscar capital nas bolsas de valores brasileira e estadunidense, Abilio tinha os olhos vidrados no horizonte. Estava convicto de que o dinheiro estrangeiro que inundava o caixa do grupo traria liberdade, não submissão. Em 1999, vendeu 24% da empresa da família para o grupo francês Casino, por 854 milhões de dólares. Com o empurrão, o Pão de Açúcar cresceu, comprou redes menores e modernizou seus métodos. Por outro lado, a varejista se viu refém do capital externo. Em 2005, Abilio buscou um novo aporte financeiro dos franceses, que concordaram com um aumento de capital de 881 milhões de dólares. Focado no horizonte, que teimava em não se aproximar, Abilio tirou os olhos do contrato assinado com o Casino. Nas letras pequenas, o empresário brasileiro concordava em ceder o controle do GPA para os franceses em 2012. "Esse foi um grande erro", assumiu em 2016.[67] Erro ou acerto, só depende de qual caneta você está segurando.

Ele lutou para manter o controle da empresa. Nos sete anos de contagem regressiva que culminariam em sua expulsão, tentou de tudo, até comprar a operação brasileira do Carrefour por baixo dos panos. Com isso, diluiria a participação acionária do Casino e continuaria no poder. Falhou. O presidente do Casino, Jean-Charles Naouri, descobriu o plano e veio ao Brasil desmontá-lo. Assim começou o que o próprio Abilio definiu como "uma das maiores brigas societárias internacionais".

Instalou-se um clima de paranoia na rota São Paulo-Paris. As empresas se acusavam de espionagem. Na sede do GPA, as salas de reunião eram vasculhadas para garantir a inexistência de grampos (Correa, 2015). Banqueiros, consultores e advogados foram contratados pelos dois lados para mediar a briga — a um custo estimado em quinhentos milhões de reais pela jornalista Cristiane Correa. Meio bilhão para que nada mudasse: em 2012, Abilio deixou a empresa do pai pela porta dos fundos. Hoje, sem o brasileiro no comando, discrição é a regra. Nada de sessões de aconselhamento no Palácio do Planalto.

Só um parêntese: não se preocupe com os nomes. Eles serão dezenas ao longo das próximas páginas, mas têm pouca importância. O que importa de fato é olhar para a localização geográfica.

A violenta disputa de poder marca o início da era na qual tudo vale para aumentar os lucros. Uma era de corporações sem donos claros: ninguém sabe quem manda em quem.

Os produtos dispostos e vendidos nos supermercados já não são a única fonte de receitas. Talvez nem sequer sejam a principal. Atualmente, especular é mais importante que comercializar. Para isso, é preciso lançar mão de estratégias

---

**67** "Abilio Diniz assume erro ao fechar contrato mal feito com Casino", *Sociedade Brasileira de Varejo e Consumo*, 13 jun. 2016.

para vulnerar direitos trabalhistas, espremer fornecedores e remeter dinheiro para paraísos fiscais. É sobre esse último assunto que trataremos agora.

Hoje, Carrefour, Casino, Walmart e todos os grandes atores do mercado varejista global têm mais ou menos os mesmos donos. Com fatias maiores ou menores, Vanguard, BlackRock, Capital Research, Fidelity e State Street são fundos que marcam presença e influenciam os rumos dessas corporações, assim como os das fabricantes de ultraprocessados, das grandes detentoras das sementes e dos agrotóxicos. Ou seja, atravessam o sistema alimentar e, portanto, têm a capacidade de ditar o que será ou não produzido. Brincam com a cotação do milho como se fosse a cotação de uma empresa aérea, uma petrolífera, uma mineradora. E, com isso, podem impor a fome a milhões de pessoas em questão de dias.

A leitura das atas das assembleias de acionistas de Carrefour e GPA permite ver a presença desses e de muitos outros fundos, alguns deles especializados na compra de títulos podres, operação pela qual recebem o carinhoso apelido de "fundos abutre". São especialistas em sentir o cheiro de carne prestes a estragar.

Esse controle cruzado de ativos entre vários braços do sistema alimentar expõe a incapacidade da legislação atual de lidar com uma administração corporativa pouco transparente: se os mesmos investidores controlam os maiores concorrentes de um setor, que condutas anticompetitivas podem surgir? Em outras palavras, por que Carrefour e Pão de Açúcar competiriam, se os mesmos grupos se beneficiam do lucro de um e de outro?

Como mostra a experiência em diversos setores, o controle horizontal implica aumento de preços e não resulta em qualquer ganho de eficiência para as corporações. Entre 1994 e 2013, o varejo foi um dos setores econômicos que apresentou os maiores avanços dessa estratégia mundo afora.[68] Esses fundos gostam da brincadeira, mas não sabem perder. Quando uma corporação os aceita como parte do controle, precisa entregar resultados a qualquer custo. Qualquer mesmo.

Nos últimos anos, a BlackRock ultrapassou 5% de controle sobre as ações do GPA em vários momentos. A "maior gestora de ativos" do mundo diz administrar seis trilhões de dólares.[69] Para que se tenha uma ideia, o Walmart, empresa de maior faturamento do mundo, declarara quinhentos bilhões em receitas. Enquanto isso, só a BlackRock anunciava haver repassado 3,6 bilhões aos acionistas. E projetava que, em apenas quatro anos, o setor de "gestão de ativos" cresceria trinta trilhões, chegando a 125 trilhões de dólares, ou o equivalente ao PIB de setenta "Brasis".

Novasoc, Segisor, Wilkes, Sudaco, Saper, NCB: uma lista de nomes inescrutáveis protege uma estrutura empresarial incompreensível. O organograma de acionistas e empresas controladas por CBD e Carrefour é um emaranhado de setas e caixinhas que parecem tudo conectar. A empresa A controla a empresa B, que tem uma pequena participação na empresa C, que por sua vez controla a empresa A. Barcelona, Vancouver, Dallas, Lake Niassa, Bruxelas: os nomes revelam um apreço por localizações geográficas. Mas não por quaisquer localizações geográficas.

---

**68** GREENSPON, Jacob. "How Big a Problem Is It That a Few Shareholders Own Stock in So Many Competing Companies?" [Quão grande é o problema de poucos acionistas possuírem ações em tantas empresas concorrentes?], *Harvard Business Review*, 19 fev. 2019.

**69** BLACKROCK. *Better portfolios. Better futures. 2018 Anual Report* [Portfólios melhores, futuros melhores: relatório anual de 2018]. Nova York: BlackRock, 2018.

À primeira vista, nada de especial. É preciso remover a camada de tinta superficial para começar a enxergar as estruturas. NV, BV, Lux Co, Dutch Co, Holland. Vão se revelando lugares familiares: Panamá, Holanda, Luxemburgo. Paraísos fiscais. Lugares para onde o dinheiro pode viajar sem dar satisfação.

A Via Varejo Netherlands Holding BV fica no número 3.127 da via Strawinskylaan, em Amsterdã. É o mesmo endereço da Companhia Brasileira de Distribuição Netherlands Holding BV, conhecida entre os íntimos como CBD Dutch Co. Na mesma via, mas no número 3.051, estão a CNova NV e a CNova Finança BV. Todas ligadas à Companhia Brasileira de Distribuição. Mas como é possível que empresas tão grandes ocupem o mesmo espaço? Deve haver uma baita estrutura para manter as operações holandesas de algumas das maiores varejistas do Brasil, não? Não mesmo. Em cada um desses endereços funcionam dezenas, centenas ou milhares de empresas.

A oito quilômetros de distância fica a CBD Holland BV. O endereço deve ter um entra e sai frenético de pessoas. Ou deveria, se as empresas que estão inscritas ali de fato funcionassem. Só entre os dias 20 e 23 de novembro de 2019 foram abertas 159 empresas nesse local. Em pleno Natal foram mais três. No começo de 2020, outras seis. Elas brotam do chão: basta um endereço de *e-mail*, um bom dinheiro, e a mágica acontece.

Ali, em meio a essa profusão de cadastros, opera o TMF Group, que apresenta, na página de internet, a Holanda como "sua porta de entrada para os mercados europeus". Em resumo, "um atrativo ambiente de negócio localizado no coração do continente", com "vastas oportunidades para comércio e investimento tanto dentro como fora das fronteiras". O que oferece o TMF Group? Uma gama completa de serviços para "reduzir riscos", controlar custos e deixar o empresário "livre para focar em suas ambições globais". Contabilidade e *expertise* no sistema tributário são os primeiros de uma longa lista de realizações.

Nossa lista de nomes também vai se tornando imensa. Masmanidis, Vieri, Rallye. E, com eles, cresce a relação de endereços que aparecem no *Offshore Leaks Database*, uma base de dados do Consórcio Internacional de Jornalismo Investigativo, responsável pelas maiores investigações sobre paraísos fiscais da história.

A maioria das pessoas pensa em ilhotas perdidas no meio do oceano quando se fala em paraísos fiscais. Algumas de fato o são. Mas essa interpretação geográfica é resultado de uma falha de tradução que acabou se embrenhando no vocabulário: o correto é abrigo ou refúgio fiscal. Na lista dos dez maiores da Tax Justice Network, uma organização internacional especializada no tema, estão Estados Unidos (2º), Suíça (3º), Cingapura (5º), Luxemburgo (6º), Japão (7º) e Holanda (8º). Ao longo da nossa investigação, teremos o prazer de colocar quase todos no mapa de Carrefour e Pão de Açúcar.

A expressão "abrigo" é importante porque nos ajuda a entender a finalidade dessas estruturas. Por definição, são países, estados ou regiões que oferecem uma situação jurídica e tributária favorável a que o lucro se refugie, abrigado das vistas das autoridades fiscais. *Eu não pergunto de onde vem esse dinheiro, você não pergunta por que eu quero seu dinheiro.* Sigilo e regras frouxas para entrada e saída são a alma do negócio. Se você pagaria 30% de impostos na região onde sua empresa atua de verdade, por que não transferir seu dinheiro para um abrigo fiscal em nome de preservar alguns bilhões?

De quanto, exatamente, estamos falando? Se soubéssemos, o encanto estaria perdido. A grande questão é que não temos como saber quanto está em jogo. Esse dinheiro desaparece da economia real, deixando saudades. A literatura científica oferece ferramentas para dimensionar minimamente o rombo. A Tax Justice Network estima entre vinte trilhões e 32 trilhões de dólares. Ou seja, entre dez e dezesseis vezes o PIB do Brasil estão flutuando por aí.[70] Em uma projeção conservadora, 20% do faturamento global privado vai parar em abrigos. Os mecanismos se sofisticaram notavelmente com o crescimento do capitalismo financeiro. Nos Estados Unidos dos anos 1990, projetava-se que cerca de 5% a 10% dos lucros migrassem para essas jurisdições, contra 20% a 25% atualmente. E nem é preciso que o dinheiro viaje muito: o estado de Delaware, pertinho de Washington, é um dos maiores abrigos fiscais do mundo.

Quando se cobra uma reforma que simplifique a carga tributária, que reduza o peso dos tributos, muitos de nós somos tentados a concordar. Parece uma boa ideia: frequentemente se reclama que o Brasil não tem um ambiente favorável aos investimentos e prega-se, entre outras coisas, que sejam retirados mecanismos que dificultam a remessa de lucros ao exterior. Quando engrossamos esse coro, é importante saber que estamos deixando mais forte a voz do mercado financeiro.

Um outro estudo fala que 40% dos lucros são remetidos a abrigos fiscais.[71] O cálculo é de que a tributação geral sobre ganhos corporativos tenha caído pela metade entre 1985 e 2018. Não é difícil entender onde estão os vencedores da globalização neoliberal. E é razoavelmente fácil compreender como a gente acaba colaborando involuntariamente. Quando você compra vinho no mercadinho da esquina, o dono colocará o dinheiro no caixa e, no dia seguinte, irá levá-lo ao banco. No máximo, investirá em algum título do mercado financeiro. Mas ele seguramente não tem um endereço na Holanda para onde remete um percentual do que você gastou.

---

**70** COBHAM, Alex. "Tax avoidance and evasion — the scale of the problem", [Evasão e sonegação fiscal: o tamanho do problema]. *Tax Justice Network*, nov. 2017.

**71** TØRSLØV, Thomas R.; WIER, Ludvig S. & ZUCMAN, Gabriel. "The Missing Profits of Nations" [Os lucros perdidos das nações], *National Bureau of Economic Research Working Papers*, n. 24701, 2018.

O problema é que, muito provavelmente, você não compra vinho no mercadinho da esquina, porque é bem mais caro. Uma das razões desse preço mais alto é a ideia clássica de que pequenas empresas fazem pequenos pedidos e, portanto, não ganham descontos. Mas uma outra razão é que o dono do mercadinho não tem um endereço na Holanda. Quer mais uma maldição? Quando vir uma promoção muito agressiva de um produto *premium*, desconfie. Produtos com preços altamente subjetivos são um prato cheio para a remessa de dinheiro a abrigos fiscais. Vinhos, queijos, embutidos, peixes, frutas secas, eletrônicos, tudo isso tem um valor muito mais elástico que o de um quilo de cebola. Então, o que uma rede de supermercado pode fazer é emitir uma nota fiscal a uma empresa do mesmo grupo localizada num paraíso fiscal. Vamos dizer que a fabricante tenha cobrado vinte reais por cada garrafa de vinho. Mas, na nota, a Supermercado Brasil S.A. paga cinquenta reais à Supermercado Brasil-Holanda NV, que simplesmente simulou intermediar essa operação — afinal, o vinho foi engarrafado na Argentina e jamais colocou os pés na Europa. Quem poderá dizer se aquele vinho vale vinte ou cinquenta reais? Ninguém. Assim, será possível remeter ao menos trinta reais por garrafa ao exterior. A mercadoria pode ser vendida nas lojas a um lucro baixo, ou mesmo com prejuízo, porque o grande ganho foi feito nessa operação financeira anterior, e não na prateleira. E quanto mais se vende, melhor, porque mais dinheiro pode ser remetido a um lugar do mundo no qual se pague pouco ou nenhum imposto.

É por isso que olhar unicamente para o lucro do Supermercado Brasil S.A. dá uma medida errada da situação. Essa empresa pode até bater recordes de vendas e, ainda assim, operar no vermelho. Não é contraditório. O importante é olhar para a árvore, e não para os galhos. Esse prejuízo local pode simplesmente significar que o Grupo Supermercado Europa é altamente habilidoso em esconder seu dinheiro em abrigos fiscais.

Isso cria uma situação de concorrência desleal. E desleal é uma palavra muito branda, na verdade. Outra pesquisa nos ajuda a entender esse ponto. Outra vez, uma estimativa conservadora fala em 10% de perda na arrecadação tributária.[72] Porém, no caso de multinacionais, a transferência dos lucros chega a 37%. Enquanto o mercadinho da esquina tem de recolher todos os tributos, as grandes redes contam com um *know-how* de como remeter dinheiro ao exterior antes que seja enxergado pelos governos. Importante saber que o Brasil tem uma das piores perdas percentuais — 2,37% da arrecadação tributária e quase 20% da tributação sobre lucros corporativos, um dano estimado em 32 bilhões de dólares ao ano, ou cinco anos de Bolsa Família.

Um relatório feito em 2014 por Dev Kar, ex-economista sênior do FMI, projeta a fuga de capitais brasileira em 401,6 bilhões de dólares de 1960 a 2012, com movimentação crescente nas últimas décadas.[73] A maior parte vai embora por subfaturamento de exportações ou superfaturamento de importações: vender mais barato e comprar mais caro do que o valor original. Como no caso daquele vinho de que falamos há pouco. Quanto mais o país adota a cartilha de criar um "ambiente favorável aos negócios", facilitando a remessa de lucros, mais se dá mal.

Por que não se consegue frear essa situação? Como o dinheiro em paraísos é muito difícil de ser rastreado, cria-se um impasse: se essas jurisdições começarem a cooperar com investigações,

---

**72** JANSKÝ, Peter & PALANSKÝ, Miroslav. "Estimating the scale of profit shifting and tax revenue losses related to foreign direct investment" [Estimativas da escala de transferência de lucros e perdas de arrecadação tributária relacionadas a investimentos estrangeiros diretos], *Int Tax Public Finance*, v. 26, n. 5, p. 1048-103, out. 2019.

**73** KAR, Dev. *Brasil: fuga de capitais, os fluxos ilícitos, e as crises macroeconômicas, 1960-2012*. Washington: Global Financial Integrity, 2014.

os investidores buscarão outro lugar. Desse modo, irmão desconhece irmão: países com altas taxas de tributação escolhem comprar briga com outras nações nessa situação, porque é mais fácil conseguir trazer esse dinheiro de volta.

O que tudo isso nos mostra é que essas operações foram ganhando ares de legalidade. As leis nacionais — e a interpretação dessas leis — foram continuadamente moldadas de forma a garantir que o dinheiro e as mercadorias circulem livremente pelo mundo. O mesmo mundo no qual as pessoas são contidas por muros, cercas, guaritas.

Existe uma diferença conceitual fundamental para que o esquema possa florescer. Evasão fiscal é crime. Elisão fiscal é... bem, aos seus olhos talvez tenha cara de crime, jeito de crime, consequência de crime, mas não é. Para o capitalismo financeiro e o particularíssimo jogo de práticas e valores, não é. Evasão fiscal é uma fraude deliberada para evitar o pagamento de impostos. A empresa deixa de declarar a venda de um produto, por exemplo. Já a elisão fiscal é o uso *muy* habilidoso de instrumentos legais ou jurídicos para evitar o pagamento de tributos. É jogar com a regra debaixo do braço. Por exemplo: um molho de tomate é fabricado na China, e então viaja à Itália simplesmente para poder ser exportado como "*Made in Italy*" porque, afinal, para você é muito mais crível um molho de tomate italiano que um chinês. Custando uma ninharia, então, é perfeito. Vamos lembrar: o lucro mora na operação financeira, e não na prateleira. Quanto mais baixo o preço, melhor, porque mais produtos serão vendidos e maior será a possibilidade de remeter dinheiro a um abrigo fiscal. "Toda multinacional se estrutura de forma a evadir impostos e esconder lucros onde não serão tributados", diz um auditor aposentado da Receita Federal. "Não tem nenhuma justificativa econômica para ter relações com um paraíso fiscal que não seja driblar o Fisco. É uma confissão de culpa. É uma confissão de desonestidade."

A literatura científica reconhece algumas formas clássicas de transferência de lucro a abrigos. Não foi difícil encontrá-las nos balanços financeiros de Pão de Açúcar e Carrefour. No total, entre 2016 e 2018, encontramos 1,5 bilhão de reais remetidos pelas duas empresas ao exterior (a maior parte a abrigos fiscais) apenas a partir daquilo que consta dos documentos entregues à Comissão de Valores Mobiliários (CVM). É importante dizer que as práticas que listamos a seguir não são necessariamente ilegais.

## 1) Deixa que eu invento

Uma maneira bem bonita de enviar dinheiro é o pagamento por serviços cujo valor tenha um grau elevado de subjetividade. Esse é um aspecto importante a ser observado: como se dá no caso dos produtos, tudo o que é elástico é favorável. Não só para remeter lucros a paraísos, como à matriz. O pagamento por serviços de encanador não é uma boa maneira de remeter dinheiro a outro país, porque é relativamente fácil encontrar encanadores a preços baixos. Mas um serviço na área de conhecimento e informação pode custar muitíssimo barato ou muitíssimo caro. E as autoridades fiscais terão muita dificuldade de provar que se está superfaturando.

A Carrefour Systemes d'Information oferece ao Carrefour brasileiro "serviços de manutenção, operação e apoio com relação a aplicativos de tecnologia". Com isso, em torno de 160 milhões de reais foram pagos entre 2016 e 2018. Já o Casino transfere *know-how* à CBD pelo menos desde 2014. Em troca, recebe um reembolso que ficou em 121 milhões de reais entre 2016 e 2018.

## 2) Dessa vez, você inventa

Semelhante à primeira tática, mas, no lugar de serviços, paga-se por direitos de marca. O relatório *Ashes to Ashes* [Das cinzas às cinzas], da Tax Justice Network, fala sobre como a controladora da Souza Cruz remete dinheiro de cigarro a abrigos fiscais. Embora estejamos falando de cigarros, e não de varejo, as estratégias são interessantes para entendermos o jogo. "É claramente quase impossível estabelecer o valor de mercado de um ativo intangível, como uma marca, motivo pelo qual muitos esquemas de transferência de lucros e de disputas entre multinacionais e autoridades tributárias se dão em torno do posicionamento dos direitos de propriedade intelectual em abrigos fiscais."[74]

O Carrefour brasileiro paga direitos de marca ao Carrefour Marchandises Internationales. O valor mensal descrito nos relatórios de referência é de quinze milhões de reais.

## 3) Um empurrão involuntário do consumidor

Subfaturamento de exportações e superfaturamento de importações, como dissemos, são uma ótima maneira de enviar dinheiro a abrigos para encher o caixa das matrizes. A Receita Federal não tem como controlar tudo o que entra e sai do país — a fiscalização é feita por amostragem. Quanto mais elástico o preço, melhor. Quanto mais alta sua classe social, quanto mais cara sua cesta de consumo no supermercado, maior a chance de que você esteja participando da maracutaia sem saber.

---

**74** TAX Justice Network. *Ashes to ashes: how British American Tobacco avoids taxes in low and middle income countries* [Das cinzas às cinzas: como a Brittish American Tobacco evita tributações em países de renda baixa e media]. Chesham: Tax Justice Network, 2019.

Nessas horas, a Holanda dá lugar a Hong Kong e Suíça, outros clássicos do mundo dos paraísos. O Carrefour World Trade fica no aeroporto de Genebra. No aeroporto? Sim, por que perder tempo conhecendo a cidade? Tempo é dinheiro, amigo. Dentro do aeroporto há o World Trade Center, um enorme edifício com essa capacidade de abrigar mais registros de empresas do que o bom senso permite. Esse braço do Carrefour tem relações com vários outros braços mundo afora, sempre em busca de "benefícios comerciais" e a "geração de sinergias". Com o Atacadão, a sinergia em 2018 ficou em 105 milhões de reais. Com o Carrefour, 47 milhões.

Já a CBD firmou em 2019 um contrato envolvendo o Assaí e a EMC Distribution Limited, mais conhecida como European Merchandise Casino, que, apesar de europeia, fica em Hong Kong. No Brasil, o endereço da empresa é o mesmo da sede do GPA.

"O que fazemos é simples. Trabalhamos como um agente de fornecimento e ajudamos nossos clientes a localizar, escolher e negociar produtos. Estamos dedicados às categorias nas quais temos forças em produtos alimentícios", com "fortes bases" em China e Bangladesh. Uma corporação com 350 milhões de dólares em receitas.

Leonardo Castro é juiz do Tribunal de Impostos e Taxas de São Paulo desde 2014 e integrante do Conselho Municipal de Tributos da cidade desde 2017. Ele ressalta que é preciso cuidado para não generalizar: na visão dele, o cometimento de desvios não é predominante, mas acontece. No caso de empresas estrangeiras com operações no Brasil, como Carrefour e Casino, há um acordo interno sobre como deve ser feita a transferência de capital entre filial e matriz. "O ideal é que o Brasil possa determinar qual tipo de 'investimento' será feito", explica. Teoricamente, a matriz deveria receber sua fatia do dinheiro no fim do exercício fiscal, depois da consolidação dos lucros, em forma de dividendos. "Mas às vezes [as empresas] não vão querer assim, porque o dividendo é o que 'sobra' da receita líquida."

A solução, para a matriz, é pegar um pedacinho do bolo antes mesmo de sair do forno. "Por isso existem as despesas como *royalties* e assistência técnica, porque são pagas todo mês ou todo ano, independentemente se há consolidação de lucro", aponta Castro. "O problema é quando empresas multinacionais começam a camuflar e requalificar um tipo de pagamento para garantir que ela receba. [Por exemplo,] uma empresa de chocolates da Bélgica que abre uma fábrica no Brasil e define que quer receber 5% do lucro líquido para manter as operações. Aí no primeiro ano consegue receber 2% e no segundo ano 3%. A matriz não fica satisfeita e diz para a filial brasileira 'olha, então vocês vão me pagar *pro labore*', como se a matriz da Bélgica estivesse prestando um serviço de consultoria, *marketing*, representação comercial para que a filial pague 5% do rendimento bruto. 'Depois você consolida o lucro e paga dividendos pros acionistas brasileiros, mas eu já tirei minha fatia'."

Como isso se dá na vida dos nossos amigos supermercados? Cássio Casseb foi presidente do Banco do Brasil no início do governo Lula. Logo em seguida migrou para o cargo de CEO do Grupo Pão de Açúcar, função na qual não durou muito tempo devido a atritos com Abilio Diniz. No livro *Abilio: determinado, ambicioso, polêmico*, José Roberto Tambasco, ex-diretor executivo da unidade de negócios do Pão de Açúcar, explica as orientações que recebia de Casseb:

Uma das áreas em que ele [Casseb] fez muita besteira foi em importação. Ele sabia que o Casino queria que a gente importasse mais, através dos escritórios da China, e simplesmente dizia: "Nós vamos importar cem milhões de dólares este ano, se vira." Em geral essas decisões não são assim, têm que ser tomadas com o comercial junto, porque afinal o produto precisa ser vendido. Isso virou um pepino para nós mais tarde. Trouxemos produtos que não tinham nada a ver, como um jet-ski de plástico para criança, basicamente uma bola com motor, que foi colocada à venda no Extra. O negócio nem funcionava direito. (Correa, 2015)

Faltou explicar por que o Casino queria que o Pão de Açúcar importasse mais. E por que, especificamente, um negócio da China.

## 4) De uma mão para outra

No mundo das corporações, dentro de uma mesma empresa, empresta-se dinheiro de um lado a outro. Empresas de um mesmo grupo compram umas às outras, depois são vendidas. Desaparecem, reaparecem com outros nomes. Tudo isso para transferir dinheiro a locais onde os ganhos são mais apetitosos, para evitar o pagamento de juros aos acionistas, para garantir novos investimentos. Falaremos mais sobre esse aspecto no próximo capítulo.

Como explica um dos estudos da Tax Justice Network, "se a retenção dos juros na fonte é mais baixa que o imposto corporativo no país de origem da subsidiária que tomou o empréstimo, a receita tributária geral, então, será menor. Assim, algumas vezes um empréstimo é feito de uma subsidiária num abrigo fiscal no qual será esse o caso — talvez por causa de um tratado fiscal que reduz a retenção tributária na fonte de juros".[75]

Nosso auditor aposentado da Receita explica como isso funciona. "Eu posso comprar uma empresa minha para reduzir meu lucro e pagar menos CSLL [Contribuição Social sobre o Lucro Líquido]." O órgão federal em algum momento se dará conta e aplicará uma multa. "Quando for pagar a multa da Receita, vou refazer [recalcular] o valor. O valor estará desatualizado.

---

**75** TAX Justice Network. *Ashes to ashes: how British American Tobacco avoids taxes in low and middle income countries.* Chesham: Tax Justice Network, 2019.

E eu ainda vou poder parcelar. É um baita negócio. Fora os Refis." A cada tanto, União e estados abrem a possibilidade de as empresas regularizarem débitos relativos a tributos. É uma espécie de anistia que, a essa altura, se tornou permanente. Assim, algumas empresas sequer recolhem alguns impostos.

É o caso do GPA. Em 1991, a banca de advogados Mattos Filho, que representava a companhia, ganhou uma ação na Justiça argumentando que a Lei 7.689, de 1988, que instituiu a CSLL, era inconstitucional. Apesar de questionada, a decisão vale até hoje. "A CBD é uma das poucas empresas brasileiras que nunca pagou esse imposto", esclarece Pedro Luciano Marrey Júnior, sócio da Mattos Filho e responsável pela ação (Correa, 2015). Sem contribuir com os 9% de CSLL, o Pão de Açúcar economizou pouco mais de setenta milhões de reais apenas em 2019.

São muitas camadas para entender. Mas podemos ir aos poucos. O organograma das empresas nos ajuda a encontrar respostas. Esse é o organograma da CBD em março de 2020. Não se atenha aos detalhes: basta entender o tamanho do labirinto. Essas estruturas são gelatinosas, mutantes, fluidas.

## a) Um êxito total

Em 29 de julho de 2015, o Casino decidiu vender 50% da Segisor da França para seu braço colombiano, a Éxito, por 1,8 bilhão de dólares. Com isso, a Éxito passaria na prática a dividir o controle do GPA com a matriz francesa. É como se a diretoria do Corinthians decidisse dividir com o time juvenil o comando do time principal. A operação foi aprovada na assembleia de acionistas sob protestos de um terço dos detentores dos papéis. A empresa colombiana se obrigava a pagar um ágio de 21%, ou seja, um extra de 21% sobre o valor real das ações.

Essa é a maneira mais simples de se ler esse negócio. Vamos à maneira complexa. E, só pra reforçar, não se apegue

# ORGANOGRAMA DOS ACIONISTAS E DO GRUPO ECONÔMICO

## GRUPO PÃO DE AÇÚCAR

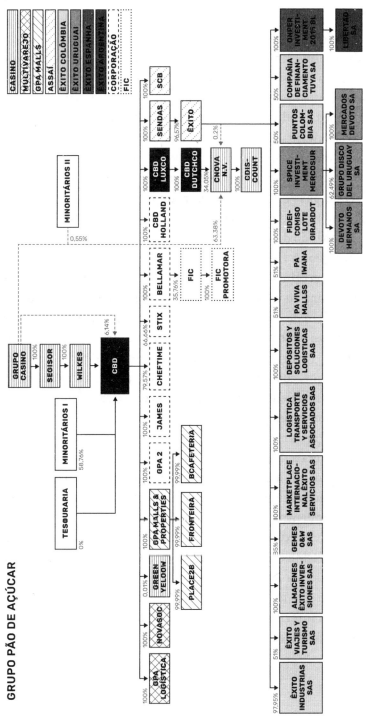

aos nomes e preste atenção à geografia. A Éxito era dona da Onper Investments, de Madri. É a Onper que passa a controlar a Segisor, que por sua vez é dona da Oregon LLC e da Pincher LLC, ambas sediadas no abrigo fiscal de Delaware, nos Estados Unidos. A Pincher controla a Bengal LLC, também de Delaware, que a seu turno tem 0,984% da Wilkes, mesma fatia que cabe à Oregon. A Wilkes é que detém 35,3% da CBD. Um acordo que supostamente envolve três empresas do mesmo grupo passa, na prática, por uma dezena de corporações. A maior parte delas nem sequer tem funcionários.

Sabendo disso, fica mais fácil entender o espírito geral da operação. A Éxito era uma empresa superavitária e sem dívidas, uma ótima notícia para os acionistas. Até o momento em que comprou uma fatia da operação brasileira do Casino por 1,8 bilhão de dólares. Esse dinheiro ajuda a matriz a quitar débitos e pode render no mercado financeiro. De quebra, isso reduz o lucro da Éxito, que paga menos dividendos aos acionistas que, com razão, se revoltam. É mais dinheiro que ficou circulando dentro do mesmo grupo empresarial.

Poderia ter parado por aí. Mas por que, não é mesmo? Quatro anos mais tarde, o Casino propôs uma "reorganização". Agora, era a CBD que deveria comprar a Éxito, aplicando um ágio próximo a dez reais por ação. A operação, ao final, custou 9,5 bilhões de reais. Mas nada pode ser simples. A compra se deu por dentro da Sendas Distribuidora S.A. mediante captação de crédito no mercado financeiro. Em paralelo, no mesmo dia, o Casino comprou as ações da Éxito na operação brasileira pelo valor de 4,9 bilhões de reais. Se antes o braço colombiano aparecia no alto do organograma, agora havia migrado à parte inferior, abaixo do Sendas, mas ainda pertinho de alguns endereços instalados em abrigos fiscais.

## b) Um presente de velhas novidades

Entre tantos nomes criativos, CNova NV transformou-se em um dos nossos favoritos. Sediada na Holanda, a empresa é controlada pela CBD Dutch Co, também holandesa, que por sua vez responde à CBD Lux Co, de Luxemburgo. Ao longo do organograma vão brotando participações acionárias de diferentes empresas, de diferentes países. O importante é que a CNova NV costumava controlar a CNova Brasil, responsável por parte das operações *on-line* do Pão de Açúcar. Em maio de 2016, a Companhia Brasileira de Distribuição anunciou mais uma reorganização, dessa vez para que a Via Varejo concentrasse as vendas pela internet.

Poucas semanas depois, foi obrigada a informar ao mercado financeiro que a Comissão de Valores Mobiliários havia aberto uma investigação. A CNova NV teve de revisar os balanços financeiros por um errinho à toa, de meio bilhão de reais. Supervalorização nas receitas, "inconsistências" na avaliação de produtos danificados ou que retornaram aos estoques, lançamentos contábeis "inadequados", tratamento indevido no cálculo de custos para o desenvolvimento de um *software*. Cifras, apenas cifras, que sobem ou que descem de acordo com o momento.

Em Nova York, uma corte também havia determinado a abertura de uma investigação a esse respeito. Inicialmente, a empresa tentou culpar funcionários por falhas no controle dos estoques. Em maio de 2017, chegou a um acordo para o pagamento de 28 milhões de dólares, sem necessidade de admitir culpa nem risco de ser responsabilizada.

Mas nossa viagem pelo mundo ainda não terminou. E ela ficará cada vez mais emocionante.

# 10
# QUEM COLHE
# NÃO PLANTA

Lindas águas verdes banham a paradisíaca ilha de Korcula, na Croácia. Valente, a localidade resolveu disputar com Veneza o título de terra natal de Marco Polo. Verdade ou não, aqueles vinte quilômetros quadrados não pareceram espaço suficiente para o navegador, que resolveu ganhar o mundo.

Não se sabe se alguém no Carrefour quis lhe render homenagem. Afinal, Marco Polo alargou as fronteiras da Europa a limites até então desconhecidos, numa operação sem a qual não existiria globalização nem paraísos fiscais. Ou talvez expressar saudade pelas férias inesquecíveis no mar Adriático. Ou, ainda, fazer alusão à origem do nome Korcula, "floresta densa" — um lugar perfeito para esconder coisas. De todo modo, não deve ser fácil ter criatividade para batizar tantos CNPJ. É quase tão complicado quanto estar na pele de quem dá nome aos furacões que todos os anos varrem a costa dos Estados Unidos.

Em 2007, Korcula deixou de ser apenas uma localidade turística. Durante um maravilhoso outono-inverno, foi o cenário dos sonhos para a rede francesa. Um lugar idílico, uma espécie de Terra do Nunca onde, em vez do tempo, os lucros é que eram infinitos. Não se sabe até hoje se Korcula existiu de fato ou se foi um devaneio coletivo regado a muitas doses de uísque em algum lugar entre Paris e São Paulo. Mas os lucros foram reais. Só quem não se divertiu com tudo aquilo foi a Receita Federal.

*A Korcula Participações LTDA. foi aberta oficialmente Em 13 de fevereiro de 2007*

*Com capital social de cem reais*
*Dois sócios, nenhum funcionário*
*Operando no mesmo endereço do Carrefour.*

*Era uma empresa muito engraçada*
*Não tinha telefone, não tinha nada*
*Ninguém podia entrar nela, não*
*Porque a Korcula não tinha chão*
*Mas era feita com muito esmero*
*Pra garantir a taxação zero.*

Nascida humilde, a Korcula ocultava planos bilionários. Foi apenas oitenta dias depois de sua criação que recebeu o primeiro aporte financeiro de sua história. Mas dessa viagem desfrutaremos lentamente.

### 1) Escolhendo o destino certo

Existe um dispositivo legal chamado "amortização do ágio decorrente de expectativa de rentabilidade futura". Parece complicado, mas não é. Vamos supor que você decida comprar uma empresa cujas ações estão cotadas a dez reais, num total de um milhão de reais. Você projeta lucrar bastante com a compra e, então, paga cinquenta reais por ação, desembolsando um total de cinco milhões de reais.

É possível cobrar uma dedução de Imposto de Renda e de Contribuição Social sobre o Lucro Líquido sobre a diferença de quatro milhões entre o valor real e o valor subjetivo, que inclui a expectativa de proventos. Nesse caso, em torno de 1,3 milhão seria abatido ao longo de alguns anos. Mas existe uma regra clara, claríssima: essa cobrança só pode ser feita por empresas nacionais e apenas caso tenham sido as reais compradoras.

O problema é que a Carrefour Nederlands BV fica, como o nome diz, no paraíso fiscal da Holanda. Pouco antes do Carnaval de 2007, para resolver esse detalhezinho geográfico, nasce a Korcula. Exatamente no momento em que a rede francesa se preparava para comprar o Atacadão.

Façamos uma pausa: a ideia deste capítulo é mostrar de uma vez por todas que a alma do negócio é ganhar em todas as frentes, de todos os jeitos possíveis, sempre testando o limite entre legalidade e ilegalidade. O interessante é que, em vários casos, as corporações do setor ganham não uma vez com cada operação, mas várias. O dinheiro vai e volta de paraísos fiscais, em artifícios tributários e fiscais, notas sonegadas e direitos trabalhistas violados. É o *show* do bilhão.

## 2) Poupando uns trocados

No começo de abril, os dois sócios pessoa física da Korcula deixam o negócio, que é repassado em 99,9999999% à Brepa Comércio e Participação LTDA. e em 0,0000001% à Carrefour Comércio e Indústria LTDA. A Brepa era a controladora das operações do Carrefour no Brasil, com 97,49% das ações, e por sua vez era controlada pela Carrefour Nederlands BV.

Brepa, Korcula e Carrefour passam a dividir o mesmo teto, na Rua George Eastman, no Morumbi, zona sul de São Paulo. Logo em seguida a Carrefour Nederlands envia 1,13 bilhão de reais para a Brepa aumentar o capital. Esse exato valor é repassado três dias mais tarde, em 30 de abril, à Korcula. Ou seja, uma empresa que não tinha absolutamente nada, que não produzia ou vendia absolutamente nada, passa a ser uma corporação bilionária.

### 3) É hora de viajar

No mesmo dia uma nova cota de 1,09 bilhão é enviada à Korcula pelo Carrefour da Holanda, por meio de um empréstimo pelo qual jamais cobrou o pagamento de juros. Horas mais tarde, a Korcula usa os recursos para comprar o Atacadão S.A. Em resumo, um CNPJ criado três meses antes era agora o dono de uma rede com 34 lojas de atacado com valor estimado em 2,23 bilhões de reais.

O curioso é que, num intervalo de apenas vinte dias, e sem ter qualquer funcionário, a Korcula conseguiu realizar uma elaboradíssima avaliação econômica do potencial do negócio. Porém, o contrato firmado com os antigos donos do Atacadão previa que quem mandava de fato era a Brepa.

### 4) A volta pra casa

Em 31 de janeiro de 2008, a Korcula é incorporada pelo Atacadão. Ou seja, o rabo comeu o cachorro, já que no papel a Korcula era a dona do Atacadão. Por essa incorporação às avessas, o Atacadão passa a fazer jus à amortização do ágio no valor de 1,7 bilhão de reais, decorrente da diferença entre o valor real da empresa, 438 milhões, e o valor pago na operação, 2,3 bilhões. A Korcula viveu poucos meses, mas viveu bonito, de forma intensa e plena. Sempre poderemos nos lembrar dela pelo jeito maroto. Pelo discurso afiado. Pela maneira como desafiava o senso comum.

Ao longo dos quatro anos seguintes, o Atacadão foi amortizando gradativamente o ágio, totalizando 1,3 bilhão (mais recursos seriam amortizados nos anos seguintes). Foi então que a

Receita Federal cansou da brincadeira e autuou o Carrefour em quase 1,9 bilhão de reais pela movimentação. Em 2014, após um recurso da empresa, o caso chegou ao Conselho Administrativo de Recursos Fiscais (Carf), uma espécie de tribunal de questões fiscais vinculado administrativamente ao Ministério da Economia, mas independente. Em linhas gerais, o colegiado do Carf julga em segunda instância as violações tributárias.

A Procuradoria-Geral da Fazenda Nacional, que representa a União, acusou a Korcula de ser mera "empresa-veículo" dos recursos do Carrefour holandês. A corporação rebateu, alegando que o CNPJ fora criado para manter as operações separadas, considerando que havia um risco por se tratar de um negócio novo, sobre o qual pairavam dúvidas.

Além disso, o CNPJ original do Carrefour era lugar de gente diferenciada, em contraposição ao Atacadão, que tinha "como princípio o foco nos consumidores de baixa renda, sem grande diversidade de produtos e o baixo custo nas suas atividades". Em outras palavras, eram negócios totalmente diferentes: uma empresa comercializava alimentos e itens de higiene e limpeza, enquanto a outra comercializava alimentos e itens de higiene e limpeza para pessoas pobres.

Em outra frente, alegava o Carrefour, a única maneira de operacionalizar o negócio era por meio de empréstimo, e o correto nessa situação é que o empréstimo seja concedido diretamente ao braço da corporação que arcará com o negócio, sem misturar as contas bancárias.

"Após um período de adaptação, a existência da empresa Korcula Participações LTDA. passou a ser desnecessária", defendeu-se o Carrefour. Uau. Foi uma adaptação realmente veloz. Em menos de um ano, Korcula e Atacadão já estavam plenamente integradas. "Entendem que a incorporação da segunda nomeada pela primeira é de real interesse das sociedades, uma vez que, tendo em vista a correlação existente entre as mesmas, proporcionará uma maior sinergia com o desenvolvimento de outras atividades afins, bem como acarretará considerável economia operacional e administrativa com a concentração das atividades administrativas em uma única unidade." De que economia operacional estamos falando se uma das empresas não tinha funcionário, sede, nada?

No Carf, a relatora Adriana Gomes Rêgo não encampou a argumentação da empresa:

> O Carrefour BV foi a real adquirente do Atacadão, tendo não só fornecido a totalidade dos recursos financeiros (via aumento de capital social e empréstimo), que fizeram uma rápida passagem pela Brepa e pela Korcula antes de serem transferidos para os vendedores do Atacadão, como provavelmente foi o centro decisório da aquisição. [...] O ágio é um ativo de quem paga o investimento. Neste caso, é o Carrefour BV, empresa sediada no exterior, o local de decisão da operação e a provedora dos recursos necessários para a sua execução, é a ela que pertencem o investimento e o ágio decorrente. E por estar no exterior a fonte dos recursos, por conseguinte, o ágio não tem como ser amortizado aqui no Brasil.

O Carrefour foi condenado a pagar uma multa de 1,9 bilhão de reais. Em outra ação relativa ao mesmo caso, a Procuradoria cobrou a amortização realizada nas declarações tributárias de 2012 e 2013, somando mais 779 milhões. Mas as coisas não são tão simples. Até a publicação deste livro, a varejista francesa não havia desembolsado um centavo sequer. Mesmo que algum dia a empresa tenha de arcar com essas duas condenações, passaram-se muitos anos, tempo suficiente para que o dinheiro decorrente da amortização tenha rendido muito mais em operações no mercado financeiro. Ser obrigado a pagar alguma coisa, contudo, é a exceção, e não a regra.

Os formulários que as empresas apresentam à CVM são uma ótima maneira de entender se as infrações compensam.

À diferença da publicidade veiculada na TV e nas redes sociais, nesses formulários não é boa ideia mentir, camuflar, aumentar. Porque são o meio pelo qual uma corporação se comunica com os investidores. Uma história mal contada pode ter um efeito devastador.

No formulário entregue em maio de 2020, o Carrefour lista 1.195 processos apenas no meio tributário, e trinta mil ações no total, somando questões cíveis, trabalhistas e previdenciárias. Poucos são realmente ameaçadores para o caixa. Um bom jeito de saber o que de fato assusta uma empresa é olhar para a provisão, ou seja, para os recursos que são guardados para o caso de derrota. Nesse caso, a rede mantinha três bilhões de reais em caixa para suprir todo esse mar de pendengas judiciais. É preciso classificar os casos mais relevantes em perda "remota", "possível" ou "provável", de modo a indicar ao mercado qual a chance real de derrota. Os dois casos estavam classificados no Carf como "possível".

A revista *SuperHiper*, da Abras, por vezes parece descrever outro país. "Passado o ano de 2019, que começou com otimismo eufórico por causa do novo governo e da ampla perspectiva de retomada econômica, 2020 traz, novamente, boas expectativas para todos os setores da economia", resumia a primeira edição do ano. O artigo de abertura, redigido pelo presidente da associação, João Sanzovo Neto, permite entender que, de fato, é de um outro Brasil que se está falando: o dos empresários. "Nunca estivemos tão próximos de uma reestruturação no ambiente empresarial como agora, com tantos incentivos ao empreendedorismo."[76]

---

[76] *SuperHiper*, ano 46, n. 522, jan. 2020.

A Abras se declara responsável por 5% do PIB, força suficiente para patrocinar, pressionar e aplaudir o desmonte das leis trabalhista e previdenciária. Quando compareceu ao Congresso, em novembro de 2019, o vice-presidente da organização fez questão de oferecer um agradecimento ao governo federal pela Lei da Liberdade Econômica. "A MP da Liberdade Econômica corrige o erro de acreditar que o empresário é um inimigo do governo. Ele é só uma pessoa que quer crescer e evoluir com o Brasil", enfatizou Mauricio Antonio Ungari da Costa.

Essa lei é mais do que um pedaço de papel: é uma declaração de princípios de um Estado ultraliberal, "que estabelece normas de proteção à livre iniciativa e ao livre exercício de atividade econômica". Equipara imediatamente pessoas físicas e jurídicas em direitos "essenciais para o desenvolvimento e o crescimento". É fácil entender por que a Abras gosta tanto da lei. Um dos pontos centrais é a liberação para exercer toda e qualquer atividade econômica em qualquer dia e a qualquer hora da semana. Assim, o setor varejista fica livre para abrir aos domingos sem precisar arcar com os ônus dessa decisão — os ônus, no caso, são a saúde e os direitos dos funcionários.

Mas os empresários sempre querem mais. E agora era a hora da reforma tributária. Entre as medidas para minar a "subjetividade" da Receita, a Abras queria a aprovação da possibilidade de cobrar créditos em cima de qualquer imposto por qualquer serviço ou produto. "Crédito amplo, tudo o que tá na nota fiscal eu vou abater do recolhimento de impostos. Não importa se essa nota fiscal é por um serviço que não está atrelado à minha atividade final. Tudo o que pagou imposto eu cobro crédito", explicou Ungari.

*A felicidade está por dentro. Mas não vai sair no raio-X. Você provoca os próprios sentimentos. O que você faz pra ser feliz?* No raio-X, não sabemos. Mas a felicidade sai nos formulários entregues ao mercado. Esses documentos registram lucros bilionários, bem como dão indícios do caminho pelo qual se chegou lá.

Já falamos algumas vezes neste livro sobre a possibilidade de cobrar créditos tributários para evitar que o produto final reflita o acúmulo dos impostos ao longo de toda a cadeia de produção, distribuição e consumo. A ideia de cobrar créditos tributários sobre absolutamente tudo parece sensata. A proposta da Abras soa como uma bela maneira de evitar que os auditores fiscais tenham de interpretar se uma empresa faz jus ou não a uma determinada operação. Mas existe uma maneira ainda mais sensata: respeitar a lei, cobrando créditos apenas sobre aquilo a que se tem direito. O que os supermercados chamam de "subjetividade", a Receita chama de fraude. No jargão do órgão público, melar a trapaça significa "glosar os créditos". É quando se constata que uma determinada empresa está se valendo de manobras para cobrar em cima de operações que não dão direito a isso.

Por exemplo, um empregador cobra créditos de Programa de Integração Social (PIS) e Contribuição para o Financiamento da Seguridade Social (Cofins) em cima do vale-refeição dos funcionários; gastos de publicidade; *leasing* de veículos; cartão de crédito; locação de imóveis; computadores para o escritório; peças usadas em equipamentos de refrigeração; equipamentos de proteção dos funcionários; contas de energia elétrica; produtos de limpeza; e, claro, serviços de dedetização.

Esse é um entre muitos processos possíveis. Em dezembro de 2014, a Receita Federal no Paraná apresentou autos de infração contra o Carrefour nos valores de 132,8 milhões de reais para PIS e de 613 milhões para Cofins. A empresa quis aproveitar integralmente os créditos dos dois impostos para absolutamente tudo, até mesmo pelo transporte de produtos entre os centros de distribuição e as lojas. Pediu crédito também sobre produtos que tinham a tributação zerada, ou seja, em cima de impostos que nem sequer são recolhidos: iogurtes, queijos, requeijão, bebidas lácteas, leite fermentado, leite em pó, leite integral, massas, açúcar, café.

Se o pulo do gato fosse tributado, o Brasil teria muito mais dinheiro em caixa. A empresa alegou que o fato de o CNPJ ser amplo, "Carrefour Indústria e Comércio", dá direito a cobrar em cima de atividades que não sejam apenas de varejo. Você já viu alguma fábrica do Carrefour por aí? É isso que a Abras chama de "subjetividade" da Receita. Só para ficar claro.

A empresa alegou que pode atuar como fornecedora de refeições, correspondente bancária, gestora imobiliária, intermediadora de serviços. A interpretação é de que qualquer atividade que contribua para o faturamento pode ser usada para obter crédito. "Defende o aproveitamento de créditos sobre todos os gastos e despesas com propaganda e publicidade, sob o argumento de que tais despesas são essenciais e indispensáveis para sua atividade, pois desempenham um papel essencial e relevante na revenda de mercadorias, sendo impossível dissociar despesas dessa natureza da atividade comercial desempenhada pela Requerente", argumentou no Carf.

A Terceira Turma da Delegacia da Receita Federal de Julgamento, em Curitiba, não engoliu a história. Entre outras, teve de explicar ao Carrefour que "insumo" não é toda atividade realizada dentro de uma empresa, mas uma matéria-prima usada na fabricação de alguma coisa. Se não houve fabricação, não há insumo. Que falta o dicionário faz. "Assim, não é todo e qualquer dispêndio, ainda que seja necessário, essencial ou imprescindível à atividade econômica exercida pelo contribuinte, que pode ser base para cálculo de seus créditos não cumulativos." Foram realizadas duas diligências para ver se o Carrefour tinha razão em aplicar crédito sobre os custos com energia elétrica e aluguéis dos centros de distribuição. A conclusão foi de que não, não fazia sentido algum, porque já se paga imposto em cima desse tipo de gasto.

O caso, como de praxe, chegou ao Carf, que negou a maior parte dos recursos da empresa. A multa está estimada em 930 milhões de reais, com chance de perda classificada como "possível". Mas, também como de praxe, nada saiu do cofre. O Carrefour conseguiu atrelar esse e outros casos ao julgamento de dois mandados de segurança que se arrastam desde 2004 e que ficaram parados no Supremo Tribunal Federal (STF). Nessa situação, a perda, no total de 1,3 bilhão, é projetada como "provável". Provável mesmo é que nenhum de nós veja esse caso se encerrar.

Duas peças de contrafilé, 83 reais, Carrefour. Desempregado, 44 anos, pai de três filhos, morador de rua, dependência química por *crack*. Uma passagem por furto.

Esse é um resumo da vida de Jorge Alexandre Mendes de Oliveira. Ou é o resumo que o Ministério Público de São Paulo e o Tribunal de Justiça decidiram enxergar. O caso é bem mais complexo do que isso. Mas é rigorosamente banal. Um entre tantos — entre milhares — de casos de furto em supermercados. Segundo a Abras, respondem por 20% das perdas, ou 0,3% do faturamento. Muito ou pouco? Você decide.

O que faz o caso de Jorge ser digno de relato é justamente a banalidade. Poderíamos escolher ao azar qualquer outro e, provavelmente, todos os mesmos elementos estariam ali. Vários dos que lemos são muito parecidos.

Em 20 de setembro de 2018, ele entrou em um hipermercado do Carrefour na Marginal Tietê, na zona norte da cidade. Um segurança notou que o homem havia escondido duas peças de carne sob a roupa e chamou a polícia, que chegou rapidamente. Prisão. Boletim de ocorrência. Tribunal de Justiça. Liberdade provisória.

Passaram-se poucos dias até o Ministério Público apresentar a denúncia. E em cinco meses ele já estava condenado. Em menos de um ano e meio se esgotaram os recursos no Tribunal de Justiça (TJ). Um percurso de 246 páginas e quatro policiais, um defensor público, três desembargadores, dois promotores e uma estagiária. Se contarmos os funcionários do cartório, um caso de dois quilos de carne que nem sequer foi roubada envolveu mais de dez pessoas. O deslocamento de policiais ao Carrefour e de Jorge ao tribunal; horas de trabalho dos promotores e da estagiária; do defensor; dos desembargadores. Ou seja, por causa de prejuízo algum de uma rede bilionária foram gastos milhares de reais de recursos públicos.

*Ah, mas esse é um raciocínio muito perigoso. Já pensou se a moda pega? E se todo mundo sair por aí roubando desse jeito?*

Qual a carne mais barata do mercado? Um ano depois do caso de Jorge, vídeos começaram a pipocar em redes sociais. Neles, o pessoal de "prevenção" de supermercados torturava pessoas flagradas furtando. Em uma loja do Extra na zona sul de São Paulo, outra vez um pedaço de carne foi motivo para que seis homens levassem um rapaz até um quartinho. Com as calças abaixadas, ele foi submetido a choques elétricos, apanhou, foi humilhado. Os líderes da sessão de tortura foram os funcionários de uma empresa terceirizada de segurança com um nome sugestivo — Comando G8. O supermercado se desculpou e disse que afastou os funcionários envolvidos.

Cansados de lidar com casos envolvendo chocolates, queijos, carnes, os ministros do STF tentaram definir uma jurisprudência para os chamados "crimes de bagatela", como o cometido por Jorge Alexandre. Mas não conseguiram. A *Agência Pública* encontrou 32 decisões relativas a essas ações no Superior Tribunal de Justiça ao longo de apenas um ano, e treze mil boletins de ocorrência em São Paulo entre 2014 e 2018.[77] É fácil achar decisões dos ministros das mais altas cortes sobre processos triviais. Talvez — talvez — eles pudessem liberar esse tempo para decidir sobre questões mais impor-

---

**77** "Famélicos: A fome que o Judiciário não vê", *Agência Pública*, 11 mar. 2019.

tantes. Como os dois mandados de segurança que forçariam o Carrefour a pagar alguns bilhões aos cofres públicos.

Sem uma regra geral, promotores e juízes de primeira instância seguem livres para interpretar esses casos como bem desejam. O artigo 24 do Código Penal é claro o suficiente para deixar dúvidas, como convém a uma boa norma do direito: "Considera-se em estado de necessidade quem pratica o fato para salvar de perigo atual, que não provocou por sua vontade, nem podia de outro modo evitar, direito próprio ou alheio, cujo sacrifício, nas circunstâncias, não era razoável exigir-se." Em tese, não se pode condenar uma pessoa que furtou para se salvar da fome.

As cortes superiores sugerem, com isso, que a decisão em caso de crimes de insignificância leve em conta alguns princípios. Podemos interpretá-los livres de juridiquês: o sujeito colocou alguém em perigo? O comportamento é altamente reprovável? O valor é significativo naquele contexto? Libertá-lo dará à sociedade a ideia de que o crime compensa?

É nessa hora que os valores morais tomam a cena. "Algumas pessoas, muitas vezes, esquecem que ser justo não é ser bom, mas dar a cada um aquilo que é seu e proteger princípios, ou seja, não cabe a nós dizer que algo é insignificante porque para os nossos salários o valor não é expressivo. Deve ser avaliado o homem comum, aquele que trabalha de manhã à noite para ganhar pouco mais do que um salário mínimo, pessoa que não aceita que os seus bens sejam atacados sem reação", escreveu o juiz Carlos Alberto Corrêa de Almeida, na sentença sobre Jorge Alexandre.

Para ele, as duas peças de carne tinham "expressão econômica" e não cabe ao Estado decidir quando o patrimônio alheio é digno de proteção porque, se for assim, haverá um estímulo a ações por conta própria e à violência. Mas cabe ao Estado dizer se a barriga de alguém está vazia de fome ou não. "Seria interessante que as pessoas trabalhassem na periferia dos grandes centros urbanos, bem como no Tribunal de Júri, para descobrirem que pessoas são mortas porque furtam um saco de biscoitos. Não se trata do valor do bem, mas do priñcípio que alguns entendem de serem respeitados nas suas comunidades." Logo, não se trata de leis, mas daquilo que os juízes e os promotores interpretam como os valores morais das "comunidades". Um conceito opaco, vago, impreciso.

O que é fome? Você já sentiu fome? Não uma fominha de pegar alguma coisa no armário. Fome de verdade. Daquela que não permite pensar em outra coisa. Que ameaça a existência. Que limita o uso da razão. Se sentisse, o que faria? Você escolheria o que roubar ou pegaria o que desse?

A excelente reportagem da *Agência Pública* sobre furtos por famélicos recorda que esses crimes são uma das principais causas de encarceramento de mulheres no Brasil. Muitas vezes, mães que roubam para satisfazer a fome de uma criança. Promotores e juízes mergulham em interpretações subjetivas de sentimentos alheios.

"É de se ressaltar que não há nos autos prova alguma no sentido de que o apelante estivesse em estado de necessidade, nos estritos termos legais. Ainda, resta claro que sequer haveria consumo imediato das peças de carne, o que, por si só, já desprestigia o conceito de furto famélico", assinalou a procuradora de Justiça Rita di Tomasso Martins. Ela gastou dezesseis páginas para responder a um último apelo da Defensoria, que alegou ser óbvio que Jorge furtou para matar a fome. Mas o Ministério Público tomou a via contrária: era ele quem deveria provar que estava com fome.

*A fome está por dentro. Mas não vai sair no raio-X. Você provoca os próprios sentimentos. O que você faz pra ser feliz?*

Não haveria, de fato, consumo imediato das duas peças de carne. Ele pensava em guardar na geladeira instalada ali na calçada e só tirar na hora do churrasco do fim de semana com a turma da rua. Quem traz a cerveja? Vê se não esquece de furtar o pão lá na padaria. E o queijo coalho, né, meu? Não pode faltar. Mó delícia. O importante é tirar uma onda, entendeu? Juntar os *brother* e tal. A gente pega a carne lá no super só pra tirar uma onda, sacou? Só pra curtir o rolê. De boa. "Resta patente que o apelante não só reitera na subtração de gêneros alimentícios, como, também, prefere viver às custas do patrimônio alheio que conseguir vilipendiar, ao invés de se ocupar de atividade lícita e honesta", continuou a procuradora.

Em 30 de janeiro de 2020, o TJ manteve a condenação a seis meses de prisão, convertidos na prestação de serviços comunitários.

"Quando eu comecei, eu tinha processos gigantescos de latrocínio, com requintes de crueldade, e um processinho de furto de um quilo de picanha no supermercado. Na prateleira aquilo lá é a mesma coisa, ocupa o tempo do profissional", protesta o desembargador Carlos Vico Mañas, uma voz dissonante no Judiciário paulista, na reportagem da *Agência Pública*. Na prateleira do Judiciário, as duas peças de contra-filé de Jorge e os bilhões remetidos a paraísos fiscais têm o mesmo peso, o mesmo espaço. Mañas conta que ficou marcado por decidir pela extinção de casos envolvendo crimes de bagatela. "O Direito Penal é pesado, trabalha com o bem mais relevante para as pessoas: a liberdade. Costuma-se dizer que é a última instância de controle social. Ou seja, se der para resolver de outra forma, melhor para todo mundo."

O interessante da história é que os casos são arrastados até o último recurso não por uma atitude das empresas, mas pelo Estado. É o poder público, mais especificamente o Ministério Público, que decide gastar milhares de reais para proteger uma peça de carne. Para Vico Mañas, o jeito mais fácil de resolver os problemas seria deixar às corporações as custas com os processos. Zelosas do dinheiro como são, não investiriam os tubos para punir um caso de valor irrisório.

De bagatela em bagatela, o supermercado enche o bolso. Você chega até o caixa com um pacote de macarrão. Na hora H, decide que não irá levá-lo, mas é tarde: o produto já passou pelo leitor de código de barras. Você pede o estorno e, aparentemente, tudo bem. Nada aconteceu ali, você pode ir embora e o produto pode voltar para a prateleira. Mas uma experiência de compra nas grandes redes não se resume àquilo que podemos ver. Sim, novamente falaremos sobre os créditos. Agora, de ICMS, tributo estadual.

O supermercado comprou, digamos, um biscoito a um real com um ICMS de 20% (vinte centavos). E revendeu a dois reais, com uma tributação de quarenta centavos. Essa empresa tem direito a cobrar essa diferença de vinte centavos entre uma etapa e outra. Estamos simplificando porque o que importa é entender a alma do negócio. Até aí, tudo legal. O problema é que nossos amigos hipermercados capricham nos métodos de fazer dinheiro.

"Cobrimos o preço da concorrência", anuncia a propaganda na televisão. O Carrefour tem até um nome para isso: "Compromisso Público Carrefour". É simples. Você leva o folheto da outra rede de supermercados. Mostra que o preço da gelatina ou da farinha de trigo está mais baixo. A conta final terá um desconto equivalente à diferença de preços. Simples.

Não tão simples para a Secretaria da Fazenda de São Paulo, que acumula muitas investigações. No caso dos cupons cancelados, é como se os produtos tivessem sido vendidos duas vezes e, portanto, duas vezes são cobrados créditos. Já na cobertura dos preços da concorrência, pede-se o crédito em cima do valor inicial do produto, e não do valor reduzido. O Carrefour contabilizava 43 casos relevantes em 2018, um total de 1,8 bilhão de reais em autuações.

Mais um pouco de bagatela. Muitos estados zeram as alíquotas de itens da cesta básica, como arroz e feijão. No papel, é uma maneira de garantir que elementos fundamentais para a vida das pessoas tenham preços baixos, reduzindo as assimetrias entre pobres e ricos. Toda a tributação brasileira é construída sobre esse princípio: quanto mais supérfluo um produto, maior deve ser a carga de impostos.

Se um produto não paga nada de ICMS, logo, não se pode cobrar um crédito em cima de um tributo que jamais existiu. Isso é o que sua empresa, Preço Honesto, faria. Em 2018, o Carrefour tinha 242 processos nos quais os estados tentavam reaver créditos cobrados indevidamente, num total de 853 milhões de reais. Só naquele ano, os governos do Rio de Janeiro e do Rio Grande do Sul haviam recuperado 105 milhões. O Pão de Açúcar assinalava como "provável" a perda de 92 milhões por essa mesma operação.

Mas, pelo menos, esse trabalho todo para coibir fraudes vale a pena, né? No fim das contas, continuamos a pagar barato pelos itens da cesta básica. A verdade é que não sabemos. O Conselho Nacional de Política Fazendária (Confaz), que reúne as secretarias de Fazenda dos estados, nos respondeu não ter nenhum estudo sobre o impacto da desoneração de ICMS no preço. A Secretaria da Fazenda de São Paulo deu uma resposta quilométrica para dizer algo que poderia ser resumido em uma frase: não sabemos. Ou seja, essa é uma política pública feita na base do fio do bigode, supondo que os supermercados repassarão a benesse ao consumidor. Como, a essa altura, a fama das grandes redes precede o nome, você tem todo o direito de duvidar. E seguramente o poder público teria a obrigação de duvidar.

Governo federal, governos estaduais. Onde foram parar as prefeituras? Chegou a vez delas. Nos documentos relativos a 2019, o Pão de Açúcar informava somar 290 milhões de reais em processos relativos a Imposto Predial e Territorial Urbano (IPTU) e Imposto sobre Serviços (ISS). Já o Carrefour tinha débitos acumulados em 102,6 milhões em 23 ações somente nas cidades de São Paulo e Rio de Janeiro. Um dos casos é particularmente engenhoso: um funcionário público da capital fluminense mudou de "loja" para "galpão" o *status* de um imóvel no qual operava, de fato, uma loja. Com isso, a empresa economizou três milhões, mas ganhou uma ação judicial a mais.

Essas histórias, contudo, estão longe de ser as melhores.

"Houve uma denúncia que chegou à Delegacia Tributária de Osasco e eu recebi no final de agosto", começou a esmiuçar Antonio Carlos de Moura Campos, diretor adjunto da Diretoria Executiva da Administração Tributária da Secretaria da Fazenda de São Paulo, em um depoimento a uma Comissão Parlamentar de Inquérito (CPI) que funcionou na Assembleia Legislativa do estado. "Uma nota fiscal das Pernambucanas e outra nota fiscal do Pão de Açúcar foram trazidas, em mãos, pelo doutor Carlos Chaim, na época o Delegado Tributário. Ele levou para mim e falou, 'Moura, o que é isso?' E eu olhei... 'Mas eu não estou entendendo nada. Como soja? Exportação de soja, Pão de Açúcar? Pernambucanas?' Isso, no mínimo, é uma coisa esquisita."

Depois de muitos processos e documentos, ficou difícil, para nós, escolher o caso mais interessante. Mas seguramente a Operação Soja Papel figura entre as cinco melhores. Ela tem vários dos elementos de um bom roteiro: se peca um pouco no quesito originalidade, abunda em suspense, ação e, principalmente, em comédia.

Pão de Açúcar e Pernambucanas não estavam sozinhos. Tigre, Kaiser, Adria, Sucos Del Valle, Panco e ARCsul, uma fabricante de produtos químicos, haviam repentinamente se interessado pelo negócio de soja. Mas a Pernambucanas iria, agora, vender óleo de soja ao lado de toalhas e lençóis? A Adria iria fabricar macarrão de farelo de soja? A Kaiser usaria na cerveja? A Tigre trocaria o PVC dos canos por proteína de soja? Nada disso.

"Comprava o quê? Comprava nada. Eles compraram um pouquinho de soja no começo, houve algumas operações.

As primeiras notas, valores ridículos, mas, a partir de 15 de dezembro de 2003, emitiram a primeira nota de oito milhões de reais. Aí foi assim, mudou da água para o vinho", continuou Antonio Carlos Moura.

O esquema era banal: notas fiscais falsificadas de comercialização e exportação de soja davam direito a créditos de IPI e PIS-Cofins, no governo federal, e ICMS, com os governos estaduais. Em tese, essas empresas grandes que listamos acima compravam soja da Centúria S.A. Industrial para que fosse beneficiada pela Cooperativa Agropecuária Norte Pioneiro (Canorp) e enviada ao exterior. "Tudo parecia ser extremamente simples e atraente", registra a investigação feita pela Secretaria da Fazenda de São Paulo. "Em vez de terem que despender, digamos, dez milhões de reais na aquisição de 1.451 toneladas de soja em grãos, bastaria aos felizardos empresários pagar por volta de 950 mil para serem contemplados com um crédito correspondente a 12% de ICMS, a 7,6% de Cofins e a 1,65% de PIS, num total de 2,1 milhões! E com a vantagem de poderem apropriar-se imediatamente de tais créditos, sem precisar esperar pelas exportações. Um verdadeiro negócio da China, como se vê, onde só o que conta são os créditos, e não as operações com soja."

O problema é que a cooperativa, localizada em Mato Grosso, não tinha equipamentos para industrializar soja, nem estoques do grão. Ao visitar o local, os fiscais se depararam com um galpão abandonado. Uma das intermediárias era a Master Consultoria Tributária S.C., que se apresentava a empresas de diferentes áreas oferecendo esse negócio da China.

Pedro Paulo Puglisi de Assumpção, da Axis, uma outra intermediadora, contou ter sido o laranja do esquema. "Se as empresas sabiam que não existia soja? Claro que deviam saber, nunca ninguém me pediu fiança bancária. Eu tenho uma empresa que tem um capital de 150 mil reais, nunca ninguém pediu fiança para eu comprar trezentos milhões, nunca ninguém fez seguro."

Em depoimento, José Carlos Torres Seridôneo, do GPA, confirmou que a operação foi oferecida pela Master, mas negou que soubesse do esquema fraudulento. "Sempre a Master é que se responsabilizava pela boa liquidação das operações, desde a aquisição do grão até a venda para a comercial exportadora, ela sempre fez o acompanhamento todo dessa operação. Cada etapa era documentada aqui. Há requisição, o pedido para industrialização e a venda, e nós fomos assinando os contratos de comercialização, o pedido de industrialização, à medida que ele ia acontecendo, mas sempre a Master nos entregava essa documentação, no momento adequado."

Essa versão, porém, apresenta alguns problemas. Além de a cooperativa não ter estoques de soja, nem equipamentos, o total de farelo de soja exportado na operação com o Pão de Açúcar era maior do que o farelo de soja comprado. Os documentos falam ainda em óleo de soja refinado, mas, no papel, o que havia sido vendido era óleo degomado — uma diferença técnica grande. "Qualquer empresa que tenha um mínimo de controle questionaria a Canorp sobre este erro, principalmente quando desta comprovação decorreria o pagamento de milhões de reais", assinalou no Carf o relator, Abel Nunes de Oliveira Neto, que afirmou que a supermercadista poderia até declarar inocência, mas não havia dúvidas de que se beneficiara da fraude. "Cai por terra desta maneira a alegação da defesa de que tomou todas as medidas habituais nos negócios comerciais cercando-se das garantias necessárias, pois não é possível acreditar que a CBD não tenha se apercebido de que o produto 'exportado' não era aquele que havia sido 'alienado'." A multa só em impostos federais foi calculada em quase trezentos milhões de reais, mas em 2020 o caso ainda tramitava no Carf.

Em São Paulo, a Receita Estadual multou a empresa em 450 milhões. Porém, em agosto de 2006 o então governador, Cláudio Lembo, enviou um projeto de lei à Assembleia Legislativa propondo "a dispensa de juros e multas relacionados com débitos fiscais". Assim, genericamente, sem mencionar por que naquele momento e quais setores da economia se beneficiariam com o perdão. Um perdão que veio a galope. No final de setembro o projeto já havia sido aprovado e sancionado.

Em outubro, o Tribunal de Impostos e Taxas reduziu a multa para 266 milhões. Convenhamos, um corte muito pequeno. Então, a empresa decidiu aderir, veja você, ao programa recém-sancionado por Lembo, que pareceu mais apetitoso. "Dessa forma, a Companhia efetuou o pagamento do total do débito em 31 de outubro de 2006 que, após redução outorgada de 90% no valor das multas e 50% no valor dos juros, alcançou o montante de 96 milhões", diz o relatório entregue à CVM. Segundo reportagem da *Folha de S. Paulo*, as empresas participantes do esquema da Operação Soja-Papel deveriam ter pagado 1,4 bilhão, mas, com o perdão, o montante caiu para trezentos milhões.[78] Tudo vale a pena se a bagatela não é pequena.

[78] "Receita autua 12 empresas em R$ 513 mi", *Folha de S. Paulo*, 18 nov. 2007.

# 11
# LUGAR
# DE GENTE
# FELIZ

"Este ano foi o primeiro", desabafou Reinaldo Ferreira, aliviado. Era a primeira vez em muito tempo que celebrava o próprio aniversário em casa, com a esposa e a filha de oito anos. "Eram de doze a dezesseis horas por dia ali dentro", lembra. "Na realidade, eu passei quatro anos preso. Entrava às dez da manhã e ficava até onze, meia-noite, uma da manhã." Aos domingos, trabalhava ainda mais: das sete da manhã às dez da noite. "Nos feriados, então, nem se fala."

Reinaldo começou a trabalhar para o GPA em abril de 2016, aos 32 anos. Foi contratado como repositor em uma unidade do Assaí no bairro do Morumbi, em São Paulo. Era dedicado, atento e aprendia rápido. Não demorou para que chamasse a atenção do gerente da loja. "No meu 11º mês ele me deu uma camisa de chefe de setor e disse 'a partir de hoje você vai seguir um outro rumo, você tem potencial'", nos contou em fevereiro de 2020, numa conversa pelo telefone.

Com menos de um ano de casa, Reinaldo passou a liderar os 32 repositores da mercearia do Assaí. "Todo mundo queria saber o que eu fiz, porque no varejo é difícil se tornar chefe em onze meses", lembra, orgulhoso. O novo cargo trouxe muitas responsabilidades, mas pouco poder. Nenhuma decisão era tomada sem o aval do subgerente e do gerente da loja. Ele apenas representava os repositores e transmitia as ordens da gerência. Mas, para todos os efeitos, Reinaldo era "chefe", ocupava um cargo de confiança e tinha um salário um pouco maior que o dos subordinados.

Como todos os outros chefes, ele parou de bater ponto e já não tinha horário marcado para entrar e sair da loja. Como ocupava um cargo de chefia, nunca recebeu horas extras. No começo de 2020, depois de alguns atritos com o novo gerente da loja, Reinaldo foi demitido. Não precisou de muitos dias para decidir mover uma ação contra a ex-empregadora.

"Existe uma brecha na CLT [Consolidação das Leis do Trabalho], no artigo 62, que diz que quem tem cargo de confiança não tem direito a horas extras", nos explicou o advogado trabalhista Leandro Fernandes, que defendeu Reinaldo no processo. "Muitos funcionários, como o Reinaldo, recebem uma promoção e viram 'chefe de seção', mas acima deles ainda existem subgerentes e gerentes. O empregador erroneamente rotula o funcionário como chefe e não entrega o 'poder' de chefe. Ele não pode contratar, demitir ou punir ninguém sem o aval dos superiores. Daí os funcionários trabalham doze, treze, até catorze horas por dia sem receber horas extras."

De acordo com o advogado, todas as grandes redes varejistas lançam mão do método. Só o que muda é o nome do cargo — líder, chefe de setor ou gerente de departamento. "Ele recebe o título e tem um acréscimo salarial muito pequeno, que geralmente fica abaixo do mínimo de 40% estipulado pelo artigo 62 da CLT. Em compensação, ele dobra turno. Já tive clientes que viravam a noite na loja quando tinham que fazer inventário."

Quando Reinaldo soube que a promoção elevaria seu salário de de 1,2 mil para 2,2 mil reais, levou dias para conter o riso solto. Depois de anos de trabalho duro em longas jornadas, mudou de opinião. "Eu trabalhava dezesseis horas por dia para ganhar 2,2 mil reais... não vale a pena", lamenta. Outra parte da história assombra o ex-repositor: durante os anos de chefia, teve o corpo maltratado pela má alimentação. A empresa permitia que ele fizesse apenas uma refeição por dia, como todos os outros funcionários, mesmo trabalhando dobrado. "Se, por exemplo, eu entrasse às seis da manhã, tinha que esperar até uma da tarde para comer, assim eu conseguia segurar até o final do expediente sem comer", explica. "Mas, se eu entrasse às dez da manhã, precisava comer às seis da tarde. Quando dava muita fome eu ia na cantina comer alguma coisa, mas o gerente brigava, dizia que eu estava em horário de trabalho."

Conhecemos Reinaldo no TRT de São Paulo, minutos depois da audiência de conciliação com a ex-empregadora. Abatido, o ex-chefe de setor claramente não queria estar ali. A ação não foi movida com uma finalidade meramente arrecadatória, mas quase por um imperativo moral. "Eles deviam ter me reconhecido mais", nos disse, numa das salas de espera do tribunal. "Eu valorizei muito a empresa, trabalhei muito, mas eles não fizeram o mesmo." Não houve acordo na audiência e o processo seguiu tramitando.

Ao lado do cliente, Leandro Fernandes parecia otimista, mas não tanto. Ele sabe melhor do que ninguém que o Pão de Açúcar não desiste facilmente da briga. "Em um processo de duzentos mil reais eles chegam a oferecer cinco, seis mil reais para fechar acordo", nos disse algumas semanas depois, em seu escritório, no centro de São Paulo. "Ou seja, praticamente não há proposta." Ele defende ex-funcionários de todas as maiores redes varejistas do país, mas garante que o GPA é a mais intransigente: "Muitas vezes eles preferem pagar duzentos mil lá na frente do que cinquenta mil num acordo." A lógica, segundo ele, é impedir que outros funcionários se atrevam a processar a empresa de olho em um acordo. "Mas isso é burrice", assegura. "O precedente não se abre com acordo, mas com uma sentença. Então, se você não faz um acordo, mas perde a ação, aí sim há um precedente. É uma jurisprudência que eu, por exemplo, posso usar em futuros casos semelhantes."

Não é difícil encontrar o nome "Companhia Brasileira de Distribuição" nas listas afixadas à frente de cada vara do prédio do TRT na Barra Funda, em São Paulo. Se não ela, o Carrefour marca presença. Ou algum dos muitos CNPJ pelos quais se apresentam as duas gigantes. As folhas colocadas no mural de cada vara exibem a pauta de audiências do dia.

"É difícil a Companhia Brasileira de Distribuição fazer acordo. O caso que tivemos hoje é uma exceção." Uma juíza conversa depois de uma audiência, confirmando o que ouviríamos com muita frequência ao longo das próximas sessões. Não importa o valor. Importa vencer pelo cansaço, fazer um trabalhador esperar anos por uma resolução.

"Essa é uma orientação aqui do nosso escritório, mas acredito que seja geral, pra todos os escritórios", relata um advogado da banca Balera, Berbel & Mitne, que defende o Pão de Açúcar em ações coletivas, sobre a estratégia de arrastar ao máximo os casos. "A principal vantagem é que, em uma eventual condenação que tenham, vão poder postergar para o futuro o valor que teriam que pagar naquele momento, por meio dos recursos. Só que isso é uma vantagem complicada, porque a garantia de que o recurso vai ser provido e que essa condenação vai ser diminuída ou até anulada é muito difícil e depende de muitos fatores. Não tem como eu te falar que há uma regra ou uma tendência."

Fabio Melman, um advogado que conhecemos no TRT, acumula um sem-fim de ações contra as redes do varejo. "Uma vez perguntei pro advogado de uma rede de supermercados: 'A gente tem tanta ação pedindo insalubridade. Em 99% dos casos a gente ganha, por que não pagam de uma vez?'", conta. "A resposta foi: 'Doutor, se cinquenta entre cada cem funcionários não entrarem com ação, a empresa está no lucro.' Além disso, economizam com os acordos, porque os funcionários não querem esperar anos pela indenização. Pra eles, às vezes vale mais a pena sonegar os direitos trabalhistas e pagar na Justiça. Os mesmos empresários que reclamam da Justiça do Trabalho, alegando que as despesas decorrentes dela são exageradas, a utilizam como ferramenta para a redução de custos."

No TRT, ao longo de um dia, advogados dos escritórios contratados pelas varejistas sobem e descem as rampas do edifício, inesquecível na memória dos paulistanos graças ao caso do juiz Nicolau dos Santos Neto, o Lalau, que se tornou símbolo-mor da corrupção. O 1,04 bilhão de reais do custo total da obra parece pouco diante do quanto as empresas oneram o poder público com ações arrastadas.

Portas de vidro se abrem. Todos parecem correr. Não correm "de", correm "para". Para o Pão de Açúcar crescer. Os advogados não despertam. Apenas acertam sua posição. Porque tudo se repete. De audiência em audiência, circulando entre as oitenta varas, em casos muito parecidos.

Depois de cinco, dez, quinze audiências, o roteiro se torna repetitivo, batido, modorrento. São trabalhadores que cobram por horas extras não remuneradas. Que pedem indenização por insalubridade pelo fato de terem trabalhado na câmara fria do açougue ou dos laticínios sem direito a um equipamento de proteção individual. Que eram de uma terceirizada e querem o reconhecimento do vínculo trabalhista com as varejistas. São a expressão física, a confirmação ambulante da estatística que registra todos os anos o relatório de sustentabilidade do Pão de Açúcar: trinta mil, quarenta mil, sessenta mil pessoas despejadas na rua ao longo de doze meses — 30%, 40%, 50% dos "colaboradores". A "maior empregadora do varejo brasileiro", título que a empresa ostentou durante muitos anos, é também uma das maiores desempregadoras. O índice de rotatividade reflete a facilidade, a banalidade com que se livra de um funcionário cujo grau de especialização é baixíssimo. É mais barato arcar com os parcos direitos trabalhistas da demissão a mantê-lo no quadro e ter de elevar o salário.

Durante um evento do setor de peixaria, um diretor da empresa se queixa de que é difícil conseguir açougueiros e peixeiros, e culpa os trabalhadores pela falta de vontade em aprender uma função que demanda especialização. No TRT, vemos outra versão. Um equipamento de proteção compartilhado por vários funcionários, forçados a encarar o ar gelado da câmara fria. Um funcionário da peixaria que, sem avental, cortou a própria barriga. Com os 35 pontos ainda cicatrizando, ouviu do advogado da empresa que o episódio deveria ficar no passado: "Foi só um corte, isso já passou, o que isso muda?".

O TRT divulga o *ranking* das empresas que têm mais ações na instância superior. Na relação atualizada em novembro de 2019, a CBD ocupava o 37º lugar geral, com 1.564 casos. A Via Varejo, então pertencente ao grupo, tinha 3.022 ações, na 14ª posição.[79] Somadas, as duas empresas lideravam com folga o número de ações no comércio.[80]

Assim como tudo o que está nas prateleiras, os funcionários dos supermercados são um item de reposição. Padronizados. Cumprindo funções repetitivas. Para uma experiência de compra que é igual em Tóquio ou em Bogotá, um trabalhador que não tem rosto. Você consegue se lembrar da expressão de algum caixa? Da voz? É só uma peça que fica entre a cadeira e o leitor de código de barras. Uma função banal, repetitiva, que pode ser cumprida sem especialização. Sonegar direitos é uma das muitas maneiras de reduzir custos para oferecer preços baratos e se tornar imprescindível na vida das pessoas. E, é claro, é um dos caminhos rápidos para maximizar lucros.

O Walmart é, mais uma vez, o lugar a ser olhado para se entender essa história. A operação nos Estados Unidos emprega tanto quanto todos os supermercados brasileiros. E é uma campeã de ações trabalhistas, na maior parte das vezes, pela prática que vimos se repetir à exaustão nos processos contra

[79] BRASIL. Tribunal Superior do Trabalho. *Ranking das Partes*, 31 dez. 2019.

[80] BRASIL. *Ranking das Partes do TST por atividade econômica*, 31 dez. 2019.

GPA e Carrefour: funcionários que batem o ponto de saída e continuam trabalhando. Em uma única causa, 1,6 milhão de mulheres alegam discriminação sexual por receberem menos e terem menor chance de promoção.

Na pequena Bentonville, no Arkansas, morada do gigante, as condições de trabalho são tão famosas que se cunhou a expressão "esposa do Walmart", uma referência às mulheres que têm os maridos empregados pela rede e que, por isso, criam os filhos sozinhas. No mínimo, no mínimo, trabalha-se de 55 a 60 horas por semana — mais um pouquinho no caso dos líderes, obrigados a comparecer a uma reunião todos os sábados. Em média, calcula o jornalista Charles Fishman (2007), um trabalhador do Walmart tem uma jornada ao menos 15% maior do que a dos funcionários dos concorrentes, o que é um fator fundamental na política de preços baixos da companhia.

Em apenas dez anos, entre o final da década de 1990 e o final da década de 2000, o Walmart passou de nove para 888 *supercenters*, uma média de sete novas lojas a cada mês (Fishman, 2007). O *supercenter* faz um hipermercado brasileiro parecer uma quitanda: são 120 mil itens, de duas a quatro vezes mais do que uma unidade convencional. O problema é que, num ritmo de expansão desses, cidades e mais cidades e mais cidades foram afetadas. Uma nova loja cria, em média, trezentos postos de trabalho. São vagas de péssima qualidade, com uma carga laboral elevada em troca de um salário que mal paga as contas básicas — alguns funcionários da empresa figuram na lista de beneficiários do Supplemental Nutrition Assistence Program [Programa de Assistência Nutricional Suplementar] (SNAP), o equivalente ao Bolsa Família.[81] Uma

---

81 "Report: Amazon, Walmart workers on list of top food stamp users" [Relatório: trabalhadores da Amazon e do Walmart na lista dos maiores usuários de auxílio alimentar], em *Kiro7*, 10 set. 2018.

pesquisa minuciosa olhou para um intervalo de cinco anos entre a abertura de uma loja e a criação de empregos dentro de um determinado condado. Entre postos de trabalho fechados no comércio local e abertos pelo Walmart, o saldo médio era de apenas trinta vagas (Fishman, 2007). Ou seja, todo o enorme pacote de incentivos dados pelo poder público local tem um efeito muito baixo.

Mas essas lojas movimentam a economia, fazem as pessoas gastar menos, garantem acesso a uma série de bens de consumo, certo? Nem tanto. Um outro estudo descobriu que o índice de pobreza em condados que haviam recebido o Walmart era maior do que nos demais — esse índice havia caído dez vezes mais devagar nesses condados. "Nós não estamos olhando para o índice de pobreza, na verdade. Estamos olhando para a mudança no índice de pobreza ao longo do tempo. Não estamos explicando o índice, mas explicando a mudança [...] há um efeito que nós só podemos explicar pela presença do Walmart", disse o pesquisador Stephan Goetz, da Penn State University (Fishman, 2007).

## CARLOS, 55 ANOS, CHEFE DE MANUTENÇÃO

O dia de trabalho no Extra Anchieta tinha sido especialmente longo. Um reparo no piso da loja segurou Carlos até as oito horas da noite da quinta-feira, duas a mais do que o habitual. Já passava das nove quando finalmente chegou em casa, em Cidade Tiradentes, a trinta quilômetros de distância. Perto das duas da manhã, uma ligação interrompeu o sono: um apagão havia deixado o Extra no escuro e os geradores não estavam funcionando. Ele avisou os outros funcionários da manutenção e seguiu em direção à loja pela Avenida Ragueb Chohfi.

"Quando fui entrar no Largo de São Mateus, uma carreta de areia que vinha descendo a avenida me acertou atravessando o semáforo", revive. "Não sobrou nada." Quarenta e cinco dias em coma, 180 hospitalizado. Toda a ossatura da perna esquerda perdida. Mas a empresa deu todo o apoio de que precisou. "Até o Abilio foi me ver no hospital", conta com um sorriso. Não foi o acidente de trabalho, contudo, que motivou o processo contra o Pão de Açúcar.

Depois de cinco anos afastado, Carlos voltou com a promessa de que ocuparia um cargo administrativo, mais tranquilo, no setor de planejamento da manutenção. Mas não foi bem assim. Continuou fazendo os consertos de sempre. "Você entra numa sala de máquinas no verão, a temperatura chega a setenta, oitenta graus." Parece ruim, mas é pior quando se está carregando botijões de gás de treze quilos. "Demora duas horas pra repor dez botijões, mas você tem que entrar, tem que ficar lá dentro."

Demitido em 2015, Carlos processou a empresa porque nunca recebeu adicional de insalubridade, que deveria aumentar seu salário em 40%. Também cobrou pelas horas extras trabalhadas sem remuneração e pelos adicionais noturnos. O valor inicial da ação era de quarenta mil reais. Duas perícias o deram razão: ele não poderia desempenhar as funções que vinha desempenhando, e o local de trabalho era de fato insalubre.

## ALESSANDRA, 28 ANOS, OPERADORA DE CAIXA

Na rotina de um supermercado, são as operadoras de caixa que fazem as relações públicas da empresa. Os clientes praticamente não têm contato com outros funcionários. Se faltou um produto, se o atendimento na padaria não foi bom, se a loja está suja: é a caixa que vai levar o sermão. "A gente é muito agredida pelos clientes", conta Alessandra, que trabalhou por três anos no famoso e problemático Atacadão de Taipas. Os palavrões e xingamentos proferidos pelos consumidores abalavam a operadora, mas foi o comportamento da empresa que a traumatizou.

Em meados de 2019, Alessandra engravidou. Quando a barriga começou a ganhar volume, foi obrigada a trocar o uniforme-padrão — calça jeans e camiseta cinza — por um macacão cor-de-rosa. É uma regra do Atacadão: todas as gestantes precisam se vestir assim. Exclusivo, para Alessandra, foi só o tratamento que recebeu dos colegas. "Começaram a me chamar de Peppa." O apelido fazia referência a um desenho animado protagonizado por uma porca cor-de-rosa. "Eu me sentia muito constrangida, intimidada, envergonhada. É uma situação muito difícil alguém te dizer isso porque você está gorda."

A operadora alertou o supervisor, que nada fez. "Falava que ia resolver, mas você via que não tomava atitude nenhuma." As agressões vinham dos chamados "apoios", funcionários que fazem estornos e cancelamentos e auxiliam o caixa. Toda vez que pedia ajuda, Alessandra recebia também uma ofensa. "Eu ficava das onze da manhã às três da tarde sentada e evitava tomar água, pra não ter que ir ao banheiro, porque não tinha quem ficasse no meu lugar."

Incapaz de fazer surgir alguma empatia na empregadora, a caixa só encontrou alívio em janeiro de 2020, quando começou sua licença-maternidade. Alessandra imediatamente pediu demissão e processou o Atacadão por danos morais. Em um acordo com a empresa, recebeu três mil reais, o equivalente a dois salários.

## GLÁUCIA, 41 ANOS, NUTRICIONISTA

Por uma infeliz coincidência, todos os 110 mil funcionários do GPA[82] são seres humanos. Como os outros da espécie, eles têm algumas necessidades básicas, como respirar, dormir e se alimentar. Gláucia cuidou dessa última necessidade por nove anos. Como nutricionista da terceirizada Nutri Stilo, ela supervisionava os refeitórios de algumas unidades do Extra: formulava cardápios, acompanhava a produção, contratava e demitia cozinheiras, levava os uniformes e checava cartões de ponto e holerites.

Em setembro de 2019, o Pão de Açúcar decidiu trocar a Nutri Stilo pela Irmãos Porfírio, que já era responsável pela limpeza de algumas lojas. "Foi de uma vez", lembra a nutricionista. "A empresa mandou mais de cem pessoas embora. Demitiu todos os nutricionistas e a maioria das cozinheiras. Foi horrível." Enquanto retomava o fôlego e planejava seus próximos passos, uma nova surpresa: "Não pagaram férias, 13ª, rescisão, nada."

Para Gláucia, a Nutri Stilo disse que o Pão de Açúcar não pagou a multa rescisória prevista no contrato. "A empresa disse que a gente deveria entrar na Justiça se quisesse receber alguma coisa." Foi o que ela fez. Se vencer o processo, a nutricionista receberá mais de 250 mil reais. Na audiência de conciliação, o GPA propôs um acordo: "Me ofereceram dez mil reais. Não tem cabimento." O processo ainda corria em meados de 2020.

82 GRUPO Pão de Açúcar. *Relatório Anual e de Sustentabilidade GPA 2019*. Disponível em: https://www.gpabr.com/wp-content/uploads/2020/05/GPA_RS2019.pdf.

## VANESSA, 38 ANOS, AUXILIAR DE PADARIA

Vanessa sabe tudo sobre os açougues e as padarias do Pão de Açúcar: trabalhou quase cinco anos em cada uma das praças. Cumpriu incontáveis turnos de 8h20 no Extra da Freguesia do Ó e no Assaí de Taipas. No meio do caminho, fez um teste no setor de mercearia — onde ficam o arroz e o feijão — mas não se adaptou ao ritmo. "Tem gente que consegue correr. Eu, se ficar no meu pé, não vou nem pra frente, nem pra trás", conta, sem graça. "Não sei se é por causa da deficiência. Eu sou intelectual leve, mas sou. Quando não dava conta, o chefe pegava no pé."

Onde quer que estivesse, o trabalho era puxado. Fatiar, embalar, pesar produtos. Repor e limpar geladeiras. Entrar e sair da câmara fria. Para essa última função, faltavam equipamentos de proteção: "Todo mundo usava o mesmo jaleco por causa do frio. Eu mesma uma vez fui usar e quase desmaiei por causa do fedor."

A relação cada vez mais conturbada com o chefe terminou em agosto de 2019, numa demissão por justa causa. "Falaram que eu alterei um atestado, mas até hoje eu não sei que atestado é esse." Vanessa foi ao médico em uma sexta-feira, trabalhou no sábado, mas faltou no domingo por conta de dores nas costas. Na segunda-feira, descobriu que o atestado apresentado no sábado indicava três dias de afastamento — não apenas um. Por suspeita de fraude, perdeu o emprego. Também por suspeita de fraude, processou o Pão de Açúcar: "Justa causa é uma coisa que sua carteira vai levar por toda a vida."

"Eu estava sendo perseguida pelo meu chefe, ele falava que queria me mandar embora. Os outros funcionários falavam que devia mandar, mas ele não tinha motivo", explica. "Aí, de repente, aparece esse motivo." Vanessa pleiteia o pagamento de uma indenização de oitenta mil reais pela demissão.

## EDENEIDE, 46 ANOS, FRENTISTA

Nem só de varejo vive o Carrefour: em 2020 o grupo francês mantinha 124 farmácias e 74 postos de gasolina. Edeneide era frentista em um desses postos, instalado no estacionamento de um hipermercado. Dividia com uma colega a operação de seis bombas: praticamente não parava de trabalhar durante o turno, que ia das sete às 15h20.

O serviço era feito com base em um sistema de metas. Se vendesse mais gasolina aditivada do que comum, ganhava uma comissão. Se não conseguisse, ficava sem o bônus. "A cada meia hora o gerente ia com um papel na pista e falava quantos litros a gente tinha vendido", conta. "Eles colocavam muita pressão, saiu bastante gente de lá com problemas psicológicos." E físicos. A frentista passou por inúmeros ciclos de fisioterapia para atenuar dores nas pernas e na lombar. Mas foram os olhos que lhe custaram o emprego.

Todos os frentistas precisam usar equipamentos de proteção individual (EPIs), como avental e óculos. A sobreposição do EPI aos óculos de grau, contudo, atrapalhava sobremaneira. "Tinha dor de cabeça e nos olhos, sentia tontura, ânsia de vômito..." Num sábado, com fortes dores de cabeça, tirou os óculos de proteção para descansar. O gerente notou e a ameaçou: se não usasse o EPI, perderia a premiação do dia. "Voltei chorando pra pista e tive que usar."

Depois de algumas advertências, Edeneide procurou um médico. Ouviu que tinha direito a EPI com grau. "Eu entreguei a receita médica pro gerente, mas ele disse que o Carrefour não fazia esse EPI especial", explica. A dor de cabeça e o mal-estar viraram rotina. Alguns meses depois do desentendimento, afastada para cuidar das dores na lombar, Edeneide foi demitida. Ela processou a empresa por danos morais, além de cobrar horas extras não remuneradas. O valor da ação pode chegar a 180 mil reais.

## MAURÍLIO, 40 ANOS, REPOSITOR DE FRIOS

"Lá você é um Bombril, faz tudo o que eles mandam fazer." *Lá*, mais uma vez, é o Atacadão de Taipas, provavelmente a localidade mais citada neste livro. Maurílio foi contratado pelo braço de atacarejo do Grupo Carrefour para trabalhar como repositor de frios, mas fazia de tudo — desde organizar a câmara fria até operar empilhadeira.

"A gente, que trabalha na câmara fria, independente se é repositor de frios ou não, tem direito a insalubridade, mas eles não pagam pra ninguém", explica com uma inevitável indignação. "E quando você entra na Justiça pra pedir a insalubridade, você só consegue de cinco anos. Mesmo se trabalhou mais, dez anos, por exemplo, você só consegue dos cinco." Ele acredita que esse é um cálculo estratégico da empresa: "Se o funcionário ficar lá mais de cinco anos, eles já estão no lucro. Nesse tempo eles pegam esse dinheiro, que não é de um, é de cem, duzentos funcionários e aplicam em algum lugar que rende mais do que a gente pobre consegue. Quando vão te pagar, é dinheiro de bala pra eles." No caso de Maurílio, nove mil reais. Na audiência de conciliação, contudo, a rede ofereceu dois mil ao ex-repositor. "Ridículo", lamenta.

A essa altura do livro — da vida — como você define "injustiça histórica"? E qual a grande injustiça que o Brasil deve reparar? O racismo? O machismo? A violência contra a população LGBT?

Em 16 de agosto de 2017, 494 empresários do setor supermercadista se reuniram no Palácio do Planalto para uma grande "reparação histórica", nos dizeres da Abras.[83] Não que as portas palacianas tenham em algum momento se fechado para eles. Mas, agora, era hora de um grande passo. "Ao cumprimentar os supermercadistas, eu quero cumprimentar também a oportunidade que estamos dando, ao povo brasileiro, de frequentar, com tranquilidade, os supermercados aos domingos e feriados", cravou Michel Temer.

Semanas antes, a caneta presidencial havia sancionado a revogação de praticamente todos os nossos direitos trabalhistas, numa campanha que contara com o apoio entusiasmado dos empresários. A Abras projetava a criação de três milhões de empregos. E deixava clara a predileção pelo dispositivo da jornada intermitente, que permite convocar um trabalhador quando der na telha (pagando o que der na telha). Nas palavras de Temer, uma vitória do diálogo, numa curiosa conversa na qual um lado fala e o outro abaixa as orelhas.

Mas as inesquecíveis irrequietas mãos do presidente sabiam tirar de um lado e devolver de outro. Agora tínhamos a oportunidade — a garantia — de ir às compras aos domingos e feriados. O que são alguns direitos trabalhistas diante de uma chance dessas? É emblemático reunir tanta gente no Planalto para assinar um simples decreto. No papel, os supermercados foram reconhecidos como atividade essencial, passando a fazer companhia a feiras livres, farmácias, açougues, padarias, peixarias. Na prática, o que mudou foi a possibilidade de que os empresários façam a

---

**83** "Nota do editor", *SuperHiper*, ano 43, n. 493, p. 8, ago. 2017.

turma trabalhar nesses dias sem a necessidade de fechar um acordo com sindicatos. Em outras palavras, para você não muda nada. Para o setor privado, uma economia grande. Para os empregados, mais trabalho, sem remuneração extra. É um exemplo da concretização do diálogo à moda de Temer. "Domingo geralmente a escala era 2 × 1, ou seja, trabalha dois e folga o terceiro. Isso mudou. Eu tenho clientes que trabalham quatro, cinco domingos e não têm folga", conta o advogado Leandro Fernandes.

Não foi difícil encontrar trabalhadores que confirmam a prática, como Reinaldo, de quem falamos no começo do capítulo. É comum ter de "comprar" a folga no domingo, trabalhando horas a mais durante a semana. "Acontece, sim, por baixo dos panos, essa compra de folga", continua Fernandes. "Domingo é um dia de mais movimento. Então, eles forçam os funcionários a trabalhar, às vezes nem marcam cartão de ponto. Fica registrada ali uma folga que não existiu."

Mas vale muito a pena essa pequena sonegação de direitos em troca da oportunidade de pegar aquele pacote de Doritos para o domingo à noite, não é? Quem fica sem uma pipoca de micro-ondas na hora do futebol? E quem aguenta o *Fantástico* sem uma barra de margarina fantasiada de chocolate? "Estamos modernizando o país não só em favor dos empresários do setor, mas, principalmente, em favor do povo brasileiro", continuou Temer.[84] Esperamos tanto pela modernidade. Tanto foi prometido em nome dela. E, quando chegou, descobrimos que a modernidade era só o mesmo de todos os dias, mas aos domingos e feriados. "Em quinze meses de governo, estamos trazendo o Brasil para o século XXI." Se tudo der certo, no século XXI teremos os direitos trabalhistas de um operário inglês do século XVIII.

---

**84** "Esse setor sempre foi essencial", *SuperHiper*, ano 43, n. 493, p. 16, ago. 2017.

Para o presidente da Abras, era um dia de festa em meio a um ciclo que colocava o país nos trilhos. "O senhor está fazendo justiça ao setor supermercadista", declarou João Sanzovo. "Como disse a Monja Cohen, semana retrasada, a um grupo de supermercadistas: 'Vocês têm uma função essencial para a humanidade, pois os alimentos, assim como o oxigênio e a água, são fundamentais para a vida'."[85]

Como monges, os supermercadistas souberam esperar décadas pelo desmonte das leis trabalhistas. Como políticos, prometeram criar muitos empregos. Em 2017, quando a reforma foi sancionada, geriam 1,8 milhão de postos de trabalho. Três anos depois — não se espante com tamanho crescimento —, empregavam 1,8 milhão. Para sermos justos e precisos, foram sessenta mil postos de trabalho abertos no período.

Mas vamos olhar pelo lado bom. Foram criadas várias "tecnologias" que ajudaram demais no diálogo para construir o Brasil do século XIX. A obrigação de o trabalhador pagar o advogado da empresa caso saia derrotado se transformou num risco enorme, desestimulando a dar início em uma ação.

"Até a reforma trabalhista, a opção de segurar [o valor de uma condenação] com uma apólice de seguro não existia. Essa é uma inovação recente", acrescenta o advogado do escritório Balera, Berbel & Mitne, ao comentar mais uma das alterações. "É como se fosse o seguro de um carro. O GPA contrata os serviços de uma seguradora, paga um valor mensal por aquela apólice, e ela segura o valor total da condenação. Ou seja, se lá na frente nós realmente perdermos e não conseguirmos reverter a situação, a apólice vai segurar um teto máximo que é estabelecido por lei."

A tática é válida especialmente para os processos mais caros. "Isso é feito de duas formas: ou o GPA deposita na conta judicial e esse valor fica retido no tribunal até o final do processo, ou ele

---

85 "Esse setor sempre foi essencial", *SuperHiper*, ano 43, n. 493, p. 16, ago. 2017.

apresenta uma apólice de seguro no valor do teto, de quase dez mil reais mais 30%, porque isso também é uma determinação legal. Dá em torno de treze mil. Só que eles vão pagar por mês uns duzentos e poucos reais. Então, comparando a um milhão que eles teriam que pagar agora, eles vão pagar só duzentos e pouco."

Em outra frente, agora é possível tentar acordo a qualquer momento do processo. Antes, só na audiência de conciliação. "Hoje melhoraram muito as defesas e a documentação deles [Pão de Açúcar]. Antigamente eles eram totalmente desleixados nessa parte jurídica. Isso, eu acho, começou a incentivar as ações trabalhistas. Porque às vezes nem iam às audiências, não levavam documentação alguma", conta uma advogada. "Acho que essa mudança foi a partir da reforma trabalhista [de 2017]. Aí teve uma mudança mais significativa. Antes já tinha, mas não tanto. Viram a possibilidade de não perder tantos processos."

⬤

"Salários de 410 a 1,3 mil reais", dizia o texto do jornal *O Popular* que encheu os olhos de José*. Em outubro de 2003 ele foi contratado como operador de caixa do Carrefour em Goiânia. E, ao ser aceito, descobriu que a realidade era bem pior: 240 reais, o equivalente ao salário mínimo da época.

A empresa explicou que o valor divulgado exprimia "uma expectativa de despesa total com o empregado" entre direitos trabalhistas e salário. O TRT decidiu que José tinha direito à contratação no valor anunciado. A corporação recorreu ao Tribunal Superior do Trabalho (TST) alegando que o funcionário concordou com o salário e que as partes são livres para pactuar. Mas os ministros rejeitaram.

* Ao longo desse capítulo, alguns nomes foram alterados para não violar a privacidade dos trabalhadores. Estão identificados com o asterisco (*).

*Manter empregado com idade inferior a dezoito*
*anos no serviço em horário noturno.*
*Ou na função de caixa.*
*Com jornada prorrogada.*
*Sem registro de ponto.*
*Ou sem folga semanal.*

Em 2015 o Grupo Pão de Açúcar foi condenado a pagar dano moral coletivo no valor de quatrocentos mil reais por desvirtuar o trabalho de menores. Segundo o Ministério Público do Trabalho na região de Ribeirão Preto, no interior de São Paulo, alguns aprendizes estavam operando caixas.

"Não há saúde que resista", decidiram os ministros da Primeira Turma do TST ao avaliar o caso de um trabalhador do Pão de Açúcar obrigado a entrar e sair da câmara fria até trinta vezes por dia. Balconista do setor de laticínios, ele ia da temperatura ambiente aos nove graus em questão de segundos. Ficava cinco minutos. Saía. Voltava.

O artigo 189 da CLT diz que são "atividades ou operações insalubres aquelas que, por sua natureza, condições ou métodos de trabalho, exponham os empregados a agentes nocivos à saúde, acima dos limites de tolerância fixados em razão da natureza e da intensidade do agente e do tempo de exposição aos seus efeitos".

"Selvagem": foi assim que os juízes do TRT da 2ª Região, em São Paulo, classificaram a relação do Pão de Açúcar com as terceirizadas. Empresas que desapareciam sem pagar salários nem verbas rescisórias. E a varejista lavava as mãos. O TRT a condenou a pagar dois milhões de reais em direitos trabalhistas e danos morais. E alertou que esse tipo de terceirização acaba por saturar o Judiciário. Em 2019, o TST manteve a sentença, mas baixou o valor da indenização para quinhentos mil.

Levantar a camisa. Descer a calça até os joelhos. Tirar os sapatos. Bolsas, malas e mochilas. Tudo era revistado. O procedimento na salinha reservada era a rotina de Antonio*. E de alguns colegas dele. De outros, não.

Em 2014, o TST decidiu que o Carrefour deveria pagar cinquenta mil reais ao empregado por desrespeito à intimidade. O ministro Douglas Alencar Rodrigues definiu que a conduta "expunha a sua intimidade de forma vexatória de modo a macular a sua dignidade" e "evidencia situação constrangedora experimentada pelo empregado, que caracteriza verdadeira ofensa ao princípio da confiança e respeito que deve nortear a relação de trabalho".

O rival jamais fica atrás. "Grave", definiu em 2013 o TST ao julgar um caso no qual o Pão de Açúcar foi acusado de submeter um ex-funcionário a revista. Também no Paraná. Na frente dos clientes, diariamente, era obrigado a tirar tudo de dentro da mochila. Livres do vexame estavam os gerentes. E ninguém mais. O trabalhador ganhou o direito a dez mil reais em danos morais, entre outras, pelo "escopo pedagógico a fim de evitar a repetição da conduta ilícita".

"A gente é que faz funcionar o Atacadão. Se não fossem os promotores, isso aqui não existiria." Os promotores não promovem nada: são trabalhadores que repõem de forma incessante o que acaba nas prateleiras. Em alguns corredores há mais promotores do que clientes. São os carregadores de piano dessa ópera desafinada.

Os promotores recorrem o tempo todo às pilhas de produtos que se acumulam em desesperantes colunas de muitos metros de altura. Um soquinho na caixa para soltar os produtos. Romper o lacre. Retirar os produtos: um a um, dois a dois, três a três, quatro a quatro, a depender do tamanho. Colocar na prateleira. Girar o corpo para voltar à caixa, depositada sobre um carrinho. Regirar o corpo para voltar à prateleira. Quando tudo se completa, não há tempo para descanso. Recomeça-se a alguns metros de distância, com um outro produto, até que as prateleiras estejam cheias novamente.

Como de praxe, as grandes redes de supermercados economizam com o chapéu alheio. São as marcas que fornecem os promotores. Os repositores de fato, aqueles contratados pelas varejistas, são poucos. Nessa loja, usam camiseta cinza. "Eles têm contato direto com o meu chefe. Se eu paro pra olhar o celular, já mandam foto pro meu chefe avisando", conta uma promotora, enquanto repõe uma prateleira de biscoitos que são comprados tão logo saem da caixa. "Os funcionários do Atacadão nem colocam a mão no nosso produto. Só se eu falto. Mas aí, também, ligam na hora pra reclamar com o meu chefe. Não posso sair antes da hora, mesmo que acabe o trabalho, porque eles avisam o meu chefe." Além de ficarem atentos à necessidade de reposição, os promotores precisam olhar a data de validade. produtos mais próximos do vencimento vêm pra frente da prateleira. E têm de ver se o preço marcado está correto.

O mundo dos promotores, como tudo, tem hierarquias. Abaixo dos repositores contratados pelos varejistas estão os promotores de marcas grandes, como Nestlé, Kraft, Vigor. Em seguida vêm os promotores de empresas de abastecimento compartilhado que podem rodar por diversas lojas: terceirizadas contratadas pelas marcas numa tentativa de redução de custos. "A situação tá difícil pra gente. Porque cada vez menos marcas têm promotor próprio. O problema é que só vão entrando as marcas e aumentando o nosso trabalho. A nossa situação não melhora", reclama um deles. No rodapé figuram os repositores de empresas de abastecimento compartilhado que são fixos em lojas. Ganham menos e estão mais sujeitos a estresse.

"O grande problema, nesse caso, é que o repositor terceirizado recebe menos do que o repositor do próprio supermercado. Então, você tem às vezes três pessoas, uma trabalhando ao lado da outra, com salários distintos, direitos distintos", resume o advogado Fabio Melman. "Não tem muito o que fazer em relação a isso. A terceirização está consolidada. Além disso, os repositores alegam muitos problemas ergonômicos, porque carregam muito peso. É comum aparecerem problemas de coluna. Tem também a falta de horário para refeição, que eles têm direito a uma hora, mas geralmente não tiram mais do que trinta minutos."

Entre tudo isso há dois universos diferentes: varejo e atacado. No varejo o ritmo é menos frenético: as prateleiras se esvaziam mais lentamente, os clientes estão menos estressados, o ambiente é mais limpo, arejado, organizado. No atacarejo, enquanto a loja está aberta, não há parada. Os produtos são levados com voracidade. Quebras são comuns. Mais coisas estragam.

"Para a minha empresa, o importante é estar tudo bonitinho na gôndola, toda linha de produtos, porque eles já fizeram a venda", conta uma promotora que trabalha para uma marca de refrescos em pó. "No Atacadão, não: eles querem é vender tudo o mais rápido possível." Quando perguntamos sobre os impactos do trabalho pesado e repetitivo no corpo, sorriu amarelo, virou e chamou um colega que colocava pacotes de feijão numa gôndola próxima. Ele relatou que não tirava férias há três anos por causa de uma mudança de empregadores. "Um ano trabalhando direto até que dá pra aguentar", explicou. "Agora, três anos direto, como eu tô, não dá, não. Esse ano já fui quatro vezes no médico por conta de dor nas costas." Era final de fevereiro de 2020.

Veio março. Veio o outono. Veio o coronavírus. Veio o caos. Mas não para todos.

"Foram sete dias como se fosse 23 de dezembro. O time precisou ser muito guerreiro, com muita garra para atender aquele movimento que veio", afirmou Belmiro Gomes, CEO do Assaí, durante a apresentação dos resultados do primeiro trimestre.

O coronavírus chegou ao Brasil com fama de democrático: mataria pobres e ricos igualmente. Só esqueceram de combinar com ele, o vírus, que, por aqui, o que é democrático se desmancha no ar. As cifras que enchiam os olhos dos diretores de Atacadão e Assaí avançavam de maneira proporcional ao pavor dos funcionários.

Uma humanidade pasteurizada reagia de maneira homogênea ao prenúncio de tragédia. Papel higiênico, álcool gel e produtos de limpeza viraram motivo de briga dentro das lojas. Variavam a cor da pele, o idioma, os preços, a data em que o pânico se instalava. E só. Se ainda havia alguma dúvida, o coronavírus veio para esclarecer de uma vez por todas: o supermercadismo venceu.

Como se fosse 23 de dezembro, aquela loja repleta era um mar de simbolismos. "Cês tão de brincadeira. As pessoas estão morrendo aqui no hospital, na Cachoeirinha, pra todo lugar. Olha isso daqui, ó", dizia um homem, num vídeo que viralizou pela internet. Era 21 de março, começo da quarentena. Filas e filas e filas de gente se esbarrando, com carrinhos repletos até o talo. "Estão comprando as coisas mais do que em excesso. Tem gente que vai receber dia cinco e não tem dinheiro pra comprar. Quando chegar aqui, não tem mais nada. Vamos pensar no próximo. Vamos pensar no próximo. Estão comprando tudo. Vão se contaminar. Vai morrer todo mundo. Tá cheio de carreta aí fora. O dono daqui tá ficando cada vez mais rico. E a gente vai se foder."

Era chocante. Era banal. Era óbvio que aquele vídeo fosse gravado no Atacadão de Parada de Taipas. Onde mais? Jogando na nossa cara como a pandemia não teria nada de democrática. A classe média descobria o "novo normal" do trabalho à distância, das compras pela internet, da interrupção de alguns serviços. Os pobres seguiam na labuta, estocavam o que dava, expunham-se à doença.

*E se a doença voa num avião*
*Tão rápido que já não se enxerga mais*
*Mas só ela pode lhe tirar o chão*
*Pra ser feliz o que que você faz?*

"A gente triplicou o volume de vendas por esse canal. Talvez experiências positivas vieram para ficar. Parte desses consumidores que testaram o *e-commerce* pela primeira vez podem permanecer", disse Silvana Balbo, diretora de Marketing do Carrefour, durante um bate-papo no portal UOL, em referência às vendas pela internet. Alguns testavam o *e-com*. Outros testavam a covid-19.

Enquanto o armazém da esquina demora semanas para se reestruturar e encontrar um novo caminho, as grandes redes estão sempre em melhores condições de surfar nas crises. A pandemia acelerou em alguns anos uma transição que penavam em conseguir fazer. Antes, a venda de alimentos pela internet crescia, mas sobre bases relativamente baixas. Por um motivo simples: muitas pessoas querem selecionar o que levarão para casa. Mas, entre a morte por covid-19 e uma banana bonita, os clientes deixaram de lado essa questão. Em um único dia de março, o Carrefour registrou 4.269 pedidos, um novo recorde. E o volume bruto de mercadorias cresceu 235% na comparação com o período anterior. "O *e-commerce* vai entrar num novo patamar. Não retorna aos níveis anteriores. Não retorna em absolutamente nada", resumiu Jorge Faiçal, presidente do braço de varejo do Pão de Açúcar. "Por volta de 50% das vendas são novos consumidores de *e-commerce*. Especialmente a faixa etária de mais de sessenta anos, que a gente fez um atendimento diferenciado e prioritário para essa faixa etária. Especialmente no Pão de Açúcar."

James Delivery, Chef Time, *dark kitchens* [cozinhas-fantasma]: não havia muita dúvida do público-alvo das vendas *on-line* da empresa. "Um James entrega para você." Tão simbólico. Um encontro do poder das corporações analógicas com as violações trabalhistas engendradas pelas *startups* da tecnologia. Em outras palavras, a transição que a pandemia acelerou foi em direção a um modelo alimentar no qual as desigualdades se tornam mais e mais gritantes. Um "James" coloca o corpo à disposição do coronavírus para que você se poupe, selecionando produtos *premium* pelo celular.

As hierarquias se cruzam. Entre consumidores ricos e pobres, entre funcionários terceirizados e contratados, entre trabalhadores do atacarejo e do varejo. Em 2012, o relatório de sustentabilidade do Pão de Açúcar declarava que os negros eram 61% dos funcionários, mas apenas 3,87% estavam em cargos de chefia. A contabilidade da própria empresa, mais uma vez, varia, o que torna impossível traçar uma série histórica. Em 2018 eram 35,7% dos cargos de "liderança", o que pode ser simplesmente uma função de líder de um setor de loja que nada lidera, como Reinaldo.

Em 2002, o salário mais alto era 69 vezes maior que o mais baixo. Em 2018, essa diferença havia mais que dobrado, para 150 vezes.

Em 2018, as mulheres ocupavam 32,3% dos cargos de liderança. Mas, quanto mais alta a função, menor a chance de que chegassem lá. Eram quinze mulheres na "alta administração", contra 62 homens — poucos anos antes, eram metade disso. Mas, claro, elas são a maioria dos funcionários dos supermercados. No geral, na função de caixa, que, se antes era somente penosa e mal remunerada, com o coronavírus passou a ser também extremamente arriscada.

"A rotina está sendo cansativa em questão do movimento, em questão da aglomeração de muitos clientes, a loja tá muito cheia, é muita clientela mesmo, cada dia aumenta mais." Quando conversamos pela primeira vez, no começo de abril, Madalena*, operadora de caixa no Atacadão de Taipas, não conseguia esconder a angústia diante da possibilidade de levar o vírus para casa. O que poderia acontecer com o marido e as filhas? E com a sogra idosa com quem dividiam o teto? Sem respostas, se apoiava na sorte e na fé.

Nós, resguardados, recebíamos pelo WhatsApp fotos de lojas de atacarejo repletas de gente. Em meio a uma economia em frangalhos, as grandes redes contrataram, cada uma, cinco mil funcionários para serem peças de reposição à medida que a pandemia avançasse. Anunciaram medidas de proteção aos funcionários, como a instalação de painéis de acrílico, mas tudo isso demorou a sair das áreas ricas. Os empregados nos relatavam que conseguir equipamentos de proteção ficava a critério de cada um. Duas verdades que testemunhamos naquela ocasião em uma loja do Atacadão no litoral paulista. E, assim como faltavam EPIs para profissionais de saúde, faltavam para os trabalhadores do comércio.

"Não tem nem como ter uma segurança porque ficam todos os clientes em cima da gente. Eles implantaram uma portinha lá pra gente pra ficar afastado, mas, mesmo assim, os clientes não respeitam", contou Madalena. "Colocaram faixas indicando pra ficar a um metro e meio longe da gente. Não ficam porque já é um ambiente que não respeitam, mesmo. Então, fica difícil. E o pessoal [do Atacadão] não tá tomando a providência perfeita, que seria eliminar tanto cliente pra entrar, evitar a aglomeração."

Em meio à euforia dos diretores, pedimos às duas redes informações sobre funcionários infectados. Recusaram. No final de abril, a Associação dos Supermercados do Rio de Janeiro falava em espantosos 7% dos duzentos mil trabalhadores já afastados por infecção ou suspeita de. Depois disso, a organização não divulgou novos números.

Veio maio. O coronavírus avançou para todos os cantos. Taipas passou a fazer parte de um cinturão de mortes na periferia da capital paulista, epicentro da covid-19 no país, epicentro da covid-19 no mundo. Era um dos piores lugares para se viver. O caos virou norma. Não para todos.

"O que estamos vendo pra frente é um cenário também muito bom", resumiu Roberto Müssnich, presidente do Atacadão. "Um cenário onde nós, como temos um modelo excepcional, que mantém um equilíbrio muito bom entre custo baixo e preço baixo, estamos sendo entendidos e ganhando novos clientes. Somos uma solução para a pandemia. Não uma solução médica, é claro. Mas uma solução para melhorar a qualidade de vida dessas pessoas." No primeiro trimestre, o Atacadão cresceu 13,6% em faturamento frente ao mesmo período de 2019, enquanto o concorrente Assaí, do Pão de Açúcar, avançou 23,8%.

Nós continuávamos resguardados. E recebendo pelo celular fotos que variavam muito pouco com o passar do tempo. Eram lojas de atacarejo ainda repletas, agora com o uso massivo de máscaras, mas com aglomerações.

Na metade de maio, 45 dias depois do primeiro contato, telefonamos novamente para Madalena. As notícias não eram boas. Com febre, falta de ar, dores no corpo e ausência de olfato e paladar, a operadora de caixa se recuperava da infecção pelo novo coronavírus. Havia recebido o diagnóstico na semana anterior, depois de passar mal no trabalho. Com muita falta de ar, pediu para ser substituída, mas foi ignorada pela supervisora. "Eu estava suando frio, passando muito mal mesmo. Aí eu chamei o segurança e falei 'olha, eu vou abandonar o caixa porque eu vou desmaiar'."

Um vídeo enviado por uma funcionária em 22 de maio oferecia muito mais do que um minuto vazio de diversão em uma rede social. Era um retrato da situação geral da humanidade diante do momento mais difícil de nossas vidas. A cena-síntese no dia em que o Brasil ultrapassou a marca de vinte mil mortes por covid-19. Quando deveria haver condições para que todas e todos estivessem resguardados. Em frente ao Atacadão de Taipas, uma enorme fila de carrinhos aguardava pacientemente pelo momento de entrar na loja. Pelo momento de colocar em risco a si e aos outros para comprar produtos causadores das doenças que agravam a doença-mor dessa década. Era um flagrante não da liberdade de escolha, mas da falta dela.

Em meados de maio, de acordo com Camila*, uma repositora, havia entre 25 e 30 funcionários do Atacadão de Taipas afastados com sintomas de covid-19. O número foi apontado a ela por um líder de setor da unidade, uma vez que a empresa se recusava a fornecer qualquer dado. "O movimento é bem maior do que era antes da pandemia", nos disse. "Eles estão limitando a quantidade de clientes, mas quando uma pessoa sai já entra outra. Antes não era assim. Principalmente nas duas últimas semanas do mês, era muito mais tranquilo."

Uma semana depois de quase desmaiar em serviço, ainda com dores no corpo, Madalena voltou a trabalhar. O protocolo oficial do Ministério da Saúde falava em catorze dias de afastamento. Ela não é exceção: casos assim viraram regra no Atacadão de Taipas. Somente no seu turno, das vinte operadoras de caixa, pelo menos dez já haviam sido afastadas com os mesmos sintomas.

Débora, promotora terceirizada, voltou a trabalhar na metade de maio, depois de 21 dias afastada para se recuperar da covid-19. Não foi fácil. "Eu sinto o corpo cansado, sabe? É muita fadiga. O corpo ainda tá meio fragilizado, quando você aperta, dói", nos disse depois de uma manhã de trabalho no Atacadão. "E psicologicamente é muito difícil também, porque as pessoas te olham com receio. Na verdade, mal olham pra mim ou se aproximam."

Ao menos, Débora foi assistida pela empresa. Madalena não teve a mesma sorte. "Não me perguntaram se eu estava bem. Se estava tomando remédios", conta. "Comentei que ainda me faltava o ar, especialmente quando estava com a máscara, mas eles faziam vista grossa. É insignificante para eles. Como dizem, sou só um número."

A carne mais barata do mercado nunca está na geladeira.

# CONCLUSÃO
## Uma "não solução"

Marcelo Cazarotto parecia inquieto naquele dia. O sol impiedoso de janeiro de 2020 não poderia ser o motivo do incômodo: estávamos dentro de um confortável escritório, um oásis na abafada Vargem Grande do Sul. Dinheiro tampouco era problema: boa parte da produção de batatas de Cazarotto já estaria vendida antes mesmo que os primeiros brotos beijassem o solo. Soja e milho, que ocupavam a terra na entressafra da batata, já estavam perto da hora da colheita. A camisa polo limpa e bem ajustada, o perfume, a barba bem-feita, a caminhonete sem placa na porta do escritório, o invejável maquinário: tudo parecia tranquilo na vida do produtor-modelo de batatas de uma região que é o modelo nacional de produção de batata.

Aquilo que o inquietava era comezinho. Quando entramos na sala, ele ajeitava um pequeno quadro na parede. "Preciso pendurar um quadro aqui, você me traz uns preguinhos?", disse a alguém do outro lado do celular antes de nos cumprimentar. No quadro, sob o logo da PepsiCo, a frase "Produtor do Ano — 2019". Assim que deixamos de conversar, ele tornou a ligar para o funcionário encarregado de dar solução ao problema.

Quando as máquinas voltarem a funcionar, Cazarotto não terá tempo de ajeitar quadros. As batatas chegarão sem pausa em caminhões basculantes, serão selecionadas e enviadas a uma unidade da Elma Chips, divisão de salgadinhos da PepsiCo. Em breve, em qualquer lugar do país, a batata semeada em Vargem Grande do Sul e Casa Branca terá cumprido o destino de nascer e morrer como clone. Dentro de um pacote de Ruffles ou Lay's, como par perfeito do refrigerante, entregará momentos de felicidade ao saciar os hormônios de alguém com a combinação certa de gordura e sal (certa para os hormônios, pelo menos). "Sempre fresquinhas, crocantes e deliciosas", promete a fabricante. A era em que vivemos, entre muitos problemas, padece de um sério desentendimento com o dicionário. Fresquinhas que duram anos. Quando o saquinho for aberto, em março, outubro ou dezembro, a batata estará como se houvesse saído ontem da terra de Cazarotto. O conforto de uma batata idêntica, da primeira à última do pacote. Uma certeza em meio a tantas incertezas. Da banalidade da compra à banalidade do consumo. Sem surpresas. Sem esforço. Sem necessidade de prestar atenção.

"Se você falar em biju, 'ah, mas é coisa do passado. Bom é pão'." Voltamos ao Vale do Ribeira, no sul do estado de São Paulo. João da Mota tinha 65 anos quando conversamos, em novembro de 2019. "Só que a coisa que não tem agrotóxico, ela não é tão gostosa como vem esses tudo cheio de coisa. Quanto mais a pessoa vai gostando, mais agrotóxico tem nele, já fazem pra você viciar naquilo. Pra saúde da gente cada vez mais se estragar. É gostoso de um lado. Só que do outro lado é ruim porque estraga a saúde da gente." Mais um dia, mais um belo café da manhã. Mandioca, batata-doce, cará. Sem agrotóxico. A pequena terra de João, no quilombo Nhunguara, exibe uma diversidade impressionante: pepino, milho, feijão, abóbora, um monte de plantas comestíveis que não conhecíamos. Ele mostra orgulhoso o feijão já colhido, armazenado numa casinha à espera de virar comida ou voltar para a terra como semente. Enquanto isso, conversamos sobre aquilo que se perdeu nas últimas seis ou sete décadas, com o contato com a "civilização".

Na cozinha do refeitório do quilombo vizinho, o Ivaporunduva, cruzamos com misturas prontas para bolo, bastante óleo, bastante farinha, bastante açúcar. "Arroz nosso, tradicional, aqui na comunidade já não tem em grande quantidade. A pessoa tem para manter a semente, para não se perder, porque o lugar que é apropriado para plantação de arroz a gente já não tem a liberação mais para plantar", conta Neire Alves, uma das coordenadoras do alojamento destinado a visitantes, dando um resumo da relação tensa com o Estado, que, desde que chegou, fez mais atrapalhar do que ajudar, proibindo algumas técnicas tradicionais de cultivo.

"Um tempo atrás, eu não fui embora porque meu pai não deixou. A gente queria ter condições de ter uma roupa, de ter um sapato, e naquela época não tinha", conta. "Só que eu agradeço a Deus por meu pai não ter deixado eu ir. Ao contrário, aqui, a gente consegue melhorar e ter as coisas, é só a gente ter visão de onde estão os pontos que a gente pode aproveitar para fonte de geração de renda da comunidade."

Experiências frustradas na cidade deixaram marcas em muitas pessoas. E no imaginário coletivo. Alguns quilombolas reaprenderam a viver da própria cultura. A viver com pouco porque a terra dá muito. A ter renda com o turismo e com alimentos. Descobriram que valem mais, para eles e para os outros, sendo eles mesmos. São os vizinhos incômodos de muita gente no Vale do Ribeira. "A diretora falava que os escravos gostavam de ser escravos. Isso me fazia chorar na escola. Acreditava que nós éramos inferiores, que nós não tínhamos que estudar, que nós não tínhamos direito a nada", conta Neire.

Ela e os quilombolas da região se tornaram famosos nacionalmente da pior maneira possível. "Eu fui num quilombo. O afrodescendente mais leve lá pesava sete arrobas. Não fazem nada. Eu acho que nem para procriador ele serve mais. Mais de um bilhão de reais por ano é gasto com eles."[86] A vantagem de viver nos tempos de Jair Bolsonaro, nascido e criado no Vale do Ribeira, é poder enxergar de maneira mais crua e clara

---

86 "Bolsonaro: 'Quilombola não serve nem para procriar'", *Congresso em Foco*, 5 abr. 2017.

a expressão de um paradigma que enxerga a diversidade como problema — como ameaça.

Em 1949, no discurso de posse para o segundo mandato, o presidente dos Estados Unidos, Harry Truman, assentou as bases para o paradigma do desenvolvimento. Ao cunhar a expressão "subdesenvolvido" e ao exaltar a primazia da tecnologia sobre os demais conhecimentos, ele lançou uma espécie de corrida maluca na qual os países, feito coelhos a perseguir a cenoura amarrada na ponta da vara, deveriam apressar o passo para atingir o ápice do desenvolvimento — representado, no caso, pelos Estados Unidos. Como uma receita de bolo, a superação do subdesenvolvimento dependia basicamente de que cada nação fosse capaz de seguir todas as etapas desse trajeto:

> Devemos embarcar num ousado novo programa para tornar os benefícios de nossos avanços científicos e de nosso progresso industrial disponíveis para a melhoria e o crescimento em áreas subdesenvolvidas. Mais da metade da população do mundo está vivendo em condição de miséria. A alimentação deles é inadequada. São vítimas de doenças. A vida econômica é primitiva e estagnada. A pobreza é uma desvantagem e uma ameaça tanto para eles como para as áreas mais prósperas.[87]

Superar o subdesenvolvimento era, portanto, uma mera questão de produzir mais. A palavra "comida" foi dita apenas duas vezes no breve discurso de Truman, mas como elemento central. A palavra "supermercado" obviamente não apareceu. Ao assentar o desenvolvimento como a nova face do imperialismo, contudo, conscientemente ou não, Truman fez do

---

**87** "Inaugural Address of Harry S. Truman" [Discurso de posse de Harry S. Truman], 20 jan. 1949. *Yale Law School: Lilian Goldman Law Library*. Disponível em: https://avalon.law.yale.edu/20th_century/truman.asp.

supermercado o espaço privilegiado de exposição dessa vida moderna, superadora do primitivismo que deveria ficar para trás, em definitivo. Não por acaso essas lojas eram um chamariz, uma isca exibida em toda e qualquer oportunidade aos países sob a órbita da União Soviética.

O velho imperialismo — exploração para lucro estrangeiro — não tem lugar em nossos planos. O que visamos é um programa de desenvolvimento baseado nos conceitos de uma democracia justa. Todos os países, incluindo o nosso, se beneficiarão de um programa construtivo para o melhor uso dos recursos globais humanos e naturais. A experiência mostra que o comércio com outros países se expande quando eles progridem industrial e economicamente. Uma maior produção é a chave para a prosperidade e a paz. E a chave para uma maior produção é uma mais profunda e mais vigorosa aplicação do moderno conhecimento científico e técnico. Apenas ajudando os menos afortunados de seus membros a ajudarem a si próprios a família humana pode atingir uma vida decente e satisfatória, que é o direito de todas as pessoas. A democracia sozinha pode suprir a força vitalizante que move as pessoas do mundo a uma ação triunfante, não apenas contra seus opressores humanos, mas também contra seus antigos inimigos — fome, miséria e desespero.[88]

Poucos meses depois do pronunciamento de Truman, Brasil e Estados Unidos firmaram um acordo de cooperação técnica que previa, entre outras coisas, colaboração na área de agricultura para que pudéssemos superar nosso primitivismo.

Agora, a humanidade está diante de uma bifurcação. Um dos caminhos, aquele que trilhamos nos últimos séculos, e com mais velocidade nas últimas décadas, conduz ao

---

88 "Inaugural Address of Harry S. Truman", 20 jan. 1949. *Yale Law School: Lilian Goldman Law Library.*

suicídio coletivo. O outro, portanto, é o único viável. Sem que isso represente uma via autoritária, pelo contrário, essa trilha se abre à frente em múltiplas, inúmeras, nas quais a humanidade pode de fato cumprir seu potencial de diversidade (Acosta, 2016).

Temos nos contentado com a mudança possível, aquela que nos leva ao lado errado da bifurcação, em lugar da mudança necessária. Uma redução no teor de sódio de um produto com níveis obscenos de sódio. Uma pequena diminuição da jornada laboral. Um aumento na tarifa de ônibus que só é freado com uma enorme mobilização. Em vez de corrigir desigualdades, essa via de pequenas alterações as fez agravar. Porque é frágil. Porque é incompleta. Porque nos faz perder tempo.

Se não fizermos nada, o futuro fará por nós de maneira muito mais severa. A pandemia de 2020 forneceu uma amostra dolorosa do que pode vir a ser a vida humana. Restrições de circulação como regra, um constante mal-estar, a carta branca para um Estado ainda mais autoritário ou territórios crescentes sob domínio de milícias, o agravamento da desigualdade — no começo de julho de 2020, o índice de pessoas com covid-19 na periferia de São Paulo era estimado em 16%, contra 6% nas áreas centrais.[89] Enquanto este livro é escrito, não há comprovação científica de que a doença tenha nascido em espaços de confinamento de animais. Mas não faltam alertas de que esse método é não apenas cruel, como propício ao surgimento de doenças cada vez mais letais. Entre muitas coisas, a pandemia expõe como nem mesmo a mais alta tecnologia foi capaz de eliminar a fragilidade da humanidade; ou seja, acreditar que a via tecnológica nos salvará da extinção já não é uma opção.

---

[89] "Distritos mais pobres de SP têm mais infectados por coronavírus do que os ricos, diz estudo", *Folha de S. Paulo*, 1º jul. 2020.

Ao negar a natureza nos afastamos da obviedade de que a vida humana é finita, individual e coletivamente.

Desse modo, renunciar individualmente ao supermercado tende a ser inútil se não rompermos com o supermercadismo. Em outras palavras, não tem serventia procurarmos em outros espaços de consumo por produtos que reflitam a lógica regente do sistema alimentar hegemônico — ultraprocessados, animais criados em confinamento, alimentos *in natura* plantados em larga escala sem respeitar os ciclos naturais das plantas e dos ecossistemas. Do mesmo modo, procurar no supermercado por produtos que, na superfície, contrariam o sistema alimentar hegemônico tende apenas a agravar o problema ao fazer com que não o enxerguemos. A rapidez com que Nestlé, Unilever e companhia engolem *startups* "disruptivas" que prometem relações justas de produção e consumo é só um dos sinais de que essa linha de raciocínio não tem como prosperar. Essas soluções são inerentemente desiguais e, portanto, ao excluir a maior parte da população, são, também, soluções incompletas. Falando claramente, não são soluções. Não importa o que Carrefour e Pão de Açúcar vendam, são forças econômicas marcadas pelo lucro a qualquer custo, por violações trabalhistas e fiscais, por relações assimétricas com fornecedores e consumidores.

Infelizmente, a roda parece girar no sentido contrário. Este livro é escrito em meio a um processo de desmonte que não encontra fim. Os programas públicos de compras de alimentos, que ajudaram a expulsar a fome do campo, definharam ou desapareceram. Conquistas elementares, como a merenda escolar, se veem sob ameaça. Em nome de economizar dez milhões de reais ao ano, menos do que se gasta com a copa do Palácio do Planalto, os estoques estratégicos de alimentos são progressivamente desativados e os armazéns públicos, "desestatizados". *O Estado deve ficar fora para não atrapalhar o mercado*, justificam os líderes do processo. A agricultura familiar fica ao relento. Como no México dos anos 1990, produtividade se torna a única medida de sucesso. "O dever do Estado é administrar esses armazéns [de estoques públicos], e isso é perfeitamente possível e viável", critica Luis Carlos Guedes Pinto, ex-ministro da Agricultura. "Além disso, o objetivo do poder público não é gerar lucro. Ou então tínhamos que fechar tudo quanto é hospital e escola. Essa é a lógica do atual governo, no qual o interesse público não é o principal. Parte-se do pressuposto equivocado de que a iniciativa privada resolve tudo. Se resolvesse mesmo, tudo já estaria resolvido, porque o que não falta no Brasil é controle do mercado."

O Estado se retira, se exime da responsabilidade de cuidar da terra e de seus cidadãos mais desassistidos. Delega ao "Agro", a entidade sem rosto que se elegeu salvadora da pátria, a missão de transformar terra brasileira em dólar. Mas não se engane com o brasão do governo federal: é o próprio Agro, com a caneta da ministra da Agricultura, Tereza Cristina, que assina os cortes de orçamento de programas públicos de abastecimento e, como ficou comprovado na famosa reunião ministerial de 22 de abril de 2020, faz *lobby* pela redução de juros do crédito rural cedido a figurões do agronegócio.[90]

Longe de Brasília, o Agro expande suas fronteiras sobre os biomas brasileiros e aprofunda os impactos ambientais cada vez mais claros da agricultura industrial que se fez regra: a destruição do solo e dos recursos hídricos, a perda da diversidade e as altas emissões de gases do efeito estufa.[91] Além de absolutamente dependente de fertilizantes químicos e pesticidas, esse

90 "Em reunião, Tereza Cristina cobra redução de juros do crédito rural", *Valor Econômico*, 22 maio 2020.

91 INTERNATIONAL Panel of Experts in Sustainable Food Systems (IPES-Food). *From uniformity to diversity: a paradigm shift from industrial agriculture to diversifed agroecological systems* [Da uniformidade à diversidade: uma mudança de paradigma da agricultura industrial para sistemas agroecológicos diversificados]. Bruxelas: IPES-Food, 2016.

modelo "moderno" de agricultura é monotônico. De acordo com o IBGE, quase 65% de tudo que saiu da terra por aqui em 2018 era soja, milho ou cana-de-açúcar.[92] Somente entre 2008 e 2018, o valor da produção nacional de soja mais que triplicou: saiu de quarenta bilhões para praticamente 130 bilhões de reais.

O excedente de milho e soja — o que não vira ração para rebanhos brasileiros, estadunidenses e chineses — vai parar no interior das embalagens coloridas que preenchem as prateleiras dos supermercados. Nesse ponto, o agronegócio, a indústria de alimentos e os supermercados apertam as mãos e trocam sorrisos. Um produz muito mais grãos do que podemos ou queremos consumir; outro processa o excedente com farinhas, açúcares e aditivos alimentares para torná-lo palatável; e o último vende sem contar a história do produto aos consumidores. De grão em grão, assistimos à agricultura baseada em *commodities* se extrapolar para criar também uma dieta baseada em *commodities*.

E aceitemos: a empreitada dos três cavaleiros do apocalipse está funcionando. Nos prometeram o futuro, uma balança comercial pendendo para cá e o fim da fome. Recebemos, no lugar, uma enxurrada de comida-porcaria e um visto de retorno ao Mapa da Fome.[93]

Esse modelo de produção e consumo custa caro. Definitivamente não para o "Agro", para as indústrias ou para os supermercados. Com esses personagens ficam os lucros. Os custos, de fato, são rateados por quem não tem capital aberto na bolsa de Nova York.

A aventura que começa na grande propriedade rural e termina no caixa do supermercado custa muito caro para o Estado

---

**92** INSTITUTO Brasileiro de Geografia e Estatística (IBGE). *Produção Agrícola Municipal 2018*. Rio de Janeiro: IBGE, 2019.

**93** "Brasil está voltando ao mapa da fome, diz diretor da ONU", *Exame*, 15 mai. 2020.

brasileiro, como mostramos nos capítulos anteriores. Custa quando os impostos não são recolhidos ou voam para paraísos fiscais. Custa quando a estrutura da Justiça do Trabalho é acionada para garantir aos trabalhadores seus direitos mais básicos. Custa caríssimo para o Sistema Único de Saúde (SUS), obrigado a lidar com números crescentes de pacientes com doenças relacionadas ao consumo de alimentos não saudáveis, como diabetes, obesidade e doenças cardiovasculares.[94] Mais especificamente, a tríade onerou a Saúde em 3,45 bilhões de reais em 2018.[95]

Mas são os brasileiros, principalmente os cerca de duzentos mil que trabalham para as duas maiores redes de supermercados do país, que pagam o preço mais alto. Não só com a saúde, debilitada pelo trabalho insalubre, exaustivo e repetitivo; pagam também um preço subjetivo pela deterioração da qualidade do trabalho, precarizado, desprestigiado e mal remunerado. Os trabalhadores com quem conversamos durante a apuração desta história repetiam constantemente uma frase: "Sou só um número para eles." Perceber-se irrelevante, facilmente substituível, traz impactos psicológicos muito mais graves do que os econômicos.

O Pão de Açúcar veiculou durante anos uma propaganda na qual perguntava aos consumidores "O que faz você feliz?". Os trabalhadores do grupo, ao que tudo indica, jamais ouviram essa mesma pergunta.

---

**94** "Novos estudos associam alimentos ultraprocessados a morte e doenças cardiovasculares", *O Joio e O Trigo*, 30 mai. 2019.

**95** NILSON, Eduardo; ANDRADE, Rafaella; BRITO, Daniela & OLIVEIRA, Michele. "Custos atribuíveis a obesidade, hipertensão e diabetes no Sistema Único de Saúde, Brasil, 2018", *Revista Panamericana de Salud Publica*, v. 44, abr. 2020.

Aos poucos, supermercados e fabricantes de alimentos vão se apropriando das preocupações legítimas com sustentabilidade, bem-estar animal, violações sociais e trabalhistas. Se você se depara cada vez mais com produtos aparentemente justos, lembre-se de que eles continuam a ser uma ínfima fatia das vendas das lojas localizadas em áreas de classes média e alta, e essas têm a porção menor e decrescente do faturamento das grandes redes. Orgânicos representavam 2% do faturamento do setor em 2019, segundo a Abras. Trocando em miúdos, o que começa a figurar nas gôndolas é mais uma distração.

E uma confusão. Comprar ovos numa unidade do Pão de Açúcar pode ser um momento difícil: há uma profusão de embalagens com diferentes promessas sobre saúde do consumidor e bem-estar animal. Quando pensávamos que nada mais poderia nos surpreender, quando dávamos este livro por encerrado, uma história jogou a pá de cal nas esperanças de que corporações possam oferecer um sistema alimentar saudável para as pessoas e para o planeta. Choques elétricos, maus-tratos, violações trabalhistas e fraudes são o resumo daquilo que o repórter Marcos Hermanson Pomar encontrou ao vasculhar a produção de ovos de galinhas "livres de gaiola". As belas embalagens, com aves bem alimentadas e passeando felizes no campo, não sobreviveram à investigação, que revelou o confinamento de dezenas de milhares delas em galpões. Um dos aspectos mais interessantes é que as principais fornecedoras de ovos dessa modalidade são, também, criadoras de aves confinadas, submetidas a terríveis condições.[96] Ou seja,

**96** "Quando a embalagem esconde a realidade: choques, maus-tratos e fraudes na vida das galinhas 'livres de gaiola'", *O Joio e O Trigo*, 17 jun. 2020.

quem engendrou o problema quer lucrar com as falsas soluções. Com preocupações legítimas.

Mas, então, o que é possível fazer? Muita coisa. Acreditamos que soluções individuais são tão potentes quanto pode ser um indivíduo: você é um no meio de sete bilhões de habitantes do planeta. A narrativa sobre a força de uma pessoa é perfeita e providencial para corporações que desejam evitar a ação do poder público, mas não é mais do que um anestésico para uma sociedade que ruma para o abismo social, ambiental e econômico. Porém, sempre é preciso que indivíduos se somem para dar origem a mudanças sistêmicas. Então, se existe algo que você pode fazer, é se convencer e convencer outras pessoas sobre a necessidade de romper com o supermercadismo.

Essa mudança passa por repensar relações sociais e de consumo de maneira mais ampla. Parte do que é vendido nas grandes varejistas é absolutamente desnecessário. Esquecer da existência de produtos comestíveis ultraprocessados faz com que seja dispensável recorrer às grandes redes. É possível comprar mais e melhores alimentos, com relações sociais mais justas, em feiras, sacolões, mercados públicos, empórios e circuitos de comercialização direta com agricultores. Porém, é preciso notar que em muitas cidades a distribuição geográfica desses espaços é concentrada em áreas de classes média e alta.[97] Também é preciso admitir que cozinhar é uma tarefa penosa a quem trabalha doze horas e perde outras cinco no transporte. E que, no geral, os afazeres domésticos têm uma carga muito maior para mulheres, em particular as negras e de baixa renda.

---

**97** Uma série de reportagens em *O Joio e O Trigo* expõe essa assimetria na maior cidade do país. Sugerimos começar a leitura por "São Paulo: entre a abundância e a escassez no direito à alimentação", 22 jun. 2020.

"Se a gente criar um canal direto de conexão entre o produtor e o comprador, acabou o atravessador, o comprador canalha do supermercado", resume Leo Bastos, agricultor. "Existe uma função social no consumo, que é alimentar quem coloca comida todo dia na sua mesa. Ninguém reconhece o agricultor, mas todo alimento tem uma história. A história é que por trás de todo alimento verde, alguém cuidou pelo menos noventa dias. Alguém foi lá e olhou, foi lá e regou, cuidou dele pra te alimentar, e essa pessoa foi simplesmente alijada do processo. A gente precisa colocar essa pessoa pra ser vista. Vai ser uma pessoa sem dente, iletrada, mas que temos que dar valor."

Os chamados "circuitos curtos de consumo" já são articulados em dezenas de cidades brasileiras. Estabelecer laços diretos com agricultores é mais fácil para pessoas de classes média e alta. Dentro da realidade hoje colocada, contudo, é um modelo que pena para ganhar escala. O que não quer dizer que não deva ser tentado. De novo, a pandemia serviu como catalisadora de uma série de iniciativas e expôs que a agricultura de pequena escala pode suprir boa parte da demanda.

O relatório *Da Uniformidade à Diversidade*, publicado em 2016 pelo Painel Internacional de Especialistas em Sistemas Alimentares Sustentáveis (IPES-Food), aponta os circuitos curtos como uma das principais alternativas à agricultura industrial. "É necessário um modelo de agricultura fundamentalmente diferente, baseado na diversificação de paisagens agrícolas, substituindo insumos químicos, otimizando a biodiversidade e estimulando interações entre espécies diferentes, como parte de estratégias holísticas para criar fertilidade de longo prazo, ecossistemas saudáveis e meios de subsistência seguros", defendem os autores. A diversidade de culturas sequestra carbono da atmosfera e evita a degradação massiva do solo, mas, mais importante do que isso, garante comida saudável, fresca, barata e diversa no prato das comunidades próximas.

Essa é uma das soluções que passam pelo âmbito local, ou seja, pressionar prefeituras para que sejam encorajadoras de relações diretas com os produtores é um caminho perfeitamente razoável. As administrações municipais tanto podem atuar no mapeamento de agricultores e de alimentos locais como desenvolver tecnologias simples que facilitem a conexão entre quem planta e quem come. Se alimentação saudável não for o suficiente para convencer prefeitos e vereadores, a possibilidade de ganhar ou perder votos sempre será.

Há uma série de outras iniciativas que podem ser conduzidas no âmbito local. Bancos de alimentos são caminhos importantes para garantir renda aos agricultores e alimentação adequada e saudável à população de baixa renda. Abrir novos espaços de comercialização direta em áreas periféricas e de alta circulação é mais uma medida que está ao alcance de prefeitos e secretários por meio de sacolões, feiras e mercados do produtor. O poder público também pode desempenhar um papel no incentivo ao surgimento de espaços de comércio justo, no qual cada consumidor arca com o valor que lhe parece correto; pode desonerar impostos e ceder imóveis vazios, por exemplo, garantindo que alimentos de qualidade cheguem às pessoas em valores compatíveis com a renda.

Nem todas as soluções passam pelo campo. No governo federal, o Sistema Brasileiro de Defesa da Concorrência, que inclui o Cade, pode fazer muito mais. O processo de concentração desse mercado, ponto inicial de nossa apuração, continua avançando a olhos vistos. Enquanto terminamos o processo de edição, o Carrefour conta com a aprovação do Cade para a compra de trinta lojas do Makro. Ninguém parece levar fé na possibilidade de o conselho fazer valer o que está na lei.

Entre 2014 e 2016, o órgão decidiu frear o apetite da JBS S.A., que vinha jantando frigoríficos Brasil afora. A corporação das carnes foi proibida de comprar empresas em mercados onde houvesse concentração entre 30% e 50%. "Quando houve essa decisão, já estava tarde demais", pondera Paulo Furquim, ex-integrante do Cade. Quanto tempo o conselho tardará a agir no caso de Carrefour e Pão de Açúcar? Não será, também, tarde demais?

Para além do índice de concentração de mercado, o Sistema Brasileiro de Defesa da Concorrência tem o poder de investigar outras condutas anticompetitivas. Pode dar a fornecedores, indústria e agricultores a segurança necessária para que denunciem práticas que minem o direito à concorrência — sem medo de sofrer represálias, como foi feito em outros países. Fechar as lacunas de informação nesse setor é um passo fundamental para que o poder público possa agir. Tanto o Executivo como o Legislativo têm a capacidade de abrir um espaço de debates e formulação de políticas voltadas à proteção de agricultores familiares, pequenos varejistas e pequenos industriais, bem como à punição de práticas desleais. O Ministério Público Federal tem o dever de investigar quaisquer violações envolvendo essas empresas, desde remessas de lucros a paraísos fiscais até práticas nocivas ao meio ambiente.

Enquanto engolem os vizinhos, as grandes redes consolidam novas formas de poder sobre consumidores e concorrentes. A informação vale tanto quanto os produtos que estão nas prateleiras. Diretamente, Pão de Açúcar e Carrefour conseguem prever e guiar hábitos de consumo com uma precisão crescente. "Informe seu CPF", "Baixe o *app* para descontos exclusivos", "Faça um cartão de crédito". Assim, as duas corporações são capazes de impor descontos cada vez mais agressivos para atrair os clientes — um processo que, como vimos, custa muito pouco ou nada para elas, mas sai muito caro aos fornecedores.

Um relatório publicado em 2019 por um painel de especialistas do ETC Group situava os supermercados como "centros de satisfação" destinados a coletar dados e a aperfeiçoar os mecanismos de lucro envolvendo robótica e inteligência artificial.[98] Nessa equação, as corporações de tecnologia são, em simultâneo, concorrentes que podem engolir os varejistas e parceiros estratégicos para maximizar lucros. Em junho de 2018, o Carrefour fechou uma aliança com o Google para impulsionar vendas *on-line*. O Walmart comprou uma fatia majoritária de um dos maiores varejistas digitais da Índia e anunciou uma parceria com um gigante japonês. O Casino se aliou à Amazon para comercializar alimentos pela internet na França.

O uso desregulamentado da tecnologia cria novos desafios para autoridades de defesa da concorrência que sequer aprenderam a lidar com os problemas do passado. Se o controle é capenga no mundo analógico, que esperança podemos nutrir para um futuro no qual as grandes varejistas avançam sem medo sobre o mundo digital?

Nosso gesto de consumo mais banal. Mais automático. Mais repetido e repetitivo. Mais impensado. E, no entanto, um dos gestos que tem mais implicações para nós e nossos corpos. Para nossas cidades. Para nosso planeta.

Prateleiras bagunçadíssimas. Temperatura elevada, um calor constante. Um cheiro diferente em cada corredor, mas sempre presente, sempre incômodo. As luzes brancas e frias, perfeitamente adequadas para uma experiência de consumo pasteurizada, padronizada, monótona. Corredores largos e sujos, nos quais as embalagens tamanho família disputam espaço com empilhadeiras, repositores, caixas de papelão e

---

**98** SHAND, Hope & WETTER, Kathy Jo. *Tecno-fusiones comestibles. Mapa del poder corporativo en la cadena alimentaria* [Tecnofusões comestíveis: mapa do poder corporativo na cadeia alimentar]. Montreal: ETC Group, 2019.

*pallets*. Nos carrinhos gigantes, compras cada vez maiores em busca de descontos cada vez maiores. Produtos espalhados pelos corredores, empilhados sobre *pallets*, embalagens estouradas, alimentos podres. Operadoras de caixa anônimas e acometidas pela covid-19 deslizam os produtos com eficiência, a um bipe de distância do fim de uma experiência também anônima, impessoal. Os atacarejos, em especial aqueles posicionados em áreas de classe baixa, são a linha tênue entre o absolutamente insalubre e o perfeitamente eficiente. São a definição precisa de um ato que se deve praticar banalmente. Sem reflexão. Sem percalços. Sem paixões nem ódios. No tempo estritamente necessário para encher o carrinho e abrir espaço à chegada da próxima nuvem de clientes.

Convenhamos: o Atacadão não tem qualquer semelhança com o sonho que o paradigma do desenvolvimento nos prometeu. É todo o contrário. É a concretização de um pesadelo no qual pessoas sem qualquer liberdade de escolha se amontoam pelos corredores para comprar produtos que trazem por trás de si o sofrimento de seus pares — seja na agricultura, na indústria ou ali mesmo — e o futuro sofrimento de si, de um corpo que em algum momento carregará as doenças decorrentes desse padrão de consumo e de vida.

# APÊNDICE I
Perguntas e respostas das grandes redes

Ao final do processo de apuração, procuramos Carrefour, Pão de Açúcar e Abras. Solicitamos entrevistas e, como alternativa, demos a possibilidade de responder a perguntas apresentadas por escrito. Apenas o Carrefour respondeu e, ainda assim, sem se ater a nossas questões.

## CARREFOUR

A administração do Grupo Carrefour Brasil é conduzida com base nas melhores práticas de Governança Corporativa, sustentadas pelo Conselho de Administração e a Diretoria Executiva, que atuam em linha com o Estatuto Social da Companhia e pelo Regimento Interno. Norteadas por um conjunto de regras e procedimentos, estas práticas tratam da divulgação de informações e negociação de valores mobiliários, gerenciamento de riscos, transações com partes relacionadas e gerenciamento de conflitos de interesses.

Na direção dos negócios, o grupo preza pela ética, transparência e integridade, e repudia toda e qualquer forma de práticas comerciais e fiscais desleais. Para disseminar esses valores entre colaboradores, fornecedores e demais parceiros de negócios, conta com o Programa de Ética e Integridade, que aborda um conjunto de mecanismos, procedimentos, regras, políticas e práticas para inibir atividades irregulares, em linha com a legislação pertinente.

Os fornecedores são compreendidos como parceiros de negócios, essenciais para o fornecimento de alimentos de qualidade ao consumidor. No entanto, para assegurar um bom encaminhamento das parcerias, todos os fornecedores do Grupo Carrefour Brasil — o que inclui produtos, independentemente da marca, e serviços — devem estar de acordo com os três principais documentos que norteiam a conduta social do Carrefour: Código de Conduta para Negócios, Código de Ética e Social para Fornecedores e Acordo Nacional de Compra e Fornecimento, e são avaliados quanto à qualidade de sua mercadoria, capacidade de fornecimento e histórico de autuações trabalhistas. Em 2019, também passaram a ser adotadas, para 100% dos fornecedores, as auditorias no protocolo socioambiental ICS (Iniciativa de Compliance e Sustentabilidade), procedimento que visa a mitigar o risco de transgressões às normas trabalhistas, ambientais e de direitos humanos.

Especificamente para a linha de frutas, legumes e verduras, o Carrefour atua de forma bastante próxima com fornecedores locais, inclusive apoiando o desenvolvimento dos negócios e estimulando práticas sustentáveis de produção. Com alguns, a companhia mantém contratos de longo prazo, de forma a apoiá-los a mudar ou aprimorar as práticas de produção agrícola. Com outros, há planejamentos de plantio em conjunto, para que o abastecimento seja feito com exclusividade.

Com 88 mil colaboradores no Brasil, o grupo cumpre a legislação trabalhista vigente e atua em sintonia com as normas internacionais de direitos humanos. A companhia conta ainda com uma diretoria dedicada a assuntos de saúde ocupacional, segurança do trabalho e meio ambiente, cuja atuação é norteada por políticas e procedimentos pré-estabelecidos.

Durante a pandemia, a companhia tem adotado dezenas de medidas de segurança em loja, para preservar a saúde de colaboradores e clientes, tais como: entrega de máscaras a todos os atendentes e colaboradores das lojas e também aos farmacêuticos; medição de temperatura dos funcionários e consumidores como forma de proteção; proteção de acrílico em caixas de pagamento e balcões de atendimento; limpeza contínua dos carrinhos, caixas e esteiras; adesivo no chão para que os clientes mantenham a distância uns dos outros enquanto aguardam nas filas; treinamentos e ações educativas de prevenção para todos os colaboradores; afastamento de colaboradores do grupo de risco, como idosos e grávidas.

As medidas mais recentes também incluem ilhas de álcool em gel acionadas com os pés; puxadores de acrílico para abrir geladeiras e *freezers* com os pulsos; painel de identificação de quantidade de pessoas circulando na loja, para evitar aglomerações e/ou esperas longas; câmera térmica que mede a temperatura de até nove pessoas de uma única vez, melhorando o fluxo de entrada (caso algum cliente esteja com febre, a câmera emite um aviso sonoro e um funcionário do Carrefour auxiliará a pessoa), e também identificando se há pessoas circulando sem máscaras; estação de higienização na saída, na qual uma solução de limpeza é pulverizada nos produtos adquiridos.

## PERGUNTAS ENCAMINHADAS AO GRUPO PÃO DE AÇÚCAR

1. Em nível nacional, o GPA controla cerca de 16% do faturamento do setor de autosserviço. Porém, em alguns mercados relevantes — principalmente nas grandes cidades do Sudeste — esse percentual é consideravelmente maior. Em quais aspectos essa concentração pode ser benéfica? E em quais é nociva?

2. Muitos fornecedores nos confirmaram a existência de uma série de taxas por parte de redes médias e grandes, incluindo o GPA. Enxoval, participação em aniversários, taxa administrativa e crescimento. É consenso entre

eles, também, que essas taxas têm crescido em termos percentuais ao longo dos anos. Qual o motivo da existência dessas taxas?

3. Algumas das taxas cobradas podem impor barreiras à entrada de agricultores e industriais nos supermercados e têm potencial para configurar condutas anticompetitivas, de acordo com especialistas. Qual a opinião do Grupo a respeito dessa possibilidade?

4. Vimos que a empresa mantém vários registros empresariais em paraísos fiscais, e inclusive os balanços entregues à Comissão de Valores Mobiliários expõem uma série de transferências a esses endereços por pagamento de serviços e de produtos. Qual o motivo de manter empresas nessas localidades?

5. O GPA tem parte em um número grande de ações trabalhistas, em todas as instâncias da Justiça do Trabalho. Ouvimos de muitos trabalhadores a existência de violações no pagamento de horas extras, do adicional obrigatório de insalubridade e a atribuição equivocada de "cargo de confiança" a quem não exercia de fato esse tipo de função. Por que há tantas acusações contra o Grupo?

6. Por que a rotatividade de funcionários é tão alta na empresa? Em alguns anos, o Grupo chegou a trocar 50% do quadro de colaboradores.

7. Uma das queixas mais comuns entre os trabalhadores é a falta do pagamento de adicional de insalubridade. Se é previsto que se pague adicional a todos os que trabalham na câmara fria e funções insalubres, por que isso não é feito de antemão, evitando ações trabalhistas?

8. No começo da quarentena imposta pela pandemia — e nas semanas seguintes — recebemos muitos relatos de trabalhadores assustados com a situação. Muitos se queixaram de falta de EPIs, da alta densidade de clientes dentro da loja. Como o Grupo analisa e responde a essas queixas?

## PERGUNTAS ENCAMINHADAS À ABRAS

1. Juntos, Carrefour e Pão de Açúcar controlam cerca de 32% do faturamento do setor em nível nacional. Esse índice de concentração das duas maiores redes do país, contudo, é expressivamente superior em alguns mercados relevantes — principalmente nas grandes cidades do Sudeste. Em que medidas essa concentração é nociva para o setor e para os pequenos supermercadistas? Em que medida é positiva?

2. Muitos fornecedores nos confirmaram a existência de uma série de taxas e descontos financeiros por parte de redes médias e grandes. Enxoval, participação em aniversários, taxa administrativa, crescimento etc. É consenso entre eles, também, que essas taxas têm crescido em termos percentuais ao longo dos anos. Especialistas consultados acreditam que essas taxas podem configurar uma conduta anticompetitiva. O que a Abras pensa sobre a existência dessas taxas e que tipo de impactos elas podem ter sobre os pequenos varejistas, fornecedores e consumidores?

3. Muitos ex-trabalhadores e advogados trabalhistas relataram que as grandes redes de supermercado não costumam pagar horas extras e adicional de insalubridade para seus funcionários. É comum também, segundo essas fontes, que os supermercados atribuam indevidamente "cargo de confiança" a funcionários sem oferecer a eles o "poder". Essas pessoas são obrigadas a acionar as empresas na Justiça do Trabalho para receber seus direitos. Como a Abras vê essa prática?

4. Por que a rotatividade é tão alta no setor? As maiores empresas chegam a trocar quase 50% do quadro de funcionários anualmente.

# APÊNDICE II

## Lista de siglas

**Abba** – Associação Brasileira da Batata

**Abras** – Associação Brasileira de Supermercados

**ABRCN** – Associação Brasileira de Redes e Centrais de Negócios

**ABVGS** – Associação dos Baticultores da região de Vargem Grande do Sul

**Anvisa** – Agência Nacional de Vigilância Sanitária

**Assuvali** – Associação dos Supermercados do Vale do Itajaí

**BNDE** – Banco Nacional de Desenvolvimento

**BNDES** – Banco Nacional de Desenvolvimento Econômico e Social

**Cade** – Conselho Administrativo de Defesa Econômica

**Canorp** – Cooperativa Agropecuária Norte Pioneiro

**CAP** – Comissariado de Alimentação Pública

**CARF** – Conselho Administrativo de Recursos Fiscais

**CBD** – Companhia Brasileira de Distribuição

**CD** – Centro de distribuição

**Ceagesp** – Companhia de Entrepostos e Armazéns Gerais de São Paulo

**Ceasa** – Central Estadual de Abastecimento

**CEO** – Chief Executive Officer [Diretor Executivo]

**CFP** – Companhia de Financiamento da Produção

**Cibrazem** – Companhia Brasileira de Armazenamento

**CLT** – Consolidação das Leis do Trabalho

**CMN** – Conselho Monetário Nacional

**Cobal** – Companhia Brasileira de Alimentos

**Cofap** – Comissão Federal de Abastecimento e Preços

**Cofepris** – Comisión Federal para la Protección contra Riesgos Sanitarios [Comissão Federal para a Proteção contra Riscos Sanitários]

**Cofins** – Contribuição para o Financiamento da Seguridade Social

**Conab** – Companhia Nacional de Abastecimento

**Conasupo** – Compañia Nacional de Subsistencias Populares [Companhia Nacional de Subsistências Populares]

**Confaz** – Conselho Nacional de Política Fazendária

**Cooperbatata** - Cooperativa dos Bataticultores da Região de Vargem Grande do Sul

**Coopercentral VR** – Cooperativa Central dos Produtores Rurais e da Agricultura Familiar do Vale do Ribeira

**CPI** – Comissão Parlamentar de Inquérito

**CSSL** – Contribuição Social sobre o Lucro Líquido

**CVM** – Comissão de Valores Mobiliários

**Embrapa** – Empresa Brasileira de Pesquisa Agropecuária

**EPI** – Equipamento de Proteção Individual

**FAO** – Agência das Nações Unidas para a Alimentação e a Agricultura

**Femsa** – Fomento Económico Mexicano S.A.B.

**Fiesp** – Federação das Indústrias do Estado de São Paulo

**FLV** – Frutas, Legumes e Verduras [setor do supermercado]

**FMI** – Fundo Monetário Internacional

**GPA** – Grupo Pão de Açúcar

**GPS** – Global Positional System [Sistema de Posicionamento Global]

**Ibevar** – Instituto Brasileiro de Executivos de Varejo

**ICM** – Imposto sobre Circulação de Mercadorias

**ICMS** – Imposto sobre Circulaçao de Mercadorias e Serviços

**Insper** – Instituto de Ensino e Pesquisa

**Ipea** – Instituto de Pesquisa Econômica Aplicada

**IPES-Food** – Painel Internacional de Especialistas em Sistemas Alimentares Sustentáveis

**IPI** – Imposto sobre Produtos Industrializados

**IPTU** – Imposto Predial e Territorial Urbano

**ISS** – Imposto sobre Serviços

**IVC** – Imposto sobre Vendas e Consignações

**LGBT** – Lésbicas, gays, bissexuais, transexuais

**Nafta** – North American Free Trade Agreement [Acordo de Livre Comércio da América do Norte]

**OMC** – Organização Mundial do Comércio

ONU – Organização das Nações Unidas

PAA – Programa de Aquisição de Alimentos da Agricultura Familiar

PF – Polícia Federal

PGPM – Política de Garantia de Preços Mínimos

PIB – Produto Interno Bruto

PIS – Programa de Integração Social

Refap – Rede Solidária de Fortalecimento do Comércio Familiar de Produtos Básicos

SNAP – Supplemental Nutritional Assistence Program [Programa de Assistência Nutricional Suplementar]

STF – Supremo Tribunal Federal

Sunab – Superintendência Nacional de Abastecimento

SUS – Sistema Único de Saúde

TRT – Tribunal Regional do Trabalho

TST – Tribunal Superior do Trabalho

# REFERÊNCIAS

## ARTIGOS CIENTÍFICOS, LIVROS E DOCUMENTOS OFICIAIS

ACOSTA, Alberto. *O Bem Viver: uma oportunidade para imaginar outros mundos*. São Paulo: Autonomia Literária/Elefante, 2016.

ALMEIDA, André Martins de. *A política de garantia de preços mínimos (PGPM) e a atuação da Companhia Nacional de Abastecimento (Conab) no período após a abertura comercial: mudança institucional e novos instrumentos*. 2014. 206 f. Tese (Doutorado em Economia Aplicada), Escola Superior de Agricultura Luiz de Queiroz, Universidade de São Paulo, Piracicaba, 2014.

ALMEIDA, Luara; SCAGLIUSI, Fernanda; DURAN, Ana Clara & JAIME, Patricia. "Barriers to and facilitators of ultra-processed food consumption: perceptions of Brazilian adults", *Public Health Nutrition*, v. 21, n. 1, p. 68-76, jan. 2018. Disponível em: doi:10.1017/S1368980017001665.

APPENDINI, Kirsten A. de. *De la milpa a los tortibonos: la restructuración de la política alimentaria en México*. Alicante: Biblioteca Virtual Miguel de Cervantes, 2018.

ARANHA, Adriana Veiga (Org.). *Fome Zero: uma história brasileira*, vol. 1. Brasília: Ministério do Desenvolvimento Social e Combate à Fome, 2010.

ASSOCIAÇÃO Brasileira das Indústrias de Pescados (Abipesca). *The Seafood Summit 2018*. Disponível em: https://www.abipesca.com.br/arquivos.

ASSOCIAÇÃO Brasileira de Supermercados (Abras). *19ª Avaliação de perdas no varejo brasileiro de supermercados*. São Paulo: Abras, 2019. Disponível em: http://static.abras.com.br/pdf/perdas_atual%202019.pdf.

ATHAYDE, Amanda. *Antitruste, varejo e infrações à ordem econômica*. São Paulo: Singular, 2017.

BAUMAN, Zygmunt. *Vida para o consumo: a transformação das pessoas em mercadoria*. Rio de Janeiro: Jorge Zahar Editor, 2007.

BARRUTI, Soledad. *Malcomidos: Cómo la industria alimentaria argentina nos está matando*. Buenos Aires: Planeta Argentina, 2013.

BARRUTI, Soledad. *Mala Leche*. Buenos Aires: Planeta Argentina, 2018.

BASSO, Rafaela. *A cultura alimentar paulista: uma civilização do milho? (1650-1750)*. São Paulo: Alameda, 2014.

BELIK, Walter. "Agricultura, concentração no setor da comercialização e novos espaços para a distribuição de produtos frescos", *Economia Ensaios*, v. 22, n. 1, 2007.

BELLO, Walden. *Desglobalização: ideias para uma nova economia mundial*. Petrópolis: Vozes, 2003.

BELLO, Walden. *A guerra pelos alimentos*. São Paulo: Leopardo, 2011.

BLACKROCK. *Better portfolios. Better futures. 2018 Anual Report*. Nova York: BlackRock, 2018. Disponível em: https://s24.q4cdn.com/856567660/files/doc_financials/2018/ar/2018-Annual-Report.pdf.

BRASIL. Constituição (1946). Emenda Constitucional n° 18, de 1° de dezembro de 1965. *Reforma do Sistema Tributário nacional*. Disponível em: https://www.planalto.gov.br/ccivil_03/constituicao/emendas/emc_anterior1988/emc18-65.htm.

BRASIL. Presidência da República. *I Plano Nacional de Desenvolvimento (PND) 1972/74*. Brasília, 1971. Disponível em: http://www.biblioteca.presidencia.gov.br/publicacoes-oficiais/catalogo/medici/i-pnd-72_74.

BRASIL. Ministério da Agricultura, do Abastecimento e da Reforma Agrária. *Revista de Política Agrícola: edição comemorativa PGPM 50 anos*, Brasília, ano 2, n. 3, 1993.

BRASIL. Ministério da Agricultura, do Abastecimento e da Reforma Agrária. *Revista de Política Agrícola*, Brasília, ano 2, n. 4, 1993.

BRASIL. Lei n° 12.529, de 30 de novembro de 2011. Estrutura o Sistema Brasileiro de Defesa da Concorrência; dispõe sobre a prevenção e repressão às infrações contra a ordem econômica; altera a Lei n° 8.137, de 27 de dezembro de 1990, o Decreto-Lei n° 3.689, de 3 de outubro de 1941 - Código de Processo Penal, e a Lei n° 7.347, de 24 de julho de 1985; revoga dispositivos da Lei n° 8.884, de 11 de junho de 1994, e a Lei n° 9.781, de 19 de janeiro de 1999; e dá outras providências. *Diário Oficial da União*, 1° dez. 2011, Seção 1, p. 1. Disponível em: https://www2.camara.leg.br/legin/fed/lei/2011/lei-12529-30-novembro-2011-611850-norma-pl.html.

BRASIL. Ministério da Agricultura, Pecuária e Abastecimento. *Plano de modernização das centrais de abastecimento*. Brasília: Mapa, Conab, BNDES, Abracen, 2013.

BRASIL. Ministério da Justiça. Conselho Administrativo de Defesa Econômica. *Guia: análise de atos de concentração horizontal, versão preliminar*. Brasília, 2016. Disponível em: http://www.cade.gov.br/acesso-a-informacao/publicacoes-institucionais/guias_do_Cade/guia-guia-de-ac-horizontal.pdf.

BRASIL. Ministério da Fazenda. *Análise da tributação do setor de refrigerantes e outras bebidas açucaradas*. Brasília: Ministério da Economia, Receita Federal,

26 nov. 2018. Disponível em: http://receita.economia.gov.br/sobre/acoes-e-programas/simplificacao-tributaria/operacao-deflagrada/arquivos-e-imagens/nota-imprensa-bebidas-kit-e-royalties-substituir-26-11-18.pdf.

BRASIL. Ministério da Justiça, Conselho Admnistrativo de Defesa Econômica, Tribunal Administrativo de Defesa Econômica. Despacho decisório n° 7, de 20 de dezembro de 2018, referente ao Processo Administrativo n° 08012.007423/2006-27. *Diário Oficial da União*, ed. 245, 21 dez. 2018, Seção 1, p. 798. Disponível em: http://www.in.gov.br/web/dou/-/despacho-decisorio-n--n-7-de-20-de-dezembro-de-2018-56415605?inheritRedirect=true.

BRASIL. Ministério da Economia. Comissão de Valores Mobiliários. *Formulários de Referência de Cias Abertas (2019)*. Disponível em: http://dados.cvm.gov.br/dataset/cia_aberta-doc-fre/resource/fd1a17ba-9f2d-4c48-a922-7ff949de206e.

BRASIL. Tribunal Superior do Trabalho. *Ranking das Partes*. Brasília: Justiça do Trabalho, 31 dez. 2019. Disponível em: http://www.tst.jus.br/documents/18640430/f9f2a98e-1cda-49d3-842b-bf1706ff5383.

BRASIL. Tribunal Superior do Trabalho. *Ranking das Partes do TST por atividade econômica*. Brasília, 31 dez. 2019. Disponível em: http://www.tst.jus.br/documents/18640430/46d4e54e-2bbe-420a-9e72-a169bad6b142.

BRASIL. *Código Penal*. Disponível em: http://www.planalto.gov.br/ccivil_03/decreto-lei/del2848compilado.htm.

BRIDLE-FITZPATRICK, Susan. "Food deserts or food swamps? A mixed-methods study of local food environments in a Mexican city", *Social Science & Medicine*, v. 142, p. 202-13, out. 2015. Disponível em: https://doi.org/10.1016/j.socscimed.2015.08.010.

CAMPELLO, Tereza; FALCÃO, Tiago & COSTA, Patrícia V. da (Orgs.). *O Brasil sem miséria*. Brasília: Ministério do Desenvolvimento Social e Combate à Fome, 2014.

CAPARRÓS, Martín. *El hambre*. Barcelona: Anagrama, 2015.

CASCUDO, Luís da Câmara. *História da alimentação no Brasil*. São Paulo: Companhia Editora Nacional, 1983.

CASTRO JUNIOR, Paulo César Pereira de. *Ambiente alimentar comunitário medido e percebido: descrição e associação com Índice de Massa Corporal de adultos brasileiros*. 2018. 175 f. Tese (Doutorado em Epidemiologia em Saúde Pública), Escola Nacional de Saúde Pública Sergio Arouca, Fundação Oswaldo Cruz, Rio de Janeiro, 2018.

CAVALCANTE, Léia Baeta. *Poder de compra do varejo supermercadista: uma abordagem antitruste*. Brasília: Ministério da Fazenda, Secretaria de Acompanhamento Econômico, 2004 (Documento de Trabalho n. 30).

COSTA, Mário Wanderley M. & SOUZA, Roberta de C. "As transações entre supermercados e seus fornecedores de frutas, legumes e verduras". *In*: Anais do Encontro Nacional de Engenharia de Produção, 30, 2010. Rio de Janeiro: Abepro, 2010. Disponível em: http://www.abepro.org.br/biblioteca/enegep2010_TN_STO_119_779_16076.pdf.

CHILE. Tribunal de Defensa de la Competencia. *Autos 4927-04. Sentencia 9/2004*. Asociación Gremial de Industrias Proveedoras A.G., Supermercados Líder. Nestlé Chile S.A. Disponível em: https://www.tdlc.cl/nuevo_tdlc/wp-content/uploads/sentencias/Sentencia_09_Corte_Suprema.pdf.

COBHAM, Alex. "Tax avoidance and evasion: the scale of the problem", *Tax Justice Network*, nov. 2017.

COLLIN, Jeff; HILL, Sarah E.; ELTANANI, Mor K.; PLOTNIKOVA, Evgeniya; RALSTON, Rob & SMITH, Katherine E. "Can public health reconcile profits and pandemics? An analysis of attitudes to commercial sector engagement in health policy and research", *PLOS ONE*, v. 12, n. 9, 2017. Disponível em: https://doi.org/10.1371/journal.pone.0182612.

CORREA, Cristiane. *Abilio: determinado, ambicioso, polêmico*. São Paulo: Primeira Pessoa, 2015.

CRUZ, Fabiana Thome da & MATTE, Alessandra (Orgs.). *Produção, consumo e abastecimento de alimentos: desafios e novas estratégias*. Porto Alegre: Editora da UFRGS, 2016.

CUNHA, Altivo & BELIK, Walter. "Entre o declínio e a reinvenção: atualidade das funções do sistema público atacadista de alimentos no Brasil", *Revista de Economia e Sociologia Rural*, v. 50, n. 3, p. 435-54, 2012. Disponível em: https://www.scielo.br/pdf/resr/v50n3/a03v50n3.pdf.

CUNHA, Altivo & BELIK, Walter. "A produção agrícola e a atuação das Centrais de Abastecimento no Brasil", *Segurança Alimentar e Nutricional*, v. 19, n. 1, p. 46-59, 2012. Disponível em: https://periodicos.sbu.unicamp.br/ojs/index.php/san/article/view/8634668/2587.

DELGADO, Juan. "Market Structure, Growth and Competition in the Supermarket Sector in Latin America". *In*: *Latin American Competition Forum*, Montego Bay, 2015. Disponível em: http://dx.doi.org/10.2139/ssrn.2660118.

DEL PASO, Fernando. *La cocina mexicana de Socorro y Fernando del Paso*. Cidade do México: Fondo de Cultura Económica, 2016.

DOBSON, Paul. "Retail Structure and Competition Assessment with Application to Latin America and the Caribbean: Background Paper by the OECD Secretariat". *In*: *Latin American Competition Forum*, Montego Bay, 2015.

DORIA, Carlos Alberto & BASTOS, Marcelo Corrêa. *A culinária caipira da Paulistânia: a história e as receitas de um modo antigo de comer.* São Paulo: Três Estrelas, 2018.

DURAN, Ana Clara; ROUX, Ana V. D.; LATORRE, Maria do Rosario D. O. & JAIME, Patricia C. "Neighborhood socioeconomic characteristics and differences in the availability of healthy food stores and restaurants in Sao Paulo, Brazil", *Health & Place*, v. 23, p. 39-47, set. 2013.

EMP Consulting. *Conab: diagnóstico organizacional. Preparando pessoas para transformação organizacional.* Brasília, maio 2003.

ESPANHA. Comisión Nacional de la Competencia. *Informe sobre las relaciones entre fabricantes y distribuidores en el sector alimentario.* Madri, 2011.

FERRARI, Paulo Roberto. *Estudo comparativo entre a batata lavada e a escovada.* São Paulo: CEAGESP, 2017. Disponível em: https://www.gov.br/agricultura/pt-br/ assuntos/camaras-setoriais-tematicas/documentos/camaras-setoriais/hortalicas/anos-anteriores/estudo-batata-lavada-e-escovada-44.pdf.

FOOD & Agriculture Organization of the United States (FAO). *Low-Cost Urban Food Distribution Systems in Latin America.* Roma: FAO, 1994.

FORTUNE. *Ranking Fortune 500.* Disponível em: https://fortune.com/fortune500/.

FISHMAN, Charles. *The Wal-Mart Effect: How the World's Most Powerful Company Really Works — And How It's Transforming the American Economy.* Londres: Penguin Books, 2007.

FREUDENBERG, Nicholas. *Lethal But Legal: Corporations, Consumption, and Protecting Public Health.* Nova York: Oxford University Press, 2014.

FUNDAÇÃO Getúlio Vargas (FGV). *Conab: proposta de rearquitetura.* Relatório final, jan. 1998.

GALEAZZI, Claudio & CASTANHEIRA, Joaquim. *Claudio Galeazzi sem cortes: lições de liderança e gestão de um dos maiores especialistas do Brasil em salvar empresas.* São Paulo: Portfolio-Penguin, 2019.

GÁLVEZ, Alyshia. *Eating NAFTA. Trade, Food Policies, and the Destruction of Mexico.* Berkeley: University of California Press, 2018.

GREENSPON, Jacob. "How Big a Problem Is It That a Few Shareholders Own Stock in So Many Competing Companies?", *Harvard Business Review*, 19 fev. 2019. Disponível em: https://hbr.org/2019/02/how-big-a-problem-is-it-that-a-few-shareholders-own-stock-in-so-many-competing-companies.

GRUPO Pão de Açúcar. *Relatório Anual e de Sustentabilidade GPA 2019.* Disponível em: https://www.gpabr.com/wp-content/uploads/2020/05/GPA_RS2019.pdf.

HAMILTON, Shane. *Supermarket USA: Food and Power in the Cold War Farms Race.* New Haven: Yale University Press, 2018.

HOLANDA, Sérgio Buarque de. *Caminhos e fronteiras*. São Paulo: José Olympio Editora, 1957.

INSTITUTO Brasileiro de Geografia e Estatística (IBGE). *Censo Agropecuário 2017*. Disponível em: https://censos.ibge.gov.br/agro/2017/templates/censo_agro/resultadosagro/index.html.

IBGE. *Pesquisa Nacional por Amostra de Domicílios (PNAD) Contínua 2019*. Rio de Janeiro: IBGE, 2019.

IBGE. *Produção Agrícola Municipal 2018*. Rio de Janeiro: IBGE, 2019.

IBGE. *Pesquisa de orçamentos familiares 2017-2018: avaliação nutricional da disponibilidade domiciliar de alimentos no Brasil*. Rio de Janeiro: IBGE, 2020.

INTERNATIONAL Panel of Experts on Sustainable Food Systems (IPES-Food). *From uniformity to diversity: a paradigm shift from industrial agriculture to diversifed agroecological systems*. Bruxelas: IPES-Food, 2016. Disponível em: http://www.ipes-food.org/_img/upload/files/UniformityToDiversity_FULL.pdf.

JANSKÝ, Peter & PALANSKÝ, Miroslav. "Estimating the scale of profit shifting and tax revenue losses related to foreign direct investment", *Int Tax Public Finance*, v. 26, n. 5, p. 1048-103, out. 2019. Disponível em: https://doi.org/10.1007/s10797-019-09547-8.

JUNQUEIRA, Antonio Hélio & PEETZ, Marcia da Silva. *100 anos de feiras livres na cidade de São Paulo*. São Paulo: Via Impressa, 2015.

KAR, Dev. *Brasil: fuga de capitais, os fluxos ilícitos, e as crises macroeconômicas, 1960-2012*. Washington: Global Financial Integrity, 2014. Disponível em: https://secureservercdn.net/45.40.149.159/34n.8bd.myftpupload.com/wp-content/uploads/2014/09/Brasil-Fuga-de-Capitais-os-Fluxos-Il%C3%ADcitos-e--as-Crises-Macroecon%C3%B4micas-1960-2012.pdf.

KLEIN, Naomi. *Sem logo: a tirania das marcas em um planeta vendido*. São Paulo: Record, 2002.

KNOBEL, Andres & MEINZER, Markus. *Automatic Exchange of Information: An Opportunity for Developing Countries to Tackle Tax Evasion and Corruption*. Chesham: Tax Justice Network, 2014.

LAWRENCE, Mark A. & BAKER, Phillip I. "Ultra-processed food and adverse health outcomes", *The BMJ*, v. 365, n. 8201 (l2289), 29 maio 2019. Disponível em: https://doi.org/10.1136/bmj.l2289.

LINHARES, Maria Yedda Leite. *História política do abastecimento (1918-1974)*. Brasília: Binagri, 1979.

LOURENZANI, Ana Elisa B. S. & SILVA, Andrea Lago da. "Um estudo da competitividade dos diferentes canais de distribuição de hortaliças", *Gestão & Produção*, v. 11, n. 3, p. 385-98, set.-dez. 2004.

MAIA, Emanuela G.; PASSOS, Camila M.; LEVY, Renata B.; BORTOLETTO, Ana Paula M.; MAIS, Laís A. & CLARO, Rafael M. "What to expect from the price of healthy and unhealthy foods over time? The case from Brazil", *Public Health Nutrition*, v. 23, n. 4, p. 579-88, mar. 2020. Disponível em: https://doi.org/10.1017/S1368980019003586.

MALET, Jean-Baptiste. *O império do ouro vermelho: a história secreta de uma mercadoria universal*. São Paulo: Vestígio, 2019.

MARTÍNEZ, Stephen & LEVIN, David. *An Assessment of Product Turnover in the U.S.. Food Industry and Effects on Nutrient Content*. Washington: Departamento de Agricultura, nov. 2017. (Boletim Econômico n. EIB-183). Disponível em: https://www.ers.usda.gov/publications/pub-details/?pubid=85760.

MAZIERO, Carolina C. S.; JAIME, Patrícia C. & DURAN, Ana Clara. "The influence of meal and food markets in fruit and vegetable consumption among adults in the city of São Paulo", *Revista brasileira de epidemiologia*, v. 20, n. 4, p.611-23, out.-dez. 2017. Disponível em: https://doi.org/10.1590/1980-5497201700040005.

MCMICHAEL, Philip & FRIEDMANN, Harriet. "Situating the Retail Revolution". *In*: BURCH, David & LAWRENCE, Geoffrey (Eds.). *Supermarkets and agri-food suplly chains: transformations in the production and consumption of foods*. Cheltenham: Edward Elgar, 2007, p. 154-72.

MENEZES, Francisco; PORTO, Silvio & GRISA, Katia. *Abastecimento alimentar e compras públicas no Brasil: um resgate histórico*. Roma: Centro de Excelência contra a Fome (WFP), 2015. Disponível em: https://www.mds.gov.br/webarquivos/publicacao/seguranca_alimentar/PAA_Institucional_Estudo1_Historico_lowres.pdf

MIALON, Melissa; SWINBURN, Boyd & SACKS, Gary. "A proposed approach to systematically identify and monitor the corporate political activity of the food industry with respect to public health using publicly available information", *Obesity Reviews*, v. 16, n. 7, p. 519-30, jul. 2015. Disponível em: https://doi.org/10.1111/obr.12289.

MONTEIRO, Carlos A.; MOUBARAC, Jean-Claude; LEVY, Renata B.; CANELLA, Daniela S.; LOUZADA, Maria Laura & CANNON, Geoffrey. "Household availability of ultra-processed foods and obesity in nineteen European countries",

*Public Health Nutrition*, v. 21, n. 1, p. 18-26, jan. 2018. Disponível em: https://doi.org/10.1017/S1368980017001379.

MONTEIRO, Carlos A.; CANNON, Geoffrey; LAWRENCE, Mark; LOUZADA, Maria Laura & MACHADO, Priscila Pereira. *Ultra-processed foods, diet quality, and health using the NOVA classification system*. Roma: FAO, 2019.

MOSS, Michael. *Sal, açúcar, gordura: como a indústria alimentícia nos fisgou*. São Paulo: Editora Intrínseca, 2015.

NILSON, Eduardo A. F.; ANDRADE, Rafaella C. S.; BRITO, Daniela A. de & OLIVEIRA, Michele L. "Custos atribuíveis a obesidade, hipertensão e diabetes no Sistema Único de Saúde, Brasil, 2018", *Revista Panamericana de Salud Publica*, v. 44, abr. 2020. Disponível em: https://doi.org/10.26633/RPSP.2020.32.

ORELLANA, Margarita de. *Rituales del maíz*. Cidade do México: Artes de Mexico, 2006.

OTERO, Gerardo. *The Neoliberal Diet. Healthy Profits, Unhealthy People*. Austin: University of Texas Press, 2018.

OXFAM. *Hora de mudar: desigualdade e sofrimento humano nas cadeias de fornecimento dos supermercados*. Oxford (Reino Unido): Oxfam International, 2018.

PELIANO, Anna Maria M. "A assistência alimentar nas políticas governamentais", *Revista de Política Agrícola*, v. 10, n. 1, p. 20-26, jan.-fev.-mar. 2001. Disponível em: https://www.gov.br/agricultura/pt-br/assuntos/politica-agricola/todas-publicacoes-de-politica-agricola/revista-de-politica-agricola/revista-de--politica-agricola-n01-2001.pdf/view.

PEREZ-CASSARINO, Juan; TRICHES, Rozane M.; BACCARIN, Jose G. & TEO, Carla R. (Orgs.). *Abastecimento alimentar: redes alternativas e mercados institucionais*. Chapecó/Praia: Editora UFFS/Edições UNI-CV, 2018.

PIERRI, Daniel C. *O perecível e o imperecível: reflexões guarani mbya sobre a existência*. São Paulo: Elefante, 2018.

PIKETTY, Thomas. *O capital no século XXI*. São Paulo: Intrínseca, 2014.

POMPEIA, Caio. *A formação política do agronegócio*. São Paulo: Elefante, 2020.

RAGAZZO, Carlos & MACHADO, Kenys M. "O Cade e o Poder de Compra no Setor Agropecuário", *Economic Analysis of Law Review*, v. 4, n. 2, p. 295-314, jul-dez. 2013. Disponível em: http://dx.doi.org/10.18836/2178-0587/ealr.v4n2p295-314.

REARDON, Thomas & BERDEGUÉ, Julio A. "The rapid Rise of Supermarkets in Latin America: Challenges and Opportunities for Development", *Development Policy Review*, v. 20, n. 4, p. 371-88, 2002.

REDE Nossa São Paulo. *Mapa da desigualdade 2019*. São Paulo: Rede Nossa São Paulo, 2019. Disponível em: https://www.nossasaopaulo.org.br/wp-content/uploads/2019/11/Mapa_Desigualdade_2019_tabelas.pdf.

RICO-CAMPÀ, Anaïs; MARTÍNEZ-GONZÁLEZ, Miguel; ALVAREZ-ALVAREZ, Ismael; MENDONÇA, Raquel de Deus; FUENTE-ARRILLAGA, Carmen de la; GÓMEZ-DONOSO, Clara & BES-RASTROLLO, Maira. "Association between consumption of ultra-processed foods and all cause mortality: SUN prospective cohort study", *The BMJ*, v. 365, n. 82019 (l1949), jun. 2019. Disponível em: https://doi.org/10.1136/bmj.l1949.

RINCÓN, Omar & GRIECO, Florencia (Eds.). *Ni pan ni circo. Historias de hambre en América Latina*. Buenos Aires: Friedrich Ebert Stiftung, 2016.

SANTANA, Diogo. *Direito e soberania alimentar: o caso dos fertilizantes*. São Paulo: Quartier Latin, 2014.

SANTOS, Milton. *Da totalidade ao lugar*. São Paulo: Edusp, 2014.

SANTOS, Milton. *A urbanização brasileira*. São Paulo: Edusp, 2018.

SHAND, Hope & WETTER, Kathy Jo. *Tecno-fusiones comestibles. Mapa del poder corporativo en la cadena alimentaria*. Montreal: ETC Group, 2019.

SOARES, Jussara Flores (Coord.). *Memória Conab. Linha do tempo 1990-2016*. Brasília: Ministério da Agricultura, Pecuária e Abastecimento; Companhia Nacional de Abastecimento, 2017.

SOLÓN, Pablo (Org.). *Alternativas sistêmicas: Bem Viver, decrescimento, comuns, ecofeminismo, direitos da Mãe Terra e desglobalização*. São Paulo: Elefante, 2019.

SOUZA, Roberta de C. & SCUR, Gabriela. "As transações entre varejistas e fornecedores de frutas, legumes e verduras na cidade de São Paulo", *Production*, v. 21, n. 3, p. 518-27, jul.-set. 2011. Disponível em: https://dx.doi.org/10.1590/S0103-65132011005000040.

SROUR, Bernard *et al.* "Ultra-processed food intake and risk of cardiovascular disease: prospective cohort study (NutriNet-Santé)", *The BMJ*, v. 365, n. 8201 (l1451), jun. 2019.

SWINBURN, Boyd *et al.* "The Global Syndemic of Obesity, Undernutrition, and Climate Change: The Lancet Commission report", *The Lancet*, v. 393, n. 10173, p. 791-846, fev. 2019.

TAX Justice Network. *Ashes to ashes: how British American Tobacco avoids taxes in low and middle income countries*. Chesham: Tax Justice Network, 2019.

TØRSLØV, Thomas R.; WIER, Ludvig S. & ZUCMAN, Gabriel. "The Missing Profits of Nations". *National Bureau of Economic Research Working Papers*, Cambridge, n. 24701, 2018.

YOKOYAMA, Marcos H.; SILVA, Andrea Lago da & LOURENZANI, Ana Elisa B. S. "Exigências dos canais de distribuição para aquisição de FLV: uma comparação entre a teoria e alguns casos estudados". *In*: Anais do Congresso da

Sociedade Brasileira de Economia, Administração e Sociologia Rural, n. 44, 2006. Fortaleza, SOBER/BNB, 2006.

WEGNER, Rubia C. & BELIK, Walter. "Distribuição de hortifrúti no Brasil: papel das Centrais de Abastecimento e dos supermercados", *Cuadernos de desarrollo rural*, v. 9, n. 69, p. 195-220, jul.-dez. 2015.

ZIEGLER, Jean. *Destruição em massa: geopolítica da fome*. São Paulo: Cortez, 2013.

## ARTIGOS DE OPINIÃO E REPORTAGENS

"Abilio Diniz assume erro ao fechar contrato mal feito com Casino", *Sociedade Brasileira de Varejo e Consumo*, 13 jun. 2016.

"Amazon lança primeiro supermercado sem caixas em Seattle", *O Estado de S. Paulo*, 26 fev. 2020. Disponível em: https://link.estadao.com.br/noticias/empresas,amazon-lanca-primeiro-supermercado-sem-caixas-em--seattle,70003210633.

"Bad News from Tesco", *The Guardian*, 7 maio 2005. Disponível em: https://www.monbiot.com/2005/05/17/bad-news-from-tesco/.

"Beholden to the Mob", *The Guardian*, 14 mar. 2006. Disponível em: https://www.monbiot.com/2006/03/14/beholden-to-the-mob/.

"Bolsonaro: 'Quilombola não serve nem para procriar'", *Congresso em Foco*, 5 abr. 2017. Disponível em: https://congressoemfoco.uol.com.br/especial/noticias/bolsonaro-quilombola-nao-serve-nem-para-procriar/

"Brasil está voltando ao mapa da fome, diz diretor da ONU", *Exame*, 15 maio 2020.

"Breaking the Foodchain", *The Guardian*, 5 nov. 1996. Disponível em: https://www.monbiot.com/1996/11/05/breaking-the-foodchain/.

"Ceagesp vai ser ampliado", *Folha de S. Paulo*, 13 nov. 1972.

"Coca-Cola é investigada por esquema bilionário para não pagar impostos", *O Joio e O Trigo*, 21 dez. 2018. Disponível em: https://outraspalavras.net/ojoioeotrigo/2018/12/coca-cola-e-investigada-por-esquema-bilionario-para-nao-pagar-impostos/.

"Como as gigantes de ultraprocessados avançaram sobre o estômago do brasileiro", *O Joio e O Trigo*, 6 abr. 2020. Disponível em: https://outraspalavras.net/ojoioeotrigo/2020/04/como-as-gigantes-de-ultraprocessados-dominaram-o-estomago-do-brasileiro/.

"Cotsco stops carrying Coca-Cola products", *NBC News*, 11 jul. 2009. Disponível em http://www.nbcnews.com/id/33987167/ns/business-retail/t/costco-stops-carrying-coca-cola-products/#.XlACsShKjIU.

"De olho na mudança da Ceagesp, Benassi realoca distribuição", *Valor Econômico*, 30 jan. 2020. Disponível em: https://valor.globo.com/agronegocios/noticia/2020/01/30/de-olho-na-mudanca-da-ceagesp-benassi-realoca-distribuicao.ghtml.

"Distritos mais pobres de sp têm mais infectados por coronavírus do que os ricos, diz estudo", *Folha de S.Paulo*, 1º jul 2020.

"Economia brasileira consumiu 6,3 litros de água para cada R$ 1 gerado em 2017", *Agência IBGE*, 7 mai. 2020. Disponível em https://agenciadenoticias.ibge.gov.br/agencia-noticias/2012-agencia-de-noticias/noticias/27608-economia-brasileira-consumiu-6-3-litros-de-agua-para-cada-r-1-gerado-em-2017.

"Economic Cleansing", *The Guardian*, 17 jun. 1999. Disponível em https://www.monbiot.com/1999/06/17/economic-cleansing/.

"El día que McDonald´s se metió con los tamales mexicanos", *BBC*, 4 fev. 2015. Disponível em: https://www.bbc.com/mundo/noticias/2015/02/150204_trending_mcdonalds_mexico_tamales_jcps.

"El polémico anuncio navideño de México que Coca Cola retiró de YouTube", *BBC*, 3 dez. 2015. Disponível em: https://www.bbc.com/mundo/noticias/2015/12/151202_mexico_retira_youtube_anuncio_publicidad_navidad_coca_cola_mexico_comunidad_indigena_mixe_lv.

"Em reunião, Tereza Cristina cobra redução de juros do crédito rural", *Valor Econômico*, 22 mai 2020.

"En el Día Mundial de la Diabetes demandamos reforma profunda de estrategia de prevención y control de diabetes y obesidad, y convertirla en ley", *El Poder del Consumidor*, 14 nov. 2017. Disponível em: https://elpoderdelconsumidor.org/2017/11/dia-mundial-la-diabetes-demandamos-reforma-profunda-estrategia-prevencion-control-diabetes-obesidad-convertirla-ley/.

"Especial batata 2019", *Hortifruti Brasil*, ano 18, n. 194, out. 2019.

"Famélicos: A fome que o Judiciário não vê", *Agência Pública*, 11 mar. 2019. Disponível em: https://apublica.org/2019/03/famelicos-a-fome-que-o-judiciario-nao-ve/.

"Feiras e mercados", *Folha de S. Paulo*, 25 jan. 1968.

"Fim às feiras-livres", *Folha de S. Paulo*, 11 maio 1964.

"How the Superstores Gave Us Foot and Mouth", *The Guardian*, 1º mar. 2001. Disponível em: https://www.monbiot.com/2001/03/01/how-the-superstores-gave-us-foot-and-mouth/.

"Inaugural Address of Harry S. Truman", 20 jan. 1949. *Yale Law School: Lilian Goldman Law Library*. Disponível em: https://avalon.law.yale.edu/20th_century/truman.asp.

"Indústria da fruta: aos trabalhadores, o bagaço", *Outras Palavras*, 23 jan. 2020. Disponível em: https://outraspalavras.net/outrasmidias/industria-da-fruta-aos-trabalhadores-o-bagaco/.

"'Los tamales son del pasado': McDonald's desata la polémica en la Red", *Russian Today*, 4 fev. 2015. Disponível em: https://actualidad.rt.com/sociedad/165412-tamales-pasado-mcdonalds-polemica-mexico.

"Loss Leaders", *The Guardian*, 12 out. 2000. Disponível em: https://www.monbiot.com/2000/10/12/loss-leaders/.

"Maior rede de lojas de conveniência da América Latina chega ao Brasil", *Gazeta do Povo*, 7 ago. 2019. Disponível em: https://www.gazetadopovo.com.br/economia/maior-rede-de-lojas-de-conveniencia-da-america-latina-chega-ao-brasil/.

"Monotonous Monopoly", *The Guardian*, 1º jan. 1995. Disponível em: https://www.monbiot.com/1995/01/01/monotonous-monopoly/.

"No país dos agrotóxicos, orgânico é indicador de desigualdade", *O Joio e O Trigo*, 15 ago. 2019. Disponível em: https://ojoioeotrigo.com.br/2019/08/no-pais-dos-agrotoxicos-organico-e-indicador-de-desigualdade/.

"Novos estudos associam alimentos ultraprocessados a morte e doenças cardio-vasculares", *O Joio e O Trigo*, 30 maio 2019. Disponível em: https://ojoioeotrigo.com.br/2019/05/novos-estudos-associam-alimentos-ultraprocessados-a-mor-te-e-doencas-cardiovasculares/.

"Oxxo owner Femsa to invest 61 billion pesos in next 3 years", *Mexico News Daily*, 6 set. 2019. Disponível em: https://mexiconewsdaily.com/news/oxxo-owner-femsa-to-invest-61-billion-pesos/.

"Pela 1ª vez, há mais consumidores no 'atacarejo' que em supermercados", *Valor Econômico*, 22 nov. 2016. Disponível em: https://valor.globo.com/empresas/noti-cia/2016/11/22/pela-1a-vez-ha-mais-consumidores-no-atacarejo-que-em-su-permercados.ghtml.

"Pequenas redes se unem no ES", *Folha de S. Paulo*, 12 dez. 1999. Disponível em https://www1.folha.uol.com.br/fsp/dinheiro/fi1212199903.htm.

"Programas de espionaje fueron usados contra promotores de un impuesto a los refres-cos en México", *The New York Times*, 11 fev. 2017. Disponível em: https://www.nyti-mes.com/es/2017/02/11/espanol/america-latina/programas-de-espionaje-fueron--usados-contra-impulsores-de-un-impuesto-a-los-refrescos-en-mexico.html.

"Publicidade de Coca-Cola e Ambev é paga com dinheiro público, diz Receita", *O Joio e O Trigo*, 10 jan. 2019. Disponível em: https://outraspalavras.net/

ojoioeotrigo/2019/01/publicidade-de-coca-cola-e-ambev-e-paga-com-dinheiro-publico-diz-receita/.

"Quando a embalagem esconde a realidade: choques, maus-tratos e fraudes na vida das galinhas 'livres de gaiola'", *O Joio e O Trigo*, 17 jun. 2020. Disponível em: https://ojoioeotrigo.com.br/2020/06/quando-a-embalagem-esconde-a-reali-dade-choques-maus-tratos-e-fraudes-na-vida-das-galinhas-livres-de-gaiola/.

"Ranking Abras 2019". *SuperHiper*, ano 45, n. 514, maio 2019. Disponível em: http://emailmkt.abras.com.br/superhiper/pdf/514.pdf.

"Receita autua 12 empresas em R$ 513 mi", *Folha de S Paulo*, 18 nov. 2007.

"Report: Amazon, Walmart workers on list of top food stamp users", *Kiro7*, 10 set. 2018.

"São Paulo: entre a abundância e a escassez no direito à alimentação", *O Joio e O Trigo*, 22 jun. 2020. Disponível em: https://ojoioeotrigo.com.br/2020/06/sao-paulo-ambiente-alimentar/.

"Social Solvents", *The Sunday Telegraph*, 17 ago. 1997. Disponível em: https://www.monbiot.com/1997/08/17/social-solvents/.

"Supermercados vencerão a guerra da comida?", *Folha de S. Paulo*, 11 dez. 1970.

"Stealing from the Poor", *The Guardian*, 18 mar. 1997. Disponível em: https://www.monbiot.com/1997/03/18/stealing-from-the-poor/.

"Tesco-opted", *The Guardian*, 10 ago. 2009. Disponível em: https://www.monbiot.com/2009/08/10/tesco-opted/.

"Tesco pulls some Unilever products from website over price row", *Financial Times*, 12 out. 2016. Disponível em: https://www.ft.com/content/8afcbb49-eddb-3819-a2ce-f4c3a7844454.

"Tesco removes Schweppes from shelves in row with Coca-Cola", *Telegraph*, 10 mar. 2015.

"The Mailed Fist of the Free Market", *Evening Standard*, 2 maio 1996. Disponível em: https://www.monbiot.com/1996/05/02/the-mailed-fist-of-the-free-market/.

"Toma essa: os bilhões que damos todos os anos à indústria de refrigerantes", *O Joio e O Trigo*, 30 out. 2017. Disponível em: https://outraspalavras.net/ojoioeotrigo/2017/10/toma-essa-os-bilhoes-que-damos-todos-os-anos-industria-de-refrigerantes/.

"Unilever faces removal from Delhaize shelves", *Financial Times*, 10 fev. 2009. Disponível em: https://www.ft.com/content/6d36c0d2-f7ab-11dd-a284-000077b07658.

"Walmart's Imports From China Displaced 400,000 Jobs, a Study Says", *The New York Times*, 9 dez. 2015. Disponível em: https://nyti.ms/1PXCTIJ.

RODA Viva. Dir. Vera Sá. São Paulo: TV Cultura, 21 set. 1987. Disponível em: https://tvcultura.com.br/videos/72465_roda-viva-abilio-diniz-1987.html.

SUPERHIPER. ano 43, n. 493, ago. 2017.

SUPERHIPER. ano 44, n. 508, nov. 2018.

**Victor Matioli** é repórter de *O Joio e O Trigo*. Passou pela revista *Harvard Business Review Brasil*, Rádio USP e *Jornal da* USP.

**João Peres** é editor e repórter de *O Joio e O Trigo*, com passagens e colaborações para UOL, *The Intercept*, *BandNews* FM, *Rádio Jovem Pan* e *Rede Brasil Atual*, entre outros. É autor do livro-reportagem *Corumbiara, caso enterrado* (Elefante, 2015) e coautor de *Roucos e sufocados: a indústria do cigarro está viva, e matando* (Elefante, 2017).

**O Joio e O Trigo** é o primeiro projeto de jornalismo brasileiro dedicado a investigar exclusivamente sobre sistemas alimentares, saúde e doenças crônicas. Criada em 2017, a organização tem como filosofia revelar informações sobre estratégias corporativas que afetam o direito à saúde e à alimentação adequada. Além de publicar reportagens na página própria e em parceria com outros veículos, mantém um podcast, Prato Cheio, e uma rede latino-americana de repórteres reunidos em *Bocado — investigações comestíveis*. A publicação de livros sobre alimentação e nutrição é entendida como parte relevante dessa estratégia, ao ajudar a prover reflexões e investigações aprofundadas, como em *Uma verdade indigesta: como a indústria alimentícia manipula a ciência do que comemos*, de Marion Nestle (Elefante, 2019).

Este livro contou
com o apoio de:

IBIRAPITANGA

[cc] Editora Elefante, 2020
[cc] O Joio e O Trigo, 2020

Você tem a liberdade de compartilhar, copiar,
distribuir e transmitir esta obra, desde que cite
a autoria e não faça uso comercial.

Primeira edição, outubro de 2020
Primeira reimpressão, agosto de 2023
São Paulo, Brasil

---

Dados Internacionais de Catalogação na Publicação (CiP)
Angélia Ilacqua CRB-8/7057

---

Matioli, Victor
Donos do mercado: como os grandes supermercados
   exploram trabalhadores, fornecedores e a sociedade /
   Victor Matioli e João Peres. São Paulo: Elefante, 2020.
   328 p.

Bibliografia
ISBN 978-65-87235-21-9

1. Supermercados - Aspectos sociais  2. Supermercados -
Aspectos econômicos  3. Economia  4. Mercado e consumo
5. Varejo - Economia 6. Consumismo I. Título II. Peres, João

20-3557                                   CDD 338.473801

---

Índices para catálogo sistemático:
1. Economia - Supermercados - Consumo

---

## *elefante*

editoraelefante.com.br
contato@editoraelefante.com.br
fb.com/editoraelefante
@editoraelefante

Aline Tieme [comercial]
Samanta Marinho [financeiro]
Sidney Schunck [design]
Teresa Cristina [redes]

**FONTES** Garibaldi & Rubik
**PAPÉIS** Cartão 250 g/m² & Pólen Bold 70 g/m²
**IMPRESSÃO** BMF Gráfica